KB062230

조선왕조실록

1

태조

혁명의 대업을 이루다

조선왕조실록

朝鮮王朝實錄 1

이덕일 지음

다산
초당

조선왕조실록을 읽는다는 것

500년 정신이 담긴 위대한 기록

'조선'이라는 이름을 들으면 가장 먼저 어떤 생각이 드는가? 성리학이라는 형이상학에 매몰된 문약(文弱)한 나라, 지배층인 양반들은 당쟁만 일삼고 국가에 재난이라도 일어나면 제일 먼저 몸을 피하는 비겁한 나라. 혹시 이러한 비판적인 인상이 먼저 들지는 않는가? 이러한 일반적인 인식은 서세동점(西勢東漸)의 물결이 전 세계에 몰아친 20세기 초, 변화의 흐름을 놓치고 일제의 침략을 받아 나라를 잃은 역사를 감안하더라도 지나치게 가혹하다.

조선에 대한 이러한 부정적 평가는 '조선은 낙후되고 정체된 나라', '조선은 타율적이고 나약하다'라는 말로 요약되는 일제강점기 식민사학의 영향 탓이다. 분명 조선 후기에 노론 중심의 부패한 정치가 나라를 망친 것은 사실이지만, 무려 518년이라는 긴 세월 동안 유지된 왕조를 한마디로 규정할 순 없다. 역사상 존재한 수많은 나라들 중에서도 이렇듯 긴 수명을 유지할 수 있었던 데에는 이유가 있다. 필자는 그 핵심을《조선왕조실록(朝鮮王朝實錄)》이라는 위대한 기록 유산의 존재와 조선이라는 나라의 제도, 즉 시스템과 정신에 있다고 생각한다.

《조선왕조실록》을 동시대에 존속했던 중국 왕조의 정사인《명사(明史)》,《청사고(淸史稿)》 등과 비교해보면 큰 차이가 난다.《조선왕조실록》은 조선 멸망 후 일본인이 편찬을 지휘한《고종실록(高宗實錄)》,《순종실록(純宗實錄)》을 제외하면 조선인이 직접 편찬한 것이다.《명사》는 명나라가 망한 후 청나라의 장정옥(張廷玉) 등이 편찬했고,《청사고》 역시 신해혁명으로 청나라가 무너진 후 민국 정부에서 편찬한 것이다. 모두 뒤의 정권에서 앞의 정권을 평가한 역사서다. 그 과정에서 수많은 사실들이 정리되고 삭제되었을 것이다. 그래서 편찬 형태도《명사》와《청사고》는 기전체(紀傳體)로 되어 있다. 황제의 사적인 〈본기〉와 각종 통계기록인 〈지(志)〉, 〈표(表)〉, 신하들의 사적인 〈열전〉으로 구성된다. 반면《조선왕조실록》은 뒤의 임금이 앞의 임금 때 있었던 일들을 날짜별로 기록한 편년체(編年體) 역사서다. 기전체 역사서는 체제는 깔끔하지만 현장의 생생한 목소리는 부족하다. 반면 태조 이성계로부터 철종에 이르기까지 25대 472년간의 역사를 날짜별로 기록한 편년체 역사서인《조선왕조실록》은 현장의 생동감이 그대로 살아 있다. 마치 그 현장에 있는 것처럼 당시의 목소리가 생생하게 전해진다.

선왕이 세상을 떠나면 후왕이 실록청(實錄廳)을 설치해 선왕 때의 역사를 편찬하는데, 선왕 때 사관의 기록과《승정원일기(承政院日記)》,

《의정부등록(議政府謄錄)》 등 정부 기관의 기록은 물론 경연에 참석했던 신하들의 경연일기 등 선왕 때 기록된 모든 자료를 모아서 편찬한다. 실록에 기록되는 왕은 대부분 현왕의 아버지이고, 신하들은 생존해 있는 경우가 대부분이다. 그래서 실록 편찬에 살아 있는 권력의 간섭을 막는 것이 절대과제였다. 이런 이유로 대신들은 물론 후왕도 실록을 볼 수 없었다. 선왕 때의 일이 필요한 경우 해당 부분만 따로 등사해 국정에 참고하게 했을 뿐이다. 그래서 《조선왕조실록》은 《명사》, 《청사고》와 달리 살아 있는 권력의 개입을 원천적으로 차단했다. 그래서 국왕이 감추고 싶은 기사까지 그대로 실려 있다. 《태종실록(太宗實錄)》 4년 2월 8일에는 이런 글이 실려 있다.

> (왕이) 친히 활과 화살을 가지고 말을 달려 노루를 쏘다가 말이 거꾸러져서 낙상했으나 다치지는 않았다. (왕이) 좌우를 돌아보며, "사관(史官)이 알지 못하게 하라"고 말했다.

태종은 공신들에 대한 피의 숙청으로 왕권을 반석으로 만든 절대군주였는데도, 그가 감추고 싶어 했던 말까지 그대로 기록한 것이 《조선왕조실록》의 정신이다. 연산군 때 선비들이 화를 당한 사화(士禍)를 사관들이 화를 당한 사화(史禍)라고도 하는 이유는 이때 사형당한 선비들이 대부분 사관들이었기 때문이다. 조선의 선비들은 당대의 진실을 후대에 전하기 위해 목숨을 걸었고, 그래서 사관들은 비록 목숨을 잃었지만 사화의 단초가 되었던 김종직의 〈조의제문(弔義帝文)〉이 그대로 실록에 실려 우리에게 전해지는 것이다. 그 정신이 담겨 있는 것이 바로 1997년 유네스코 세계유산으로 등재된《조선왕조실록》이다.

"역사를 잊은 민족에게 미래는 없다"는 말이 회자되고 있다. 단재 신채호의 말이라고 하는데 정확하지는 않다. 그러나 중요한 것은 이 말이 품은 참뜻이다. 오늘날 우리 사회가 과연 목숨을 걸고 진실을 전했던 조선의 사관정신과 망명지를 전전하며 역사를 연구하고 옥사하는 순간까지 역사서를 저술한 신채호의 사관정신을 계승하고 있다고 감히 말할 수 있을까? 식민사학에 경도된 어느 중진 역사학자가 공개 학술대회 석상에서 "신채호는 세 자로 말하면 또라이, 네 자로 말하면 정신병자"라고 망언했는데도 어느 역사학자 한 명 항의하지 않았다는 사실에 우리 사회 사관들의 정신 상태를 알 수 있다.

선조의 혜안에서 얻는 산지식

우리는《조선왕조실록》에서 무엇을 배워야 할까? 조선 왕조 518년 동안 27명의 임금이 있었다. 한 임금이 평균 19년 정도 왕위에 있었던 셈인데, 이중 성공적인 정치가였다는 평가를 받는 군주는 그리 많지 않다. 물론 27명의 왕들은 각기 그가 처한 환경이 달랐다. 개국 초 태조 이성계와 태종 이방원이 처한 상황이 달랐고, 조카인 단종을 죽이고 왕이 된 세조 이후가 달랐으며, 임진왜란 전후가 달랐고, 인조반정 이후가 달랐다. 각각의 시대가 필요로 하는 시대정신을 어떻게 인식하고 현실 정치에 구현했느냐에 따라 당대의 성공과 실패가 갈린다.

예컨대 수양대군의 왕위 찬탈은 태종이 피의 숙청으로 무너뜨린 공신집단을 부활시킨 사건으로, 조선 사회는 그 대가를 혹독하게 치러야 했다. 임진왜란은 200년을 이어온 조선이 다시 개국에 준하는 자세로 새로 태어나야 함을 보여준 사건이다. 그러나 이후 서인(이후 노론)들은 시대정신의 요구와는 상반된 행보를 보였다. 인조반정을 일으켰고, 병자호란을 초래해 백성을 도탄에 몰아넣었다. 이들이 득세한 이래 조선에선 임금이 약하고 신하들은 강한 '군약신강(君弱臣强)'이 노골화되었고, 그 결과 국운은 날로 기울어져갔다.

반대로 성공적인 정치를 펼친 임금도 있었다. 태조는 정도전과 조준이 제시한 과전법을 통해 토지 개혁이란 시대적 과제를 풀어내 새 왕조의 개창을 이뤘다. 당시 고려는 소수 귀족 집안이 산천을 경계로 삼을 정도의 대토지를 소유하고 있었고, 정작 그 땅을 경작하는 농민들은 대부분 굶주림을 면치 못할 정도로 민생이 파탄 난 상태였다.

조선 중기의 책 《송와잡설(松窩雜說)》은 조선 개창 세력이 신돈의 자식으로 몰아 폐위시킨 우왕에 대해 다음과 같은 이야기를 전한다. 강릉에 유배됐다가 죽음에 몰린 우왕이 겨드랑이를 드러내 보이며 "왕씨는 본래 용의 종자로 아무리 잔약한 후손이라도 몸 어딘가에는 반드시 비늘이 있다"면서 "내가 지금 이를 보이지 않고 죽으면 너희들이 내가 신(辛)가가 아닌 줄 어찌 알겠느냐?"고 했다는 것이다.

'용의 자손'이라는 혈통이 고려와 왕씨가 내세운 천명이었다면, 조선 개창은 그보다 훨씬 우위에 있는 천명을 통해 이룩됐다. 바로 백성이다. 일찍이 맹자는 "백성이 가장 귀하고 사직은 그다음이며 임금은 가장 가볍다"고 말했는데, 조선 왕조의 개창은 바로 이러한 맹자의 말을 현실에 구현한 과전법으로 민생을 살핌으로써 들판 백성들의 마음, 즉 천심(天心)을 얻었기에 이룰 수 있었다.

태조의 손자인 세종처럼 부왕인 태종이 깔아놓은 꽃길 위에서 왕조의 찬란한 번영을 일궈낸 경우도 있다. 반대로 정조는 부친인 사도세자를 죽인 노론에게 둘러싸였지만, 자신의 가혹한 운명을 탓하지 않고 조선 후기의 '르네상스'를 이끌어냈다. 이처럼 성공과 실패는 당대의 환경에 좌우되지 않았다. 오늘날 대한민국 앞에 놓인 운명 역시 결코 순탄치 않아 보이지만, 누가 어떤 정치를 하느냐에 따라 그 모습이 판이하게 다를 것이다.

또한 조선은 어느 한 기관도 독주할 수 없는 상호견제의 원칙을 제도로 확립했다. 이는 국왕과 신하 사이도 마찬가지였다. 조선은 의정부서사제와 육조직계제를 번갈아 시행했는데, 전자는 의원내각제, 후자는 대통령중심제와 비슷하다. 의정부서사제에서는 대신들의 권한이, 육조직계제에서는 국왕의 권한이 더 컸다. 조선은 둘을 번갈아 사용하는 운영의 묘를 살리면서 왕권과 신권의 조화를 추구했다.

의정부와 육조 판서 등 고위 관료들의 전횡은 대간(臺諫)이라 불린 사헌부·사간원의 중하위 관료들이 지닌 탄핵권으로 견제했다. 대간의 탄핵을 받으면 진위를 막론하고 무조건 사임하는 것이 원칙이었다. 이런 대간을 정승과 판서들의 영향에서 독립시키기 위해 그 인사권을 정5품 이조전랑에게 주었다. 이조전랑은 이직할 때 후임자를 스스로 천거하는 방식으로 권력자의 인사 개입을 원천적으로 차단했다.

수사권 역시 사헌부를 비롯해 의금부, 형조, 포도청 등 여러 기관에 나누어줘 수사기관의 부패와 전횡을 방지하고 정의를 실현하는 데 만전을 기했다. 오늘날처럼 수사와 기소의 독점권을 가진 대한민국 검

찰의 폐단을 원천적으로 차단한 것이다. 게다가 수사는 문과 출신 인재들이 담당했지만 수사 기록에 대한 판결은 사율원의 중인들이 담당했다. 양반의 수사 결과를 중인이 판결하게 한 것에 선조들의 혜안이 담겨 있다. 재량권을 남용하지 말고 법조문대로 판결하라는 취지였다. 대한민국 사법부가 신뢰받지 못하는 근본적인 이유가 '무전유죄, 유전무죄'로 상징되는 재량권 남용에 있다는 점을 감안하면, 우리는 선조들이 꾀했던 운용의 묘를 본받을 필요가 있다.

이처럼《조선왕조실록》에 담긴 역사 하나하나는 단지 흥미 있는 옛이야기에 그치는 것이 아니라, 오늘날에도 끊임없이 되새기며 현실에 적용할 수 있는 살아 있는 지식들이다.

역사는 가장 탁월한 미래학이다

미래의 길이 보이지 않을 때일수록 과거를 돌아봐야 한다. 과거를 돌아보는 목적은 미래의 길을 찾고자 함이다. 역사가 과거학이 아니라 미래학인 까닭이 여기에 있고, 우리가 역사를 공부하는 목적도 여기에 있다. 옛 사람들이《자치통감》이나《동국통감》처럼 역사서 제목에 거울 감(鑑)자를 넣은 이유 역시 역사라는 거울을 통해 오늘 우리의 모습을 살피고 미래의 길을 찾고자 함이었다.

《조선왕조실록》에는 당대의 모든 사실을 가감없이 적어 놓았다. 우리는 방대한《조선왕조실록》에서 사대주의의 어두운 그늘과 어떠한 전횡과 부정부패도 용납하지 않았던 선비 정신을 함께 볼 것이다.

그렇다면 우리는 이 책을 통해 구체적으로 무엇을 얻을 수 있을까?

첫째, 우리 사회나 한 조직의 앞일을 예측할 수 있는 청사진으로 삼을 수 있다. 역사를 '앞서간 마차의 수레바퀴'라는 뜻의 전철(前轍)이라고 부른 이유가 이것이다. 어느 길로 간 앞 수레는 순탄히 목적지에 도착했지만 다른 길로 간 앞 수레는 엎어졌다. 이를 통해 우리는 어느 길로 가야 할지 알 수 있다. 중국의 역대 정치 지도자 대부분이 역사를 공부한 것은 이 때문이다.

둘째, 자신이 속한 사회나 조직에 필요한 사람이 누구인지 알 수 있다. 성공한 조직의 공통점은 성공한 인재 등용이다. 성공한 리더 곁에는 늘 뛰어난 참모가 존재했다. 세종에게는 황희와 김종서 같은, 정조에게는 채제공 같은 명신(名臣)이 있었다. 효종이 사대부들의 격렬한 반대를 무릅쓰고 대동법을 확대 실시할 수 있었던 것은 탁월한 경세가 김육이 있었기 때문이다. 잘못된 쿠데타였지만, 수양대군 역시 한명회의 머리를 빌려 임금의 자리에 오를 수 있었다. 크든 작든 조직을 이끌어가는 사람이라면 《조선왕조실록》을 통해 자신의 조직에는 어떤 사람이 필요한지 알 수 있을 것이다.

셋째, 《조선왕조실록》을 통해 우리 개개인의 삶을 돌아볼 수 있다. 조선은 선비의 나라였다. 공직에 진출한 유학자에게 가장 두려운 것은 국왕이나 상급자의 명령을 거부해 받는 처벌이 아니라, 선비들의 공론인 사론(士論)이었다. 국왕도 예외는 아니다. 왕세자가 받는 교육에서 가장 중시된 것도 바로 《대학(大學)》의 다음 구절이다. "먼저 몸을 닦고, 집안을 가지런히 만들고, 나라를 다스리고, 천하를 평안하게 한다." 다시 말해, 수신제가치국평천하(修身齊家治國平天下)의 왕도다.

조선의 국왕은 스스로 선비임을 내세웠고, 사론을 중시했다. 이것이 때로 양반 사대부의 기득권 옹호나 사대주의 성리학에 대한 신봉으로 나타나는 폐단도 있었지만, 목에 칼이 들어와도 할 말은 하고 지켜야 할 것은 지키는 선비 정신이야말로 조선의 정신 세계를 이끌어간 핵심이라고 할 수 있다. 권력에 아부해 출세한다거나 사사로운 이익을 지키는 데 급급하지 않고, 진짜 지켜야 할 확고한 '자기중심'을 갖는 것. 오늘날 사회에 치여 이리 저리 흔들리기 쉬운 이들이 한 번쯤 되새겨보아야 할 가치다.

마지막으로 왜곡된 역사를 바로잡는 것이다. 조선 개창의 함의는 오늘날까지도 우리에게 많은 숙제를 안겨준다. 이성계가 위화도 회군 당시 내세운 '작은 나라가 큰 나라를 칠 수 없다'는 사대(事大) 논리는 지금까지 기승을 떨치는 우리 사회의 숙제다. 필자가 줄곧 식민사학 청산을 주장하는 핵심적인 이유도 바로 여기 있다. 식민사학은 다름 아닌 '친일 사대주의 역사학'이기 때문이다.

위화도 회군은 고구려 옛 강토 수복의 기회를 내부에서 좌절시켰다는 점에서 비난받아 마땅하다. 그러나 위화도 회군 후에도 고려는 물론 조선의 북방 강역이 지금의 압록강~두만강 영역에 그치지 않고, 요령성 심양 남쪽 진상둔진에서 두만강 북쪽 700리 공험진까지 이르렀다는 사실은 잊지 말고 기억해야 한다. 태조 이성계는 물론 태종 이방원과 세종도 이 강역을 조선의 북방 강역으로 굳게 지켰다.

조선 초의 사대주의와 조선 후기의 사대주의는 분명 다르다. 태종 이방원에게 친명사대는 국체를 보존하기 위한 고육책이었다. 태종이 안남(安南: 베트남)에 들어선 새 왕조를 멸망시킨 명나라와의 일전을 대비해 서울 남산에 산성을 쌓은 것처럼, 조선 초의 사대주의는 국체 보존을 위한 실용적 사대주의였다. 중화 사대주의를 명분으로 내세웠던 인조반정 이후 서인, 노론의 이념적 사대주의와는 분명 다르다. 조선 초기의 자주성은 인조반정 세력들의 집권 이후 정묘·병자호란을 겪으면서 점점 약해졌고, 급기야 숙종 때 백두산정계비를 통해 압록강 북쪽 강역을 포기하고 말았다. 그러나 그때도 간도(지금의 연변 지역)는 조선 강역이었다. 조선의 최대 강역이 지금처럼 압록강~두만강으로 인식하게 된 것은 일제강점기 식민사학자들의 악의적 왜곡 때문이다. 이런 왜곡을 이번 기회에 최대한 바로잡으려 노력했다.

"모든 역사는 현대사"라는 말이 있다. 긍정적인 부분이든 부정적인 부분이든 조선이 오늘날 우리의 의식과 행동에 많은 영향을 끼쳤다는 사실을 인정한다면, 조선의 역사는 우리가 선택할 또 다른 미래의 길을 고민하게 한다고 말할 수 있다. 역사를 통해 교훈을 얻지 않으면, 우리는 앞선 세대의 실패를 똑같이 되풀이할 수 있다. 좋은 일에서 가르침을 얻고 나쁜 일은 반면교사로 삼아야 보다 나은 지금을 살 수 있다. 이런 점에서 《조선왕조실록》을 읽는 것은 오늘의 우리를 비춰보고 내일의 우리를 그려볼 수 있는 가장 좋은 방법이 될 것이다.

2018년 6월
이덕일

차례

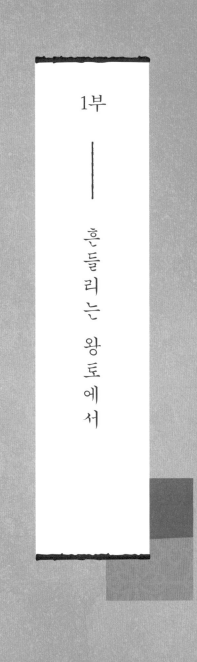

1부

———

흔들리는 왕토에서

경기전.
조선 왕조의 발상지 전주에 세운 전각으로 사적 제339호다. 태조 이성
계의 어진을 봉안하고, 그의 제사를 지내기 위해 지어졌다. 경기전 내
부에는 《조선왕조실록》을 보관하기 위해 설치된 전주사고가 있다. 임
진왜란으로 한양, 충주, 성주에 있던 실록은 모두 소실되었지만, 전주사
고의 실록만은 내장산으로 옮겨져 살아남았다.

변방 무장 이성계의 토지 개혁 상소문

변방에서 군사들의 난이 일어나리라

우왕 9년(1383) 8월 초하루, 기상 관측을 담당하는 서운관승(書雲觀丞) 지거원(池巨源)이 장형 70대를 맞았다. 이날 일식이 있을 것이라고 보고했는데 일식이 일어나지 않았기 때문이다. 무신 합좌 기구인 중방(重房)에서 지거원의 처벌을 주청하자, 우왕은 장 70대를 때리라고 명했다.

이해 8월에는 유독 별의 변고가 많았다. 13일에는 달무리(月暈)가 나타났고, 21일과 22일에는 햇무리(日暈)가 거듭 나타났다. 달무리는 달 주위에 둥그런 원이 생기는 현상이고, 햇무리는 해 주위에 둥그런 원이 생기는 현상이다. 달무리, 햇무리는 달과 해 주위에 생긴 일종의 무지개인데, 이런 무지개를 한자로 예(蜺)라고 한다.

적도를 따라서 하늘을 28개 구역으로 나누고 별들에 각각 이름을 붙인 것이 '이십팔수(二十八宿)'다. 지상의 토지를 동서남북으로 나누고 동쪽을 청룡, 서쪽을 백호, 남쪽을 주작, 북쪽을 현무로 나눈 것처럼, 하늘도 넷으로 나누어 4궁(宮)을 삼고 각 궁마다 7수(宿)로 나누면 모두 28수가 된다. 수(宿)는 머무른다는 뜻이다.

고조선 이래 모든 나라들은 천문을 중시했다. 고려도 마찬가지였다. 이십팔수의 별자리에 변고가 생기는 것은 땅 위에 재변이 생길 조짐이라고 보았다. 별자리의 움직임을 관찰하던 관청인 서운관은 중요한 변화가 나타나면 임금에게 직접 보고했다. 조선 숙종 때 서운관의 관리인 최천벽(崔天璧: 1640~1713)은 고려 474년간 나타난 천변(天變)과 각종 재이(災異)를 형태별로 모아 《천동상위고(天東象緯考)》를 편찬했다. 이해 8월 21일과 22일 햇무리가 거듭 나타난 현상에 대해 《천동상위고》는 "예(蜺: 무지개)가 해 위에 있으면 가까운 신하가 난을 일으킨다"라고 설명했다.

우왕 9년 8월 19일에는 화성(熒惑星)이 헌원(軒轅) 성좌를 침범했다. 고려 현종 7년(1016) 12월에도 화성이 헌원의 대성(大星)을 침범한 적 있었다. 《천동상위고》에 따르면 당시 서운관은 이런 점사를 내놓았다.

천하에 대란이 일어나리라. 후비(后妃)가 주살되리라. 나라가 망하고 임금이 죽으리라. 천하가 임금을 바꾸리라.

우왕 9년 8월 20일에는 달이 필성(畢星)을 침범했다. 필성은 이십팔수의 열두 번째 별인데,《천동상위고》에 따르면 당시 서운관은 이런 점사를 내놓았다.

변방에서 군사들의 난이 일어나리라.

22일에는 토성(鎭星)이 천관(天關)을 범했다. 천관은 이십팔수의 하나인 필수(畢宿)에 딸린 별자리로, 변방의 요새와 관문을 상징한다. 토성이 천관을 범하면 "천하가 서로 연락이 끊어지고, 도로가 막히리라"라고 점사한다.

이처럼 무지개가 해나 달 위에 뜨는 햇무리나 달무리, 달이나 화성이 다른 별자리를 침범하는 현상은 왕조에 좋지 않은 조짐으로 비쳐졌다. 그러나 중방은 8월 초하루에 일식이 일어나지 않은 데만 주목해 지거원의 처벌을 주청했다. 별자리를 관찰하지 않으면 모를까 관찰할 바에는 일식보다 더 중대한 점사가 있는 별자리의 변화에 주목했어야 하는데, 중방은 물론 우왕도 그러지 않았다. 별자리의 변화에 대해 "가까운 신하가 난을 일으키리라", "나라가 망하고 임금이 죽으리라. 천하가 임금을 바꾸리라", "변방에서 군사들의 난이 일어나리라"라는 점사가 나왔다면, 중방과 우왕은 이후 정국의 변화에 주목했어야 한다. 그러나 일식이 일어날 것이라 그르게 예고한 것만 처벌하고 다른 것은 묻어두었다.

천문 변화에 밝은 중신이 있었다면 하늘이 전하는 이런 경고에 몸을 떨었을 것이다. 그런 중신이 없는 가운데 같은 달 가장 변방에 있던 한 장수가 상소문을 올렸다. 상소문의 주인공은 동북면 병마사 이성계(李成桂)였다.

동계(東界)라고도 불리던 동북면은 두만강 북쪽 700리 공험진부터 지금의 강원도 삼척에 이르는 광대한 땅이었다. 100여 년 전인 고려 고종 때 원나라에 빼앗겼다가 공민왕 5년(1356) 북강회수운동 때 되찾은 강역이다. 두만강 남북쪽의 동계와 압록강 동북쪽의 북계(北界)는 고려의 북방 국경선이었다.

동북면 병마사 이성계가 상소문을 올렸다는 것 자체가 조정 대신들에게는 뜻밖의 사건이었다. 우왕에게도 마찬가지였다. 문신이 아닌 무신이 상소문을 올린 것 자체가 이례적인 일이었지만, 그것보다는 그 내용이 토지 개혁을 주장하는 것이었기 때문이다. 이성계의 상소문은 북계의 지역적 특성을 설명하는 것으로 시작했다.

북계는 여진족, 달달족(達達: 몽골족)이 사는 곳 및 요심(遼瀋: 요양과 심양 지역)과 경계가 서로 연접해 있으니 실로 국가의 요충지입니다.

북계와 동계는 모두 동이(東夷)족에 속한 여러 겨레들이 어울려 사는 지역이었다. 여진족(만주족)은 물론 달달족이라고 불리던 몽골족도 고려족과 어우러져 살았다. 고려는 건국 이래 요심을 국경으로 하는 지역을 중심으로 여러 국가들과 외교관계를 맺어왔다. 외교 관계뿐만 아니라 고려가 치른 모든 전쟁이 이곳에서 비롯되었기 때문에 이곳은 지역적으로 매우 중요했다. 그래서 이성계는 이렇게 지적했다.

비록 무사한 때라도 반드시 군량미를 비축하고 군사를 길러 뜻하지 않은 사태에 대비하여야 합니다. 지금 이 지역 주민들은 매번 저들과 교역하면서 나날이 서로 친해져서 혼인까지 하기에 이르렀습니다. 그래서 저 족속들은 저들의 땅에 거주하면서, 우리 백성들을 유인해 가고 그들의 길잡이가 되어 쳐들어와 약탈하기를 그치지 않고 있는데, 입술이 없으면 이가 시리다는 말처럼 이는 동북면만의 근심이 아닐 것입니다.

동북면에서 고려인들과 뒤섞여 사는 여진·몽골족은 양날의 검이었다. 중국 한족의 눈에 이들은 같은 말을 쓰는 동이족이었다. 고려어와 여진·몽골어의 차이는 중국 북방어와 남방어의 차이보다 훨씬 작았다. 중국 북방어와 남방어는 서로 의미가 통하지 않는 경우가 많지만 고려어와 여진·몽골어는 통역이 없어도 서로 의미가 통했다. 게다가 이들은 실제로 서로 혼인하고 함께 어울려 살았다.

이성계의 의형제로서 나중에 조선 개국 1등공신이 되는 이지란(李之蘭: 이두란)은 쿠룬투란티무르(古論豆蘭帖木兒)라는 이름을 가진 여진족이고, 그의 부친 아라부카(阿羅不花)도 여진족이다. 이지란은 공민왕 20년(1371) 고려에 귀화해 공민왕(恭愍王)에게 이씨 성과 청해(靑海)라는 본관을 하사 받았다. 그의 둘째 부인은 이성계의 부인 강씨의 조카딸이다.

동북면의 여진·몽골족은 고려족과 서로 어울려 살았지만, 정세가 변하면 언제라도 고려에 등을 돌릴 수 있었다. 따라서 북계와 동계에 사는 여진·몽골족을 관리하는 것은 고려에 대단히 중요한 문제였다. 그래서 이성계는 이 지역을 입술에 비유해서 입술이 없으면 이가 시리다는 말로 경고한 것이다. 이성계는 무장이 조정에 상소를 올릴 때는 반드시 군사 문제를 언급해야 한다는 사실을 잘 알고 있었다. 그래서 군대의 식량 문제로 말을 이어갔다.

군대의 생명은 군량에 달려 있습니다. 비록 100만 명의 군대가 있더라도 하루 치 군량만 있으면 하루짜리 군대가 되는 것이고, 한 달 치 군량만 있으면 한 달짜리 군대가 되는 것이니, 이것은 하루라도 식량이 없어서는 안 되기 때문입니다.

이성계의 말처럼 식량 없는 군대처럼 위험한 것은 없다. 식량이 떨

이지란 초상화. 경기도박물관.
여진족 출신으로 공민왕 때 고려에 귀화했다. 네 살 어린 이성계를 형으로 모셨고, 이성계의 역성혁명을 도와 개국 1등공신이 된다. 신도비에는 "용모가 단정하고 아름다운 것이 마치 여인과 같았다"고 기록되어 있다. 초상화가 언제 그려졌는지는 알 수 없으며, 이지란을 기리는 사당인 포천 청해사에서 발견됐다.

어진 군대는 약탈 집단이 되기 십상이다. 그래서 군대에 식량 조달은 생명선과 같은데, 고려는 이 생명선이 무너진 것이나 다름없는 상태였다. 동북면 군사들의 식량은 경상도와 강릉교주도(江陵交州道: 강원도)에서 조달하게 되어 있었다. 그러나 두 도에서 오는 군량이 끊긴 지 오래였다. 토지 제도가 무너졌기 때문이었다. 고려의 농민들은 국가로부터 군전(軍田)을 받고 그 대가로 군복무를 했다. 그러나 소수 권세가들이 이런 토지를 빼앗아 차지하면서 정상적인 토지 제도가 무너졌고, 덩달아 조세 제도까지 흔들리기 시작했다.

이성계가 생각할 때 동북면 군사들에게 군량을 제공하는 것은 사활이 달려 있는 문제였다. 그들은 대부분 그의 집안 군사인 친병(親兵)이었기 때문이다. 이성계는 할 수 없이 동북면에서 거둔 세곡으로 겨우 군량을 메워 나갔는데, 이 세곡을 충당하는 백성들의 사정도 어렵기는 마찬가지였다. 수탈하는 무리가 끝도 없이 나타났기 때문이다. 이성계는 우왕에게 이런 사정을 생생하게 전달했다.

근래에 물난리와 가뭄이 들어서 관청과 민간의 창고가 모두 텅 비었는데, 여기에 떠돌이 중들과 무뢰배가 불사(佛事)를 청탁해서 권세가의 편지를 함부로 받아 주군(州郡)에 청탁을 넣어 백성들을 대상으로 이자놀이를 합니다. 쌀 한 말과 베 한 자를 빌려주고는 쌀 한 섬(열 말)과 베 십여 자를 거두는데 이를 반동(反同: 이자놀이)이라 합니다. 체납된 세금을 받듯 마구 거두는 바람에 백성들이 굶주리고 헐벗고 있습니다.

어떤 경우에도 이자가 원금보다 많아질 수 없게 한 고려의 이자법인 자모법이 무너지면서 고리의 이자가 판을 쳤다. 그렇잖아도 먹고 살기 힘든 백성들은 등골이 휠 수밖에 없었다. 게다가 이들은 배후에 관청을 끼고 조세를 거두듯 빚을 받아냈다. 이뿐만 아니라, 여러 관청과 원수(元帥)들이 파견한 자들까지 관청을 등에 업고 수탈에 나서니, 이를 견디지 못하고 고향을 떠나 떠돌아다니는 백성들이 부지기수였다. 백성들이 없으니 당연히 세곡을 걷을 길도 없었다.

중앙에서 파견된 자들만이 아니라 지방 관리들도 부패하기는 마찬가지였다. 이성계는 부패한 지방관들 역시 비판했다. 군현을 다스리는 지방관은 대부분 개경에 있는 권세가의 총애를 받는 자들이었다. 그들의 모든 신경은 자신들의 임면권을 쥔 개경의 권세가에게 쏠릴 수밖에 없었다. 그러니 직무에 태만하고 백성들을 돌보지 않았다. 돌보기는커녕 악착같이 수탈해 자신이 착복하고 일부는 상납했다. 이성계는 지금부터라도 청렴하고 부지런한 사람을 지방관으로 뽑아서 백성들을 돌봐야 한다고 주장했다. 군대도 마찬가지로 개경에 연줄이 있는 자가 아니라 장수 자리를 감당할 만한 사람들을 선발해야 한다고 지적했다. 그래야 "국가가 보위"된다고 보았다.

여기까지는 변방을 지키는 장수로서 충분히 건의할 만한 내용이다. 이성계의 상소문이 심상치 않은 것은 토지 제도와 세금 제도까지 거론했기 때문이었다.

또한 도 내의 주군은 산과 바다 사이에 끼어 있어서 땅이 좁고 척박합니다. 그러나 지금 그 세금을 거둘 때 경작하는 땅의 많고 적음은 따지지 않고 다만 호(戶: 한 집안)의 크고 작음만을 보고 있습니다. 화령은 도 내에서 땅이 넓고 풍요로운 곳이지만 아전들이 봉급으로 받은 땅이어서 그 지세를 관에서 거두지 못하고 있습니다. 백성들에게 걷는 것이 고르지 못하니 군량이 부족합니다. 지금부터는 도 내 여러 주는 물론 화령도 모두 경작하는 땅의 많고 적음에 따라 세금을 부과해서 공(公)과 사(私)를 모두 편안하게 하십시오.

가진 땅의 크기와 내는 세금의 액수가 맞지 않는다는 지적이다. 농토의 면적을 기준으로 세금을 매겨야 하는데 집안 식구 수에 따라 세금을 매기니 형평에 맞지 않을 수밖에 없었다. 이성계는 식구 수가 아니라 농토를 기준으로 세금을 부과하자고 주장했다. 그래야 보다 공평해질 수 있다고 본 것이다.

"변방에서 군사들의 난이 일어나리라"라는 점사가 나온 달, 변방 무장 이성계가 올린 상소문의 내용은 이렇듯 심각했다. 문제는 드러난 내용에만 있지 않았다. 이성계가 상소를 올리게 된 과정에 더욱 심각한 문제가 있었다. 상소문을 올린 시기가 '개국의 설계사' 정도전(鄭道傳)을 만난 직후였던 것이다. "변방에서 군사들의 난이 일어나리라. 천하가 임금을 바꾸리라"라는 점사를 현실로 만들 수 있는, 강력한 친병을 거느린 변방 무장이 개국의 설계사를 만난 직후 올린 상소문이라는 데 사안의 중요성이 있었다.

그러나 고려 중신들은 물론 우왕도 한낱 변방 무장에 불과한 이성계의 상소문을 그다지 중요하게 생각하지 않았다. 불우한 지식인 정도전을 만난 직후에 작성한 상소문이라는 과정은 몰랐을 수도 있지만, 막강한 친병을 가진 그의 배경에는 주목해야 했다. 그러나 중신들과 우왕, 그 누구도 이성계의 상소문을 눈여겨보지 않았다. 다소 뜬금없는 행동이라고 생각했을 뿐이다.

이성계의 상소문은 다른 뜻이 아니었다. 백성들의 눈으로 세상을 바라보는 장수가 변방에 존재하고 있음을 선언한 것이었다. 그리고 그 장수의 뒤에 개국의 설계사가 있음을 시사하는 것이었다. 권세가들에게 농토를 빼앗기고 노비로 전락한 원한이 하늘까지 닿아 있는 백성들의 시각으로 고려를 바라보는 변방 무장과 유학자가 존재하고 있음을 선언한 상소문이었다.

"가까운 신하가 난을 일으킨다." "나라가 망하고 임금이 죽는다." "천하가 임금을 바꾼다." "변방에서 군사들이 난을 일으킨다." 우왕 9년 8월, 고려 왕실에는 온갖 불길한 점사가 쏟아지고 있었다.

동북면 병마사 이성계를 찾아간 불우한 지식인 정도전은 두 개의 경구를 가슴속에 새기고 있었다. 하나는 순자(荀子)의 말이다.

임금은 배요, 백성들은 물이다. 물은 배를 띄우기도 하지만 물은 배를 엎기도 한다.

다른 하나는 맹자(孟子)의 말이다.

백성이 귀하고, 사직이 다음이며, 임금은 가볍다.

그런데 가장 귀한 백성들이 땅을 빼앗기고 노비로 전락해 한을 품고 있었다. 물인 백성들이 자신들의 고통 위에서 환락을 즐기는 배에 원한을 품고 있었다. 이런 백성들의 원한이 하늘을 움직이면 그것이 곧 천명이다. 순자와 맹자는 이를 지적한 것이다. 이성계의 상소문은 천명을 향해 내디딘 첫 발이었다. 이 첫 발의 의미를 읽지 못한 고려는 곧 거센 회오리 속으로 빨려 들어가고 만다.

이 성 계 의 눈 에 비 친 개 경

　공민왕 5년(1356) 3월, 이성계는 부친 이자춘(李子春: 1315~1361)과 첫 개경 방문길에 올랐다. 알동(斡東: 오동)에서 개경까지는 꽤 먼 길이었다. 스물두 살에 처음 밟아보는 개경 땅, 이성계는 호기심이 생길 수밖에 없었다.

　이자춘은 전년 12월에 이어 두 번째 방문길이었다. 이자춘은 쌍성등처천호(雙城等處千戶), 그러니까 원나라 벼슬아치였다. 이성계 일가가 살던 두만강 북쪽 쌍성은 고려 땅이 아니라 원나라 땅이었다. 이자춘은 울루스부카[吳魯思不花]라는 몽골 이름을 가진 원나라 관리였다. 이성계 집안이 원나라에서 산 것은 일이십 년 된 일이 아니었다. 이성계의 고조부 이안사(李安社: 목조)가 만주 지역을 다스리던 칭기즈 칸의 막내 동생 옷치긴 왕가로부터 천호장 겸 다루가치의 직위를 하사받은 것이 100년 전인 고종 42년(1255), 이때 한족이 세운 남송은 칭기즈 칸의 손자인 몽골족 4대 황제 몽케(蒙哥: 헌종)의 공세에 허덕이며 겨우 숨이 붙어 있는 상태였다. 이안사는 대세에 순응해 원나라에 귀부(歸附)했고, 이후 90여 년 동안 이성계 집안 사람들은 대대로 원나라 벼슬아치로 살아왔다. 그렇게 오랜 세월을 보내다가 이자춘이 개경을 방문한 것이다. 그런 이자춘을 공민왕은 지극히 환대했다.

"그대의 할아버지와 아버지는 몸은 비록 나라 밖에 있었지만 마음은 우리 왕실에 있었으니, 내 할아버지도 실로 총애하고 가상하게 여겼다. 경은 이제 할아버지와 아버지를 욕되게 하는 일이 없어야 할 것이다. 내가 장차 그대를 크게 성취시켜주겠다."

공민왕이 말한 "내 할아버지"는 충렬왕을 이른다. 70여 년 전인 충렬왕 7년(1281), 이성계의 증조부 이행리(李行里: 익조)는 합포(合浦: 경남 마산)까지 내려가 공민왕의 증조부인 충렬왕을 만났다. 원 세조 쿠빌라이가 일본을 정벌하기 위해 군사들을 합포로 불렀는데, 쌍성에 거주하던 이행리에게도 징발령이 내려졌다. 이행리는 부친이 고려 땅을 떠난 것에 대해 충렬왕에게 용서를 빌었다.

"선신(先臣: 이안사)께서 북방으로 도주한 것은 실로 호랑(虎狼)의 아가리를 벗어나고자 한 것일 뿐이지 감히 군부(君父)를 배반한 것은 아니오니, 성상께서는 그 죄를 용서해주시기 바랍니다."

이안사가 고려를 떠나 원나라로 간 것은 살기 위한 도주였다는 변명이다. 충렬왕은 이행리의 사과에 밝게 화답했다.

"경은 본래 사족(士族)이니 어찌 근본을 잊겠는가? 지금 경의 행동을 보니 마음이 어디에 있는지 알겠다."

공민왕은 역사에 밝았다. 70여 년 전 조부 충렬왕이 이자춘의 조부를 만난 사실까지 소상하게 알고 있었다. 이자춘을 회유하기 위해서 그가 고려인의 후예란 사실을 강조한 것이다.

이듬해 3월 이자춘은 아들 이성계를 데리고 개경을 다시 방문했다. 공민왕은 1년 만에 만난 이자춘을 위로했다.

"완악한 백성들을 어루만지느라 어찌 수고롭지 않겠는가?"

공민왕은 이자춘에게 임무를 주었다.

"경은 돌아가서 마땅히 우리 백성들을 잘 진무하고, 만약에 변란이 발생하면 나의 명령에 따르라."

이자춘은 개경이 아니라 쌍성에서 필요한 인물이었다. 그래서 모종의 임무를 주어 쌍성으로 돌려보낸 것이다. 그러나 아들 이성계는 개경에 남았다. 일종의 인질이었다.

혼자 남은 이성계는 개경 이곳저곳을 쏘다녔다. 예성강에서 그리 멀지 않은 개경은 국제상업도시였다. 원나라 사람들뿐만 아니라 서역인이라 불리던 아랍 사람들까지 드나들었다. 원 제국에 편입되면서 많은 간섭을 받았지만 나쁜 일만 있었던 것은 아니다. 아시아와 유럽을 아우르는 대제국에 편입되면서 고려인들은 국제사회의 일원이 되어 원나라 수도 대도(大都: 북경)를 오가며 세계와 교류했다.

이보다 230여 년 전인 인종 1년(1123), 고려에 온 송나라 사신 서긍(徐兢: 1091~1153)은 《고려도경(高麗圖經)》에 개경에 대한 상세한 설명을 남겼다. 왕성 주위를 산성이 둘러싸고 있는데, 그 길이가 무려 60여 리에 달했다. 산의 지형을 따라 지형이 낮은 곳에선 성벽을 높게, 지형이 높은 곳에선 성벽을 낮게 쌓아서 높이를 고르게 만들었다. 산성에는 모두 열두 개의 외문이 있었는데, 동서남북 네 방향의 대문에는 베풀 선(宣) 자를 써서 이름을 지었다. 동대문은 선인문(宣人門), 서대문은 선의문(宣義門), 남대문은 선화문(宣華門), 북대문은 선기문(宣祺門)이었다. 다만 선기문은 풍수 때문에 정북 방향에서 약간 각도를 달리해서 쌓고 정북 방향에는 대신 조금 작은 북창문(北昌門)을 세웠다. 북창문은 숭산으로 연결되었다.

열두 대문 중 송나라 사신이 출입한 서쪽의 선의문이 가장 화려했다. 북창문은 고려 임금들이 선왕들의 능(陵: 무덤)에 갈 때 사용하는 문이었기에 선의문 못지않게 화려했고, 북쪽의 선기문은 금나라와 통교할 때 사용하던 문으로 대대로 북방으로 향하던 대문이었다.

산성 아래 평지에는 나성(羅城)인 내성(內城)을 쌓았는데, 모두 열세 개의 대문이 있었다. 대궐은 서남쪽에 있었고, 동쪽에는 사신들이 묶는 순천관(順天館)이 있었다. 가장 화려한 동쪽 편문(偏門)인 광화문(廣化門)에서부터 봉선고(奉先庫)까지 국제상업도시답게 긴 행랑집이 수백 칸 이어져 있었다. 광화문 동남쪽 길가에는 유명한 흥국사(興國寺)가 있고, 흥국사 다리에서 경시사(京市司)까지 수백 칸의 각종 상점이 줄지어 있어 장관을 이뤘다. 흥국사 앞에 흘러가는 시냇물 위의 돌다리를 건너면 동쪽으로 흥국지사(興國之寺)라는 편액이 달린 정문이 우뚝하게 서 있고, 뜰 안에는 지름 2척에 높이가 10여 장(杖)인 당간지주가 하늘을 찌를 듯 솟아 있었다.

이성계가 처음 개경에 발을 디딘 지 33년 후인 창왕 1년(1389) 11월, 흥국사에서 정도전, 조준(趙浚), 정몽주(鄭夢周) 등이 우·창왕은 공민왕이 아니라 신돈(辛旽)의 핏줄이니 폐위하고 진짜 왕을 세워야 한다는 '폐가입진(廢假立眞)'의 논리를 주창한다. 이 여세를 몰아 우왕의 아들인 창왕을 폐위하고 신종(神宗)의 7세손 정창군(定昌君) 왕요(王瑤)를 세우니, 그가 바로 공양왕이다. 서운관에서 "변방에서 군사들의 난이 일어나리라"라는 점사가 나오고, 이성계가 토지 개혁 상소문을 올린 지 겨우 6년 후의 일이다.

불교 왕국 고려의 수도 한복판에 자리 잡은 흥국사의 뜰을 거니는 것은 독실한 불자였던 이성계에게 즐거운 일이었다. 반면 날랜 말에 올라타 들판을 치달리던 것이 일상이던 청년에게는 무료한 일상이기도 했다. 그런 그에게 이런 무료함을 단번에 날려주는 소식이 들려왔다. 5월 5일 단오절 격구(擊毬) 대회가 열린다는 것이었다. 격구란 쉽게 말해 말을 타고 하는 하키 경기다. 말을 탄 채 긴 나무로 만든 구장(毬杖)으로 공을 쳐서 작은 골대인 구문(毬門) 안으로 넣는 경기인데, 공을 치기 때문에 타구(打毬)라고도 했다. 고구려를 계승했다고 자부하는 고려인들의 격구 사랑은 유별났다.

고려 국왕들은 대대로 격구광이었다. 이로부터 무려 250여 년 전인 예종 5년(1110) 1월 예종이 신기군(神騎軍)의 격구를 관람했다는 기록이 있을 정도다. 이로써 격구가 원나라에서 들어온 것이 아님을 알 수 있다. 무신난으로 쫓겨난 의종(毅宗)도 격구광이었다. 의종은 재위 1년(1147) 10월 서루(西樓)에서 나흘 동안이나 격구를 관람했다. 때로는 밤중에 횃불을 밝혀놓고 즐길 정도로 격구를 사랑했다. 의종은 격구 선수를 친위군에 배속시켜 늘 곁에 둘 정도였다. 실제로 행주 사람 기탁성(奇卓誠)이 뛰어난 격구 솜씨 덕분에 국왕의 친위군인 견룡군(牽龍軍)에 배속되었다는 기록이 남아 있다. 의종은 견룡군을 둘로 나누어 격구를 시키고 구경하기를 즐겼다. 때로는 자신이 직접 선수로 나서기도 했다.

기마민족인 원나라 사람들 역시 격구를 즐겼다. 원나라에 간 충렬왕이 세조의 딸인 제국대장공주(齊國大長公主)와 혼인한 것 못지않게 기뻤던 것이 원나라 사람들도 고려 사람들 못지않게 격구를 좋아한다는 사실을 알게 된 것이었다. 제국대장공주도 기마민족의 후예답게 격구를 좋아해서 충렬왕 15년(1289) 5월 단오절에 부부가 함께 양루(凉樓)에 올라 격구를 관람했다는 기록이 있다. 이후 임금이 단오절 격구를 관람하는 것은 관례가 되었다. 그만큼 그 중요성이 더해졌다. 단오절 격구 대회는 개경 시내 한복판인 시전(市廛)에서 개최되었다. 구중궁궐이 아닌 시내에서 격구 대회를 개최한 것은 위로는 국왕부터 아래로는 일반 백성들까지 모두 함께 즐기자는 뜻이었다.

공민왕 5년(1356) 5월 5일, 장엄한 음악이 흐르는 가운데 용과 봉으로 장식한 화려한 장전(帳殿: 휘장)에 공민왕 부부가 입장하면서 대회가 시작되었다. 이성계가 개경 사람들에게 첫 선을 보이는 자리였다.

드디어 이성계의 차례가 되었다. 구장으로 공을 친 후 쫓아갔는데 그만 공이 돌에 맞아 튀어 오르더니 뒤로 굴러갔다. 개경 사람들은 다들 실패했다고 생각했다. 그러나 이성계는 재빨리 하늘을 쳐다보는 자세로 말 위에 눕더니 몸을 뒤로 돌려 말꼬리 쪽에서 공을 쳐 말의 앞발 사이로 내보냈다. 그 공을 쫓아가 구문을 통과시키자 개경 사람들은 크게 놀라 환호했다. 말꼬리 쪽에서 공을 쳤기에 꼬리 미(尾) 자를 써서 '방미(防尾)'라고 이름 붙였다. 한번은 공이 다리 기둥에 부딪쳐 말의 왼쪽으로 튀어나갔다. 개경 사람들은 이번에야말로 실패라고 여겼지만 이성계는 재빨리 말의 오른쪽 등자를 벗고, 몸을 뒤집어서 공을 끌어당긴 후 다시 쳐서 구문으로 통과시켰다. 옆에서 쳤기에 이

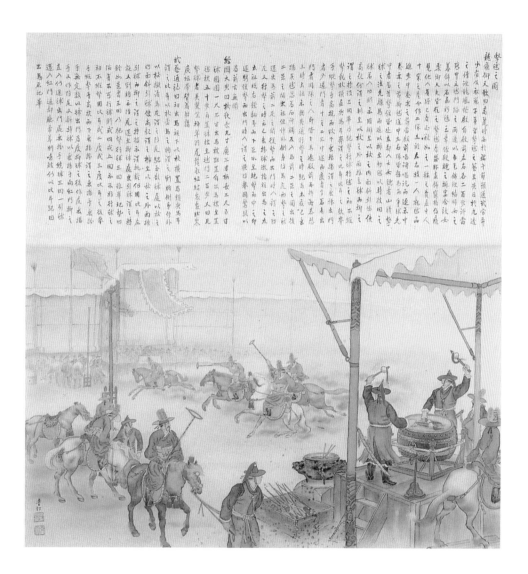

격구도.

일제강점기에 활동한 화가이자 독립운동가 이여성의 역사화 중 유일하게 남아 있는 작품. 《태조실록》, 《용비어천가》 등 당시 문헌으로 철저하게 고증해 그린 것으로 알려져 있다. 《태조실록》에서 말하는 화려하고 사치스러운 의복, 말안장 등이 사실적으로 표현되어 있다.

를 '횡방(橫防)'이라고 불렀다.

이성계의 뛰어난 격구 실력에 대해 《태조실록(太祖實錄)》에는 "온 나라 사람들이 몹시 놀라면서 전고(前古)에 듣지 못한 일이라고 찬탄했다"라고 적혀 있다. 개경 사람들은 원나라 땅인 동북면에서 온 새로운 격구 천재에게 환호했다.

그러나 이 격구 천재의 눈에 개경의 격구가 기이하게 보인다는 것은 눈치채지 못했다. 이성계의 고향 알동의 격구는 소박하지만 격렬한 경기였다. 중요한 것은 장비가 아니라 실력이었다. 그러나 개경의 격구는 달랐다. 마치 장비 자랑 경기 같았다. 알동에서는 나무로 만든 공을 사용했지만 개경에서는 보석에 버금가는 마노(瑪瑙)로 공을 만들었다. 부서질까 봐 세게 치기가 꺼려질 정도였다.

《태조실록》은 고려 때 격구하는 사람들의 안장 값에 대해 이렇게 설명했다.

격구하는 사람들은 옷도 지극히 화려했다. 서로 경쟁하듯 사치해서 말안장 하나에 쓰인 돈이 중인 열 집안의 재산에 해당되었다.

고려와 조선은 곡식 산출량을 기준으로 농지의 등급을 나누는 상대면적 제도를 적용했다. 쌀 300말 정도가 나는 땅을 1결(結)이라 했는데, 조선 세종 때 이를 여섯 등급으로 나눈 전분(田分) 6등급에 따르면 가장 비옥한 1등급이 약 3300평(9859.7㎡) 정도다. 1등급을 기준으로 2000결이면 600만 평, 3000결이면 900만 평이다. 2~3등급으로 계산하면 1000만 평이 훌쩍 넘는다. 이 드넓은 토지를 양민들을 노비로 삼

아 경작하면서, 이들의 부역을 면제시켜주었다. 노비로 전락한 백성
도 손해고, 부역을 못 받는 나라도 손해였다. 오직 환관, 권귀(權貴)들
에게만 이익이었다. 이들이 말안장 하나에 중인 열 집의 재산을 쓰는
게 전혀 아깝지 않은 것도 당연한 결과였다.

청년 이성계의 눈에 격구장의 개경 귀족들과 들판의 고려 백성들
은 같은 나라 사람들이 아니었다. 청년 이성계는 개경의 이런 모습을
도무지 이해할 수 없었다. 이성계 일가가 살던 쌍성은 그렇지 않았다.
100여 년 전 전주에서 이성계의 선조들과 함께 이주해온 170개 가문
의 후예들은 비록 원나라 치하였지만 쌍성에서 일종의 친족 공동체를
이루고 살았다. 이성계에게 나라는 이 공동체가 확장된 것에 다름 아
니었다. 누구는 굶어죽는데 누구는 중인 열 집의 재산을 들여 말안장
하나를 만드는 그런 괴리는 존재할 수 없었다. 적어도 이성계의 선조
들과 함께 이주한 사람들의 후예들 사이에는 이런 괴리가 없었다. 이
성계는 개경의 이런 모습을 이해할 수 없었고, 이런 행태에 어떤 제재
도 가하지 않는 고려 자체도 이해할 수 없었다.

100년 만의 귀향

이성계는 고려 충숙왕 복위 4년(1335), 원나라 순제의 연호로는 지
원(至元) 원년 10월 11일 화령 흑석리에서 태어났다. 식민사학에선 화

령 흑석리를 함경도 영흥으로 추측하지만, 실제로는 두만강 건너 알동 지역이다. 이성계의 어머니는 원나라 선수천호(宣授千戶) 조조(趙祚)의 딸인데, 이성계의 부친과 인연을 맺게 된 경위가 남다르다. 조조는 딸을 김린(金麟)의 아들과 맺어주려 했는데 딸이 울면서 거부했다.

"사람이 세상에 태어나면 큰 인연이 있기 마련인데, 어찌 김린의 아들에게 시집가겠습니까? 배필이 곧 이를 것입니다."

그러던 어느 날, 이자춘이 조조의 집에 방문했다. 그때 조씨 소녀가 꿈을 꾸었다. 용 두 마리가 하늘에서 내려오더니 한 마리는 소녀의 배 속으로 들어가고 다른 한 마리는 뜰에 앉아 있는 꿈이었다. 이자춘이 자신의 배필임을 알려주는 꿈이라 생각한 소녀는 이를 부친에게 말했다. 조조는 혼인을 허락했다. 내친 김에 조조는 성씨를 외가의 성씨인 최씨로 바꾸고 이름도 어릴 때 사용하던 한기로 고쳐서 최한기(崔閑奇)로 개명했다. 고려 말까지 모계제 사회의 유풍이 많이 남아 있어서 성씨가 지금처럼 중요하지 않았기에 성을 바꾸는 것은 그리 어렵지 않았다.

소녀는 이렇게 이자춘과 혼인했지만 문제가 있었다. 이자춘이 유부남이었기 때문이다. 이자춘은 조씨 소녀를 만나기 전에 한산 이씨와 혼인해 이미 이원계(李元桂: 1330~1388)·천계(天桂: 1333~1392) 형제를 낳은 상태였다. 혼인 순서로 따지면 이원계·천계 형제가 적자이고, 이성계는 서자다. 그러나 천명을 받은 개국시조에게 적서의 분별은 의미가 없다. 이자춘의 서자 이성계가 천명을 받으면서 그의 조상들도 왕이 되었다. 조선 개창의 정당성을 설파하기 위해서 지은《용비어천가(龍飛御天歌)》제1장을 살펴보자.

해동 육룡(六龍)이 나르샤 일마다 천복(天福)이시니 고성(古聖)이 동부(同符)하시니.

해동의 여섯 용이 하는 일마다 하늘에서 복을 내렸다는 것은 옛 중국과 우리 성인들의 일이 같다는 뜻이다. 여섯 용은 '목조-익조-도조-환조-태조-태종'을 이르는데, 이성계(태조) 이전의 네 용은 이성계가 개국시조가 된 후 왕으로 추존한 선조들이다.

육룡의 첫째인 목조(穆祖)는 이성계의 4대조인 고조부 이안사(李安社: ?~1274)다. 그가 집안의 고향이었던 전주를 떠난 것이 조선 개창의 시발점이 되었기에 해동 육룡의 첫 반열에 올린 것이다. 전주에 살던 청년 이안사가 스무 살 무렵 한 관기와 사랑에 빠지면서 기나긴 유랑이 시작된다. 전주 지주사(知州事)는 이 관기에게 조정에서 보낸 산성

용비어천가. 국립한글박물관.
세종 27년(1445) 편찬한 최초의 한글 작품. 조선 왕조의 개창을 기리고, 선조인 목조에서 태종에 이르는 6대의 행적을 노래한 서사시다.

별감(山城別監)의 수청을 들라고 명했다. 이안사를 사랑했던 관기는 수청을 거부하다가 죽임을 당했는데, 전주 지주사는 안렴사(按廉使: 도지사)와 짜고 그 죄를 이안사에게 뒤집어씌우려고 했다. 사랑하는 여인을 잃고 관기를 죽였다는 죄까지 뒤집어쓰게 된 이안사는 강릉도(강원도) 삼척현으로 도주했다. 이때 170여 호의 전주 사람들이 따라갔는데, 한 호에 여섯 명씩만 잡아도 1020명이나 되는 많은 수였다. 바로 이들의 후예가 이안사 일가와 공동운명체를 이루며 이성계의 친병이 된다.

이안사는 삼척에 살면서 전주 지주사나 산성별감이 세상을 떠났다는 소식이 전해지기만을 기다렸다. 그러나 이들이 세상을 떠나기는커녕 산성별감이 강릉도 도지사 격인 안렴사로 승진해 삼척에 부임한다는 소식이 들려왔다. 이안사 일가는 다시 북쪽의 동북면 의주로 이주했는데, 이때 또 170여 가구가 따라왔다. 《고려사(高麗史)》〈오행지〉 1391년 12월 27일 조에는 의주와 관련해 이런 글이 있다.

의주에 큰 나무가 있었는데, 말라서 썩은 지 여러 해였다. 이해에 다시 가지가 뻗고 잎이 무성해지니 그때 사람들이 개국(開國)의 징조라고 여겼다.

조선이 개국하기 전해인 1391년, 의주에서 말라죽었던 큰 나무가 다시 살아났다는 것이다. 이안사가 삼척에서 의주로 다시 도주한 것이 집안이 나라가 되는 '화가위국(化家爲國)'을 위한 시련이자 '개국의 징조'였다는 해석이다.

이 무렵 주변 정세는 크게 바뀌고 있었다. 몽골 세력이 만주까지 밀려 들어왔다. 고종 45년(1258) 무렵, 몽골의 산지대왕(散吉大王, 산길대왕)과 부지르노얀[普只官人] 등이 여진족을 쫓아 만주까지 들어왔다. 산지대왕은 여진족을 공격하는 한편, 고려 출신 인물 둘을 회유하는 데 나섰다. 한 명은 조휘(趙暉)고, 다른 한 명은 바로 이안사다. 조휘가 항복하자 산지대왕은 그를 쌍성총관(雙城摠管)으로 삼고, 그의 수하인 탁청(卓靑)을 천호(千戶)로 삼았다. 이안사는 산지대왕에게 맞서봤자 승산이 없다고 판단했다. 산지대왕 뒤에는 한창 기세를 떨치고 있던 원나라가 있었다. 이안사가 김보노(金甫奴) 등 1000여 호를 이끌고 항복하자 산지대왕은 성대한 연회를 베풀어 환대했다. 연회가 끝나갈 무렵, 산지대왕은 이안사의 품에 옥배(玉杯)를 넣어주며 말했다.

"공의 가인(家人)이 우리 두 사람의 서로 통하는 정을 어찌 알겠습니까? 이 옥배로 내 정을 표시할 뿐입니다."

"지금부터는 서로 잊지 맙시다."

옥배를 받은 이안사는 집안 여자를 산지대왕의 아내로 삼게 했다. 이안사는 산지대왕의 후원으로 원나라 알동천호소(斡東千戶所)의 수천호(首千戶) 겸 다루가치[達魯花赤]가 되었다. 《태조실록》은 이때 이안사가 이주한 곳을 "개원로 남경 알동"이라고 했는데, 현재 길림성 연길 부근으로 추측된다.

《용비어천가》 4장은 "야인(野人) 사이에 가사 야인이 가래거늘(해롭게 하거늘) 덕원(德源) 옮으심도 하늘 뜻이시니"라고 노래한다. 이안사와 아들 이행리에 관한 부분이다. 이안사는 고려 천우위 장사(千牛衛長史) 이공숙(李公肅)의 딸과의 사이에 맏아들 이행리를 낳았는데, 이행리는 1275년 이안사의 뒤를 이어 원나라 천호가 된다.

하루는 이행리가 성 아래에서 한 노파를 만나 물을 청했는데, 노파가 몰래 일러주었다.

"저들이 공을 해치려 합니다."

놀란 이행리는 가인들에게 가산을 배에 실으라고 황급히 명했다. 그러곤 두만강을 따라 내려가 적도에서 만나자고 약속하고 부인 손씨와 백마를 타고 도주했다. 경흥부에서 동쪽으로 60여 리 떨어진 적도는 바닷가에서 600보쯤 떨어진 섬이다. 그런데 약속한 배는 오지 않고 적들의 선봉 수백 기가 쫓아오는 게 보였다. 때마침 바닷물이 100여 보가량 밀려났다. 이행리가 부인과 함께 백마를 타고 적도로 건너가자 다시 물이 불어서 추격하던 자들은 물을 건널 수 없었다. 고구려 시조 추모왕이 거북과 갈대로 만들어진 다리를 건넌 후 다리가 흩어져 쫓아오던 북부여 군사들이 건너오지 못했다는 이야기와 비슷하다. 전주에서부터 이안사 일가를 따라왔던 일가들은 이행리를 따라 적도로 이주했다. 이행리는 그 후 다시 덕원으로 이주했는데, 이것도 하늘의 뜻이라는 노래다.

이행리의 천호 벼슬은 이춘(李椿: 도조)이 이었는데, 이성계의 부친 이자춘은 자칫 이 벼슬을 잇지 못할 뻔했다. 이춘의 맏아들이 아니었기 때문이다. 이춘의 맏아들은 이자흥(李子興)이다. 이춘이 원 순제 지정(至正) 2년(1342) 7월 세상을 떠나면서 이자흥이 천호가 될 예정이었는데, 두 달 후 이자흥이 갑자기 죽었다. 원나라는 이자흥의 아들 천주(天柱)가 어리다는 이유로 숙부 이자춘에게 임시로 관직을 이어받게 했다.

그런데 이춘의 계처(繼妻) 조씨가 이춘의 후사 경쟁에 뛰어들었다.

쌍성총관 조휘의 일가였던 조씨는 이안사 집안 못지않은 권력을 가진 실력자였다. 이자흥의 아들 천주와 조씨의 아들과 이자춘 사이에 삼파전이 벌어졌는데, 우여곡절 끝에 이자춘이 승리했다. 《용비어천가》 8장은 이에 대해 이렇게 노래했다.

세자(이자춘: 환조)를 하늘이 가리사 제명(帝命: 원 황제의 명)이 나리시어 성자(聖子)를 내셨나이다.

이자춘이 원나라 관직을 세습한 것을 "하늘과 원나라 황제가 가려 주었다"고 노래한 것이다. 이 역시 천명이라는 뜻이다.

그러나 원나라에서 만주 지역의 호적을 정리하면서 원주민을 우대하고 이주민을 홀대하는 정책을 펼치는 등 주변 상황으로 인해 이자춘 일가의 오랜 원나라 생활은 끝으로 향하고 있었다. 공민왕 4년(1355) 12월, 이자춘은 개경을 찾았고, 공민왕은 "너를 성취시켜주겠다"라고 약속했다. 그래서 이자춘은 이듬해 3월 이성계를 데리고 다시 개경을 방문한 것이다. 그 첫 방문 때 이성계는 신기에 가까운 격구 솜씨로 개경 사람들의 혼을 빼놓았다. 거의 100년 만에 귀향한 격구 천재의 집안이 고려 왕조를 무너뜨리리라고 생각한 사람은 이때만 해도 아무도 없었다.

풍운의 임금 공민왕

쓸쓸한 혼례

이성계가 태어나기 14년 전인 충정왕 원년(1349: 원 순제 지정 9년) 10월. 원나라 수도 연경(燕京: 북경)의 북정. 고려 청년 왕기(王祺: 공민왕)는 위왕(魏王)의 저택으로 향했다. 위왕은 원 세조 쿠빌라이의 아들 친킴[眞金] 태자의 손자였다. 스무 살의 강릉부원대군(江陵府院大君) 왕기는 열두 살 때인 1341년 순제의 명으로 연경에 왔다. 그의 몽골 이름은 파이앤티무르[伯顔帖木兒]다. 위왕의 딸 노국대장공주(魯國大長公主)가 왕기를 기다리고 있었다.

신부를 맞이하러 가는 친영길은 쓸쓸했다. 아버지 충숙왕은 10년 전에 세상을 떠났고, 어머니 명덕태후(明德太后: 1298~1380) 홍씨는 개경에 있었다. 부모 없이 치르는 혼례이다 보니 쓸쓸할 수밖에 없었다. 그러나 위왕의 딸 노국대장공주, 즉 보르지긴 부타시리(寶塔失里: 보탑실리)는 빼어난 미녀로, 성격도 좋은 편이었다. 왕기는 이 정략혼인에 만족했다. 이 혼인은 왕기가 원 황실의 위왕이란 후견인을 갖게 된 것을 뜻했다.

고려의 왕위 계승이 고려인들의 뜻대로 되었더라면 왕기는 벌써 임금이 되었어야 했다. 제27대 충숙왕의 아들이자 28대 충혜왕의 친동생인 왕기는 혈통도 좋고 머리도 총명했다. 한 해 전 12월, 29대 충목왕이 세상을 떠났을 때 고려 사람들은 왕기가 그 뒤를 잇기 바랐다. 그러나 원나라 황실의 판단은 달랐다. 왕기 대신 충혜왕의 서자이자 왕기의 조카인 왕저(王胝) 충정왕을 선택한 것이다. 그러나 겨우 열세 살이었던 충정왕이 헤쳐 나가기에 고려의 정세는 지극히 복잡했다. 외척들이 득세했고, 왜구가 들끓었다. 많은 문제가 드러나자 순제는 재위 3년(1351)밖에 되지 않은 충정왕을 폐위시키고 왕기를 후사로 선택했다. 충정왕은 졸지에 강화로 쫓겨갔다.

드디어 공민왕의 시대가 열린 것이다. 충정왕이 폐위되고 공민왕이 즉위하는 데 위왕이 큰 역할을 한 것은 물론이다. 하지만 고려의 큰일들은 대부분 원나라의 대도(大都) 연경에서 결정되었다. 국왕이 되었지만 두 달을 더 연경에 머물던 공민왕은 그해 12월 25일, 개경으로 귀국했다.

공민왕과 노국대장공주가 귀국할 때, 순제는 태자 시투르(失禿兒)와 직성사인(直省舍人) 아쿠(牙忽)를 보내 호위하게 했다. 충정왕이 급작스럽게 쫓겨났으므로 반발이 있을 수도 있었기 때문이다. 열두 살 어린

공민왕과 노국대장공주 초상화. 국립고궁박물관.
종묘 공민왕 신당에 보관된 그림. 임진왜란 이후 조선 후기에 그려진 것으로 추정된다. 노국대장공주는
원나라 위왕의 딸이었는데도 공민왕의 반원 정책과 개혁 정책을 적극 지지한, 공민왕의 가장 중요한 정
치적 동반자였다.

나이에 연경으로 갔던 소년은 10년 뒤 스물두 살 청년 임금이 되어 금의환향했다. 국왕이 된 후 공민왕은 이름을 왕전(王顓)으로 바꾸고, 부인 노국대장공주에게도 왕가진(王佳珍)이란 이름을 지어주었다. '아름다운 보배'라는 뜻의 아름다운 고려 이름이었다.

공민왕과 노국대장공주는 모후 홍씨에게 귀국 인사를 올렸다. 10년 만에 만나는 아들이지만 마냥 반갑지만은 않았다. 원 간섭기, 고려 왕실에선 너무 많은 일들이 일어났다. 남편 충숙왕은 쫓겨났다 다시 즉위하기를 반복했다. 남편이 쫓겨나고 맏아들 충혜왕이 즉위했지만, 그 또한 2년 만에 쫓겨나고 남편이 다시 즉위했다. 충숙왕이 죽은 후 충혜왕이 다시 즉위했지만 마찬가지였다. 고려 왕들의 운명은 원나라 조정에 달려 있었고, 그 배후에는 원 태자의 외삼촌 기철(奇轍: ?~1356) 일가가 있었다.

충혜왕은 복위한 지 4년(1343) 만에 다시 원나라 조정에 압송되어 지금의 광동성 게양현으로 유배 가던 도중 호남성 악양현에서 세상을 떠나고 말았다. 불과 서른 살의 젊은 나이였다. 충혜왕이 죽은 후 원나라 황실이 선택한 후사는 충혜왕의 아들 충목왕이었는데, 그의 나이는 불과 여덟 살이었다. 충목왕이 왕위에 오른 지 4년 만에 죽자 원나라 황실은 충혜왕의 서자인 충정왕을 후사로 선택했다. 3년 만에 충정왕이 쫓겨나고 홍씨의 아들인 공민왕이 새 왕으로 부임했다. 충숙왕은 홍씨의 남편이고, 충혜왕은 그녀의 아들이며, 충목·충정왕은 그녀의 손자였다. 그 뒤끝이 한결같이 좋지 않았기 때문에 홍씨는 10년 만에 왕이 되어 귀국한 아들을 마냥 반가워할 수만은 없었다. 관건은 원나라 황실의 동향이었다. 그리고 그 열쇠는 기철 일가가 손에 쥐고 있었다.

그해 12월 27일, 공민왕은 경령전(景靈殿)을 배알했다. 경령정은 태조 왕건(王建)과 태조가 추존한 4대 조상의 어진과 신위를 모신 진전(眞殿)이다. 원나라 치하의 고려에 개국시조와 그 추존 조상들의 어진과 신위를 모시는 진전이 있는 것 자체가 경이로운 일이었다. 개국시조의 어진과 신위를 배알한 공민왕은 같은 날 강안전(康安殿)에서 즉위했다. 파란만장한 공민왕 시대의 개막이었다.

왕 실 위 의 기 철 일 가

기철의 눈에 갓 즉위한 공민왕은 우습게만 보였다. 원나라 직제로 서열 41위의 고려 국왕은 요동 지역을 다스리는, 서열 39위인 심양왕보다도 하위였다. 바얀부카[伯顏不花]라는 몽골 이름을 가진 기철의 누이동생은 원나라 순제(順帝: 혜종, 재위 1333~1370)의 제2황후였다. 순제는 네 명의 황후를 두었지만 아들은 기철의 누이 기황후(奇皇后: 1315~1369)만 낳았다. 그 아들 아이유시리다라[愛猶識理達臘]가 원나라 태자까지 되었으니 기철의 눈에 공민왕이 우습게 보인 것도 무리는 아니었다. 충숙왕 등 고려 국왕이 자주 교체된 것에서 볼 수 있듯, 고려 국왕은 원나라 황실 마음대로 앉혔다 쫓아냈다 할 수 있는 자리로, 기철의 생각이 오만했다고만 보기도 어렵다.

게다가 기철은 몽골어 실력만으로 출세한 부원배(附元輩)들과는 달랐다.《고려사》〈기철열전〉에 따르면 기철의 고조부 기윤숙(奇允肅)은 최충헌(崔忠獻) 때 상장군을 역임하고 벼슬이 문하시랑평장사(門下侍郎平章事)에 이르렀으며, 기철의 부친 기자오(奇子敖)도 음서로 선주 수령을 역임한 벼슬아치였다. 원나라 태자의 외삼촌이라는 것만으로 고려 왕실을 우습게 여긴 것이 아니다. 기철에게는 탄탄한 집안이라는 든든한 뒷배가 있었다. 게다가 원나라에 공녀로 간 누이가 고려 출신 환관 박불화(樸不花)와 손잡고 태자를 낳자 기철은 달라지기 시작했다.

《원사(元史)》〈환자(宦者: 환관)열전〉에 따르면 왕불화(王不花)라고도 하는 박불화는 기씨 소녀와 동향이었다. 황실의 총애를 받는 환관이 된 박불화는 순제가 궁인(宮人: 후궁)을 선발할 때 여러 꾀를 내어 기씨를 순제에게 접근시켰다.

기씨 소녀는 사대부가 출신답게 처신을 신중히 했다.《원사》〈후비(后妃)열전〉에 따르면 순제가 대도에서 상경(上京)으로 가던 중 내관을 보내 찾아가겠다고 통보하자 기씨 소녀는 뜻밖의 반응을 보였다.

"이슥한 밤은 지존께서 왕래하실 때가 아닙니다."

뜻밖에 거절을 당한 순제는 내관을 서너 차례 보내 설득했지만 기씨 소녀는 끝내 거절했다. 그런데 순제는 화를 내기는커녕 기씨 소녀를 현명하게 여겨서 더욱 가깝게 두었다. 그 결과, 드디어 제2황후가 될 수 있었다.

원나라 황실은 기황후의 부친 기자오를 영안왕(榮安王)으로 추증하고, 생존한 부인 이씨를 영안왕대부인(榮安王大夫人)으로 책봉했다. 기황후의 여러 피붙이에게도 높고 낮은 벼슬을 내려주었다. 이에 우쭐

해진 기철은 고려 왕실을 우습게 보기 시작했다. 그의 동생인 기원(奇轅), 기주(奇輈), 기윤(奇輪) 등도 자신의 집안을 고려 왕실과 견줄 정도였다.

게다가 기철 일가가 고려 왕실을 우습게 여길 만한 사건도 있었다. 충혜왕 복위 4년(1343) 11월, 원나라에서 도치(朶赤: 타적)와 고려 출신 환관 고용보(高龍普) 등을 보내 충혜왕을 압송할 때 기철이 가담한 사건이 바로 그것이다. 강제로 말을 타고 달려야 했던 충혜왕이 잠시 쉬었다 가자고 청하자 도치 등이 검을 빼들고 협박했다. 충혜왕이 괴로워하며 술을 찾자 한 노파가 술을 바쳤다. 고려 국왕은 원나라에서 설치한 지방행정조직인 정동행성(征東行省)의 승상(丞相)을 겸임했는데, 도치는 기철에게 정동행성을 맡겼다. 일찍이 고려 임금이 맡아야 할 벼슬까지 역임했으니 새로 즉위한 충혜왕의 동생 정도는 우습게 보인 것도 일견 당연했다.

정동행성에서 원나라 황제의 생일을 축하하는 잔치가 열린 날이었다. 기철의 동생 기원이 말을 탄 채 공민왕과 말 머리를 나란히 하고 걸으려 했다. 공민왕과 동급임을 내외에 과시하려는 행동이었다. 공민왕이 얼른 호위군사를 앞뒤로 포진시켜 가까이 오지 못하게 막지 않았더라면 위신이 크게 추락할 뻔한 일이었다.

공민왕으로선 원 황후의 친정 집안을 무시할 수 없었다. 그래서 순제에게 기황후의 모친 이씨를 위로하는 잔치를 베풀게 해달라고 요청했다. 순제는 공민왕 2년(1353) 만만태자(蠻蠻太子)를 고려로 보내 장모를 위한 잔치를 열어주게 했다. 위세가 전 같지는 않다 해도 세계제국 원나라의 태자가 고려까지 와서 잔치를 열어줄 정도로 기씨 집안의 위세는 하늘을 찔렀다. 연회가 열린 장소도 기씨의 집이 아니라 고려의 정궁(正宮) 연경궁(延慶宮)이었다. 공민왕은 만만태자와 노국대장공주를 안내해 연경궁으로 갔다. 만만태자와 노국대장공주는 북쪽을 등지고 남쪽을 향해서 앉는 남면(南面)을 했다. 남면은 임금의 자리를 뜻한다. 공민왕은 서쪽에, 황후의 모친 이씨는 동쪽에 각각 자리를 잡았다. 공민왕이 무릎을 꿇고 술을 올리자 만만태자는 이를 서서 받아 마신 뒤 술을 따라 이씨에게 전한 다음 공민왕과 노국대장공주에게도 전했다.

축수가 끝나자 모두 대궐 뜰로 내려와 노래하며 춤췄다. 잔치는 몽골 전통의 보르차[享兒札] 잔치였다. 기마민족 풍습을 기반으로 한 흥겨운 술판과 춤판이 벌어졌다. 태자를 모시고 온 사신들은 서쪽에, 기철 등은 동쪽에 서서 몽골 노래를 부르며 춤을 추었다. 잔치가 끝날 무렵, 원나라 사신의 하인들과 공민왕의 호위군사들 사이에 내기가 벌어졌다. 각각 서쪽, 동쪽 계단에 자리 잡고 차려놓은 고기를 누가 먼저 먹느냐 하는 내기였다. 그 정도로 음식이 넘쳐났다. 화려한 조화로 사방을 장식했는데, 조화를 만드는데 사용한 베가 5140필에 달했다. 이 잔치에 쓰일 물건을 대느라 개경의 물가가 폭등할 정도였다. 그만큼 공민왕은 기씨 일가에 신경을 썼고, 후하게 대접했다.

고려에 왔던 만만태자는 김윤장(金允藏)의 딸과 약혼한 뒤 그녀를 원나라로 데려갔다. 기씨가 황후로 책봉된 이후, 고려 여인들은 원나라 사람들에게 공녀가 아니라 정식 배우자로 인식될 정도로 지위가 상승했다. 이는 기황후가 고려 출신이라는 것 때문만은 아니었다. 두 나라는 황제국과 제후국이라는 표면적 관계를 뛰어넘어 동이족이라는 동족 개념이 있었기에 가능한 일이었다. 원나라 태자가 직접 개경까지 와서 잔치를 열어준 것도 같은 민족이라는 동족 의식이 있기 때문이었다.

이 잔치 이후 기철이 조금만 더 겸손했더라면 그 자신은 물론 고려 왕실을 위해서도 좋았을 것이다. 그러나 이 잔치는 기철을 더욱 기고만장하게 만들었다. 원나라에서 공민왕에게 공신의 호칭을 하사하자 요양에 있던 기철이 축하하러 온 것까지는 좋았다. 이를 축하하는 축시를 쓴 것도 좋았다. 그런데 기철은 축시에서 자신을 신하라고 칭하지 않았다.

원나라는 공민왕 5년(1356) 5월 9일, 기원의 아들 기월제이부카(奇完者不花)를 보내 기철의 왕호 영안왕(榮安王)을 경왕(敬王)으로 고쳤다. 또한 기철의 조상 3대까지 왕으로 추봉(追封)하고, 기철을 대사도(大司徒)로 임명했다. 대사도는 육경(六卿)에 해당하는 정승 다음 직급이다. 이런 여러 가지 일을 겪으며 기철은 자신과 공민왕을 동급이라고 생각하게 됐다. 그러나 기철은 결정적인 차이를 간과했다. 공민왕의 선조는 태조 왕건이다. 이것은 기철이 원나라로부터 어떠한 왕호를 받고 아무리 높은 관직을 받아도 변할 수 없는 차이였다. 게다가 원나라는 과거의 세계제국이 아니었다. 사방에서 원나라에 대한 반발 세력이 꿈틀거리고 있었다. 세상이 달라지고 있었지만 기철은 이를 간과할 능력이 부족했다. 목덜미 아래까지 다가온 위기를 감지하지 못한 것이다.

공민왕 5년(1356) 5월 18일, 기철은 아침부터 기분이 좋았다. 노책(盧
頙), 권겸(權謙) 등 다른 부원 세력 모두 마찬가지였다. 기철이 아흐레
전 원나라로부터 경왕이란 왕호를 받은 여파 때문만은 아니었다. 드
디어 공민왕의 기가 꺾였다고 판단했기 때문이었다.

이날 공민왕은 기철의 경왕 책봉을 축하하는 연회를 베풀기로 했
다. 그런데 기철 등을 초청하러 보낸 공민왕의 사자가 왕명을 출납하
는 종2품 판밀직사사(判密直司事) 홍의(洪義)와 2품 재신(宰臣) 배천경(裵
天慶) 등이었다. 전에도 이런 잔치가 없었던 것은 아니지만 마지못한
듯 내시를 보내 초청했는데, 이번에는 2품 이상의 측근들을 보내 정중
하게 초청한 것이다. 기철 등은 공민왕이 드디어 현실을 직시하기 시
작했다고 생각했다. 원나라에서 경왕으로 책봉하고 대사도의 관직을
내린 자신을 더 이상 무시할 수 없게 된 것이라고 판단한 것이다.

기철과 권겸이 가장 먼저 대궐에 도착했다. 기철의 아들 기유걸(奇
有傑)과 초청을 받은 다른 사람들은 뒤에 오는 중이었다. 대궐에 도착
한 기철과 권겸은 무언가 이상한 분위기를 느꼈다. 이들이 주위를 두
리번거리고 있을 때 밀직(密直) 경천흥(慶千興), 황석기(黃石奇) 등이 공
민왕에게 속삭였다.

"두 놈은 왔지만 다른 아들들과 조카, 노책 부자는 아직 오지 않았
습니다. 만약 일이 누설된다면 뜻하지 않은 변란이 발생할지도 모르
니 둘을 먼저 해치우는 게 좋겠습니다."

원당(元黨), 즉 원나라를 배경으로 세도를 부리는 부원 세력의 핵심 인물은 기철과 권겸이었다. 권겸은 딸을 원나라 황태자에게 바쳐서 태부감태감(太府監太監)이 된 인물이다. 공민왕은 경천흥 등의 건의를 옳다고 여겼다. 공민왕은 밀직 강중경(姜仲卿)과 대호군(大護軍) 목인길(睦仁吉) 등에게 지시를 내렸다.

"둘을 주살하라."

강중경과 목인길은 미리 매복시켰던 장사들에게 신호를 보냈다. 기철과 권겸은 무장한 장사들이 살기를 띤 채 다가오는 것을 보고서야 일이 잘못 돌아가고 있다는 사실을 눈치챘다. 하지만 이미 때는 늦었다. 장사들은 철퇴로 둘을 내려쳤고, 기철은 쓰러져 그 자리에서 즉사했다. 철퇴를 맞고도 죽지 않은 권겸은 달아났지만 장사들이 자문(紫門)까지 쫓아가 다시 철퇴로 내려쳤다. 자문에 피를 뿌리며 권겸도 죽고 말았다.

기철과 권겸을 제거했다고 안심할 상황은 아니었다. 원당의 나머지 일당도 모두 제거해야 했다. 개경 시내 곳곳에서 기철 잔당에 대한 수색과 도륙 작업이 진행됐다. 대궐에서 무슨 일이 벌어졌는지 모르는 잔당은 격렬하게 저항했다. 군사들은 기철의 종자 두 명을 죽여서 주교(朱橋)에 던져버렸다. 종자의 시신이 주교에 널브러진 것을 보고서야 기세등등하던 기철의 잔당은 세상이 바뀌었다는 사실을 깨달았다. 기철과 권겸의 부하들은 사방으로 흩어져 도망갔다.

기철의 아들 기유걸은 궁궐로 가던 중 변란 소식을 들었다. 기유걸은 부친이 살해되었다는 소식에 저항할 생각도 하지 못하고 달아나 숨었다. 노책 역시 궁궐로 가다가 변란 소식을 듣고 황급히 집으로 되돌아갔다. 그러나 집으로 도주한 것이 실책이었다. 장군 강중경이 집으로 쫓아와 칼을 휘두른 것이다.

권겸의 시신은 북천동 노상에 던져졌다. 권겸의 시신이 길가에 던져진 것은 두 종자의 시신이 주교에 던져진 것과는 의미가 달랐다. 권겸은 기철과 함께 원나라의 위세를 등에 업고 고려 국정을 좌지우지하던 원당의 중심인물이었다.

거리를 가득 메운 금위 군사들은 창검이 번득이며 기철 잔당을 찾아 눈에 띄는 대로 황천길로 보냈다. 공민왕은 전국에 명을 내려 나머지 잔당을 체포하게 했다. 또한 기철, 권겸, 노책 세 집의 노비들을 몰수해서 의성창(義成倉) 등 국가 소속 창고에 배속시켰다.

개경은 극히 혼잡스러워졌다. 금위 군사들과 기철 일당의 쫓고 쫓기는 수색전은 개경 사람들의 눈을 휘둥그레지게 만들었다. 기철 일당은 양민들을 노비로 전락시키고 그들의 토지를 빼앗아 자신들의 농장으로 만들었다. 원나라를 믿고 세도를 떨치던 기철 일당이 백주에 도륙되는 모습을 본 개경 사람들은 박수를 쳤다. 그러나 무작정 박수만 치지는 않았다. 기철 일당은 천벌을 받아 마땅한 인물들이었지만, 그들을 주륙하는 세력도 크게 다를 것 없다고 생각했다.

왕조에 대한 백성들의 원한은 하늘에 닿아 있었다. 일부 백성들은 혼란을 틈타 무기를 들고 나섰다. 《고려사》〈기철열전〉은 "많은 무뢰배가 변란을 틈타 궁성을 약탈해서 엄중한 계엄령을 내리고 재상으로부터 서리에 이르기까지 모든 관리들이 무장한 채 궁성을 숙위했다"고 전한다. 고려 백성들은 공민왕 측이고 기철 측이고 구분할 것 없이 고려의 지배 체제 자체를 불신했다. 백성들의 토지를 뺏고, 양민을 자기 집 노비로 전락시킨 것은 원당만이 아니었다. 정상적인 법 체계가 무너지고 약육강식이 지배하면서 백성들은 권세가의 먹잇감으로 전락했다. 새벽부터 밤중까지 들판에 새까맣게 달라붙어 일해도 부모와 처자를 봉양할 수 없었다. 이 같은 문제를 해결하지 못하면 공민왕이고 기철이고 누가 권력을 잡건 간에 백성들에게 미래가 없을 건 분명했다.

공민왕은 이 같은 문제의 심각성을 잘 알고 있었다. 공민왕이 기철 일당을 전격적으로 제거한 데 나선 것은 단지 정적이기 때문만은 아니었다. 기철 일당을 제거하지 않으면 개혁을 단행할 수 없기 때문이었다. 기철을 제거한 공민왕은 교서를 내렸다.

태조께서 나라를 세워 왕통을 물려주셔서 오늘에 이르게 된 것이다.

공민왕이 기철과 다른 점은 바로 핏줄이었다. 공민왕에게 원나라 황실의 피가 섞여 있긴 했지만 근본적인 뿌리는 태조 왕건에게 있었다. 그렇다고 해서 공민왕이 원나라의 지배를 받고 있는 현실을 완전히 부정한 것은 아니었다.

(고려) 고종이 원나라 조정에 귀부하자 원나라 세조가 옛 풍속을 그대로 유지하도록 허락해서 우리를 보존시켜주셨다.

고려 왕건이 세운 왕통을 원나라가 그대로 인정했다는 말이다. 자신은 고려 왕실뿐만 아니라 원나라 황실에서도 인정한 고려 국왕이라는 뜻이었다. 공민왕은 이어 자신이 왜 기철과 노책 등을 주륙했는지 설명했다.

지금 기철, 노책, 권겸 등은 원나라 조정에서 우리를 보존시켜준 뜻과 선왕께서 나라를 세우고 법도를 계승시키신 뜻을 잊고 자리의 권세를 믿고 임금을 능멸했으며, 방자하게 위세를 부려 백성에게 해독을 끼치는 것이 끝이 없었다. 나는 그들이 원나라 황실과 인척이기 때문에 말하는 바를 모두 들어주었는데도 오히려 부족하다면서 불궤를 도모해 사직을 위태롭게 하려 했다.

공민왕은 "천지신명의 도움으로 기철 등을 주살할 수 있었다"면서 달아난 기철의 아들 기유길 등을 잡아오거나 소재를 알려주는 자에게는 그들의 재산을 상으로 주겠다고 천명했다. 원당의 주요 인물들이 모두 제거된 이상, 잔당에 불과한 기유걸 등이 체포되는 것은 시간문제였다. 양민들의 재산을 강탈하고 노비로 전락시킨 기철 잔당은 숨을 곳이 없었다. 기유걸은 곧 체포되었다. 그가 처형당할 때 사람들이 구름같이 몰려들었지만 슬퍼하는 이는 아무도 없었다.

공민왕은 기철 등이 노비로 전락시킨 백성들과 이들이 빼앗은 토지를 본래대로 환원시켰다. 기철 잔당은 처형하거나 유배 보내고 재산을 몰수했다. 기황후를 믿고 권세를 부리던 기철 일당은 기황후가 황후로 있던 바로 그 시기에 집안이 도륙 났다. 공녀로 갔던 기씨가 황후가 된 것이 집안을 멸망시키는 독이 된 것이다.

누이동생이 순제의 황후가 되고, 조카가 황태자가 되었을 때 기철의 선택지는 많았다. 고려 벼슬아치 집안 출신으로 세계제국 원나라 황실의 외척이 된 기철이 집안의 뿌리를 잊지 않고 행동했다면 일가의 미래는 달라졌을 것이다. 기철을 통해 내리막길을 걷는 세계제국 원나라와 같은 동이족 국가인 고려는 과거와는 다른 관계를 맺을 수도 있었다. 이런 일을 수행함으로써 기철은 역사의 물줄기를 바꿀 수도 있었다. 그러나 그는 자신과 일가의 번영이라는 작은 이익에 집착하느라, 원나라의 달라진 위상을 깨닫지 못했다. 그 권력으로 백성들을 착취했고, 그 결과 고려 백성들의 환호 속에 자신과 집안이 도륙나는 비극을 겪게 된 것이다.

같은 날, 공민왕은 정동행중서성(征東行中書省, 정동행성) 이문소(理問所)를 혁파했다. '정동(征東)'은 동쪽 일본을 정벌한다는 뜻이고, '행중서성(行中書省)'은 원나라 중서성의 지방행정기관이란 뜻이다. 정동행성은 충렬왕 6년(1280) 일본 정벌을 위한 전진기지로 고려에 설치됐는데, 두 차례에 걸친 일본 정벌이 실패로 끝난 후에도 그대로 남아 있었다. 정동행성의 승상은 고려 국왕이지만 이는 이름뿐인 자리였다. 실권은 이문소에 있었는데, 이문소는 부원배들이 장악하고 있었다. 원당은 이문소를 이용해 양민을 노비로 만들고 이들의 농토를 빼앗았다. 이문소는 심지어 원나라 황제의 명으로 설치된 기구보다 더 위세를 부렸다.

원 순제는 충목왕 3년(1347) 정치도감(整治都監)을 설치하라고 명했다. 권세가들이 빼앗은 백성들의 토지를 돌려주기 위한 기구였다. 충목왕은 왕실의 계림군공(鷄林郡公) 왕후(王煦)와 좌정승 김영돈(金永旽) 등을 시켜서 여러 도의 토지를 측량하게 했다. 측량을 통해 농토의 실제 주인을 가리려는 것이었다. 이 과정에서 기황후의 친척인 기삼만(奇三萬)이 남의 토지를 빼앗고 불법을 자행한 사실이 드러나 옥에 가두었다. 그런데 기삼만이 옥에서 죽어버렸다. 이에 기삼만의 처가 이문소에 고발하자 이문소는 정치도감의 정치관(整治官) 서호(徐浩) 등을 잡아 가두고 국문했다. 원 순제의 명으로 설치된 정치도감의 관리들까지 옥에 갇혀 고문당하는 형국이었다. 고려에서 부원배들을 처벌하는 것이 불가능하다는 사실만 다시 확인된 셈이었다.

정동행성의 문제는 부원배들이 이를 이용해 백성들의 토지를 빼앗는 데만 있었던 것이 아니다. 부원배들은 정동행성을 중심으로 여러 차례 입성책동(立省策動)을 일으켰다. 원나라가 지배하는 다른 지역들처럼 고려에도 성(省)을 설치해 원나라가 직접 다스리는 지방으로 삼아달라는 운동이었다. 즉, 고려 왕실을 폐지하고 원나라 지방관리가 직접 다스려달라는 뜻이었다. 입성책동을 주동한 두 인물은 고려의 재상이었던 유청신(柳淸臣)과 오잠(吳潛)이다. 이들 두 사람은 충숙왕 10년(1323) 봄, 고려를 원나라 지방으로 삼아달라고 상서했다. 고려의 왕관(王觀)이 이에 맞서 원나라 승상에게 반대하는 상소를 올렸다.

> 유청신과 오잠은 올빼미, 범, 개, 돼지만도 못한 자이니, 마땅히 법대로 목을 베어 인신으로서 불충한 자들을 경계해야 합니다.

원나라에 머물던 도첨의사사(都僉議司使) 이제현(李齊賢)도 도당(都堂)에 서한을 올려 반대했다.

이제현 초상화. 국립중앙박물관.

고려 최고 관직인 문하시중 자리까지 오른 성리학자 익재 이제현의 초상화. 충숙왕 6년(1319) 충선왕과
함께 중국을 유람하던 도중 진감여라는 원나라 화가에 의해 그려졌다. 국보 제110호로 고려와 원나라의
문화적 교류를 엿볼 수 있는 문화재다.

지금 아무 이유 없이 작은 나라의 400년 왕업을 하루아침에 끊어 사직에는 주인이 없고 종묘에는 제사가 끊어지게 하는 것은 이치로써 헤아려볼 때 마땅하지 않습니다.

원나라는 당초 유청신, 오잠 등의 상소를 받아들이려 했으나, 왕관과 이제현이 고려 왕실을 폐하고 고려를 원나라의 성으로 삼는 것은 원나라에도 이익이 될 것이 없다고 거듭 주장하자 입성(入省) 논의를 중지했다.

기철 역시 입성책동을 일으켰다. 기철은 복위한 지 4년째인(1343) 충혜왕을 원나라로 납치하다시피 압송하고는 중서성에 고려 왕실을 폐하고 성을 세워달라고 상서했다. 공민왕은 기철이 자신의 형 충혜왕을 납치하다시피 원나라로 끌고 가서 죽게 만든 행위를 자신에게도 똑같이 되풀이할 수 있다는 사실을 잘 알고 있었다. 기철이 틈만 나면 고려 왕실을 폐하고 고려를 원나라의 지방으로 전락시켜 정권을 장악하려고 드는 것도 잘 알고 있었다. 그래서 공민왕은 기철 일당을 죽이고 이문소를 혁파해 정동행성 자체를 무력화시켰던 것이다.

문제는 기황후였다. 오빠와 동생, 조카들이 한꺼번에 살해당했다는 소식에 기황후는 크게 충격을 받았다. 그러나 원나라에는 예전과 같은 큰 힘이 없었다. 모친 이씨가 화병이 났다는 소식도 들렸다. 하루아침에 아들과 손자들이 모두 저세상에 갔으니 병이 나지 않을 도리가 없었다. 그것도 아침에 즐거운 마음으로 대궐로 향한 날 발생한 청천벽력이었다.

기황후는 고려로 금강길사(金剛吉思)를 보내 모친 이씨를 원나라로 데려가려 했다. 그러나 이씨는 사양했다. 이씨를 데리러 사신이 세 차례나 왔다가 그냥 돌아갔다. 태자는 첨사원첨승(詹事院僉丞) 보동(保童)을 통해 이씨에게 옷과 술을 보내고, 금강길사가 고려에 머무르며 이씨를 봉양하게 했다. 그러나 개경에 남은 이씨는 자식과 손자들을 한꺼번에 잃은 충격을 이겨내지 못하고, 얼마 후 세상을 떠나고 만다. 공민왕은 관청에서 장례를 치르게 하고 쌀 200석과 베 2500필을 부의했다.

그러나 기씨는 아직도 대원제국의 황후였다. 모친까지 세상을 떠났으니 기황후의 원한이 어디로 향할 것인가 짐작하는 것은 어렵지 않았다. 공민왕은 원나라에 "기철 일당이 반역을 일으키려 했으므로 먼저 주륙하고 나중에 보고한다"는 내용의 표문을 보냈다. 물론 기황후는 이를 믿지 않았다. 공민왕과 기황후의 전쟁은 아직 끝나지 않은 것이다.

이자춘, 북강회수운동에 가담하다

개경에서 기철이 제거된 5월 18일. 서북면 병마사 인당(印璫)은 병마부사 최영(崔瑩) 등과 함께 압록강을 건넜다. 100여 년 전 원나라에 빼앗긴 만주 강역을 되찾기 위한 도강이었다. 물론 공민왕의 명령에 따른 진격이었다. 공민왕은 인당을 먼저 도강시킨 후, 개경에서 부원파 노책을 제거한 강중경을 서북면 병마사로 삼아 뒤따라 보냈다.

개경에서 노책을 제거하고 합류한 강중경은 술에 취해 있었다. 노책을 제거한 흥분이 채 가라앉지 않았다. 인당이 제지하려 했으나 뜻대로 되지 않았다. 인당은 신순(辛珣)에게 눈짓했다. 목을 베라는 신호였다. 신순은 칼을 뽑아 강중경의 목을 벴다. 인당은 공민왕에게 허위 보고를 올렸다.

"강중경이 역심을 품었으므로 군법에 따라 처리했습니다."

노책을 죽인 강중경이 갑자기 역심을 품었다는 보고를 공민왕은 납득할 수 없었다. 그 경위도 분명하지 않아서 조정 내에 이견이 분분했다. 그러나 작전 중간에 장수를 교체할 순 없었다. 공민왕은 인당에게 계속 진격하라고 명하는 한편, 심복을 통해 강중경 사건의 진상을 몰래 알아보라고 지시했다.

압록강을 건넌 인당은 6월 4일 파사부(婆娑府) 등 3참을 격파하고 고려 땅으로 다시 편입시켰다.《원사(元史)》〈지리지(地理志)〉에 따르면 요양로 산하의 파사부는 압록강 서북부 만주에 있었다. 원나라에 빼앗기기 전까지는 고려 땅이었다.

같은 날 동북면 병마사 유인우(柳仁雨)는 두만강을 건넜다. 전 대호군 공천보(貢天甫) 등이 병마부사로 유인우와 함께 고려군을 지휘했다. 두만강 건너 쌍성총관부(雙城摠管府)를 점령하고 이 지역을 다시 고려 땅으로 되찾으려는 작전이었다. 유인우가 이끄는 고려군은 철령을 지나 쌍성에서 200리 남쪽의 등주까지 진격했다. 고려군이 북상한다는 소식에 쌍성총관 조소생(趙小生)이 원나라 군사를 이끌고 방어에 나섰다. 조소생은 100여 년 전 쌍성을 들어서 원나라에 바치고 쌍성총관이 된 조휘의 증손이다. 조소생이 방어에 나섰다는 소식을 들은 유인우는 등주에서 열흘 넘게 주둔하면서 나아가지 않았다. 고려 군사와 원나라 군사가 대치하는 형국이 열흘 넘게 계속됐다.

고려군이 북상한다는 소식은 쌍성총관부 내부를 분열시켰다. 조소생의 숙부인 조돈(趙暾)은 이제 고려인으로 돌아갈 때가 되었다고 생각했다. 이를 눈치챈 조소생은 날랜 군사 서른 명을 뽑아 호위 명목으로 조돈을 구금했다. 이 정보가 유인우에게 들어갔다. 강릉도 존무사(存撫使) 이인임(李仁任)은 조돈이 귀순했다는 격문만 전하면 쌍성은 평정될 것이라며 조돈을 적극적으로 회유하자고 주장했다. 유인우는 납환(蠟丸) 속에 글을 넣어 조돈에게 몰래 보냈고, 이를 읽은 조돈은 탈출할 기회를 엿보았다. 조돈은 조카인 백호(百戶) 조도적(趙都赤)을 불러 설득했다.

"우리는 원래 고려 출신이니 고려를 선택해야 하네."

조돈은 아들 조인벽(趙仁璧), 조인옥(趙仁沃) 등과 함께 탈출해 고려군에 귀순했다.

한편, 유인우가 전진하지 않는다는 보고를 들은 공민왕은 이자춘에게 밀지를 내렸다. 병마판관(兵馬判官) 정신계(丁臣桂)를 보내 이자춘을 소부윤(小府尹)으로 임명하고 명령을 내린 것이다.

"동북면 병마사 유인우에게 내응하라."

이에 이자춘은 즉각 군사와 말에게 나무토막을 물게 하고 행군시켰다. 군사가 움직이는 것을 그 누구도 모를 정도로 조용하게 행군하기 위해서였다. 이자춘이 가담했다는 사실은 유인우에게 큰 힘이 되었다. 유인우가 북상을 주저한 것은 이자춘이 귀순했다는 것을 믿지 못한 까닭도 있었다. 이자춘이 조소생 측에 가담하면 유인우는 포위될 것이 분명했다. 조소생 집안이나 이자춘 집안 모두 100여 년 가까이 원나라에 충성했다. 따라서 상황이 조소생에게 유리하게 흘러가면 이자춘이 다시 원나라 쪽에 설 가능성도 컸다. 그런데 이자춘이 고려 측에 합류하자 유인우는 크게 고무되었다. 게다가 조소생의 숙부인 조돈도 돌아섰다.

유인우는 조돈의 아들 조인벽을 쌍성에 보내 항복을 권유했다. 쌍성의 백성들은 우왕좌왕하고 있었다. 마음은 고려 쪽으로 기울었지만, 누가 이길지 알 수 없었기 때문이다. 이러던 차에 이자춘이 고려 쪽에 가담하고 조인벽이 항복을 권유하자 두려움에 떨던 쌍성 백성들은 크게 기뻐했다.

"조별장(趙別將: 조인벽)이 왔으니 우리들은 다시 살아나게 되었다."

쌍성 백성들은 음식을 마련해서 고려군을 영접하면서 환호했다.

"고려 임금이 진짜 우리 임금이다."

조소생은 처자를 버리고 원나라로 도주할 수밖에 없었다. 드디어 쌍성 산하의 화주, 등주, 정주, 장주, 예주, 고주, 문주, 의주 및 선덕진, 원흥진, 영인진, 요덕진, 정변진 등 원나라에 빼앗겼던 두만강 북쪽 고려 영토를 정확하게 99년 만에 되찾았다. 이로써 고려의 동계는 다시 온전해졌다.

《고려사》〈지리지〉는 동계에 대해 이렇게 설명한다.

비록 연혁과 명칭은 같지 않지만 고려 초로부터 말년에 이르기까지 공험 이남에서 삼척 이북을 통틀어 동계라 일컬었다.

《세종실록(世宗實錄)》〈지리지〉에 따르면 공험진은 두만강 북쪽 700리에 있는 지점이다. 고려 초부터 공험진에서 삼척까지는 동계로, 고려의 강역이었다. 현재 《민족문화백과사전》은 동계에 대해 "대체로 함경도 이남으로부터 강원도 삼척 이북의 지역이 해당한다"라고 설명한다. 《고려사》〈지리지〉에 "공험진부터 삼척"까지라고 기록돼 있는 것을 아무런 사료적 근거 없이 "함경도 이남"으로 축소시킨 것이다. 쌍성에 대해서도 《민족문화대백과사전》은 지금의 함경남도 영흥만 부근의 원산이나 영흥 등지라고 추측한다. 함경도 원산이나 영흥이 쌍성이라면 고려 군사가 쌍성을 수복하겠다면서 원산이나 영흥 북쪽인 두만강을 건넜을 까닭이 없다. 일본인들이 만든 반도사관이 아직도 기승을 부리고 있는 것이다.

공민왕은 쌍성 수복의 여세를 몰아 재위 5년(1356) 6월 26일, 원나라 연호 지정 사용을 중지했다. 태조 왕건은 즉위와 동시에 천수(天授)라는 연호를 발표했다. 천수 1년은 서기 918년이다. 연호를 사용한다는 것은 황제국임을 나타내는 것이다. 인종 13년(1135) 묘청(妙淸)이 서경(西京: 평양)에서 군사를 일으키며 나라 이름을 대위(大爲)라고 하고 연호를 천개(天開)라고 한 것 역시 고려가 황제국임을 선언한 것이었다. 공민왕이 원나라 연호 사용을 중지시켰다는 건 고려의 독자적인 연호를 부활시켰다는 뜻인데, 그 연호가 무엇인지는 전해지지 않는다.

공민왕이 기철 일당을 주륙하고 압록강과 두만강을 건너 옛 땅까지 수복하자 원나라는 크게 분노했다. 이에 고려에서 절일사(節日使)로 보낸 김구년(金龜年)을 요양성에 가두고 호언했다.

"80만 군사를 내어 고려를 토벌하겠다."

서북면 병마사 인당은 군사를 늘려 원나라의 공격에 대비해야 한다고 주청했다. 그런데 이에 대한 공민왕의 대응이 뜻밖이었다. 그해 7월 서북면 병마사 인당의 목을 벤 것이다. 그러고는 원나라 사데이칸 [撒迪罕] 편에 순제에게 표문을 보냈다. 기철 일당을 주륙한 것은 이들이 반역하려 했기 때문에 부득이하게 먼저 주살한 것이라며, 압록강을 건넌 것은 자신의 뜻이 아니라 장수들이 월권한 것이라 고려의 법에 따라 주살했다는 내용이었다.

사실 공민왕이 인당의 목을 벤 것은 강중경을 마음대로 죽인 것에 대한 처벌이었다. 그러고는 이를 원나라의 반격을 막는 명분으로 사용한 것이다. 원나라가 공민왕의 말을 무작정 믿은 것은 아니다. 그러나 예전처럼 고려의 국정을 좌지우지 못할 처지인 것은 분명했다. 원 순제는 그해 10월 기철 일당을 처형하고 국경을 침범한 것을 용서한다는 내용의 조서를 보내왔다.

일이 이미 지나간 데다 진정으로 죄를 뉘우친다고 말했으므로, 특별히 관용을 베풀어 그대의 잘못을 용서하니, 지금부터는 근신하는 마음으로 조심하고 규범을 잘 따르라.

되찾아간 땅을 되돌려놓으라는 말은 없었다. 그래서 압록강과 두만강 북쪽의 옛 고려 영토는 다시 고려 땅으로 편입되었다. 명나라 역사지리지인《대명일통지(大明一統志)》는 고려를 이은 조선의 강역을, "남북 4000리"라고 표현했다. 고려의 북방 강역은 압록강, 두만강이 아니라 그 북쪽이었다. 그래서 남북 4000리가 된다. 재위 5년 5월 18일, 공민왕은 하루 사이에 기철 일당을 주륙하고, 압록강과 두만강 건너 옛 고려 강역을 수복했다. 고려가 100년에 걸친 원나라의 간섭에서 벗어나 독립국가로 우뚝 선 날이었다.

최영과 공민왕

원나라 조정은 물론 기철이 공민왕의 기습을 전혀 예상하지 못한 데는 이유가 있었다. 그간 공민왕은 원나라 조정에 일관되게 충성하는 모습을 보여왔다. 재위 2년(1353)에는 기철의 어머니를 위한 잔치를 베풀게 해달라고 요청했고, 재위 3년(1354)에는 원나라의 요청을 받고 대호군 최영을 수만 리 떨어진 하남강북행성 고우부까지 보내 원나라 군사를 돕게 했다. 고우는 지금의 강소성 양주시 부근이다. 이 곳에는 신개호라는 거대한 호수가 있었는데, 기원전 223년 진시황이 높은 대를 쌓고 우정(郵亭)을 설치했다. 그래서 높은 우정이 있다는 뜻으로 이 지역을 '고우'라고 불렀다.

원나라가 고려군의 출병을 요청한 것은 홍건군(紅巾軍) 장사성(張士誠: 1321~1367)을 토벌하기 위해서였다. 이 무렵 원나라는 각지에서 들고 일어난 홍건군 때문에 몸살을 앓고 있었다. 소수의 몽골족이 다수의 한족을 다스리다 보니 조금만 틈을 보여도 사방에서 균열이 발생했다. 반원(反元)의 기치를 들고 각지에서 일어난 한족 농민군을 홍건군이라고 하는데, 이들은 중국의 전통적인 중화사상에 전래 종교를 결합시켜 농민들의 호응을 받았다.

원 순제가 지정 11년(1351) 공부상서(工部尚書) 가노(賈魯)를 보내 황하의 물길을 다스리게 한 것이 홍건군이 창궐하는 계기가 될 줄은 누구도 예상하지 못했다. 가노가 치수를 위해 농민들을 대거 동원하자 농민들의 불만은 커져갔다. 같은 해 5월, 한산동(韓山童)이 나타나 송나라 휘종(徽宗)의 8세손이라고 자칭했다. 지주 유복통(劉福通), 퇴임 관료 두준도(杜遵道) 등이 그에 가세했다. 이들은 지금의 안휘성 영주에 모여서 천지에 맹서하는 의식을 치르고 한산동을 명왕(明王)으로 추대했다. 이들의 교리는 간단했다.

미륵불이 희생하고 명왕이 세상에 나타날 것이다!

고통스러운 현세를 극락으로 바꿔준다는 미래불인 미륵불은 불교가 전파된 곳에서 늘 변혁의 이론으로 등장했다. 송(宋)나라 휘종의 후손이 미륵불로 나타날 것이라는 주장은 한족 농민들의 민심을 쏠리게 했다. 한산동은 영주 관리에게 체포되어 피살되고 말았지만, 그의 아들 한림아(韓林兒)가 부친의 뒤를 이어 소명왕(小明王)으로 칭하면서 농민들을 끌어모았다. 세가 불어나자 한림아는 송나라를 재건한다는 뜻에서 국호를 '송(宋)'이라고 짓고 연호를 용봉(龍鳳)이라 했다. 이들이 송나라의 옛 수도인 변량(汴梁: 개봉)을 함락시켜 수도로 삼자 원나라는 긴장할 수밖에 없었다.

한산동뿐만 아니라 지금의 안휘성 봉양인 호주에서는 백련교도인 곽자흥(郭子興)이 일어났다. 곽자흥의 부하인 십부장(十夫長) 중에 빈농 승려 출신 주원장(朱元璋: 명 태조)이 있었다. 곽자흥 막하에 있던 주원장은 1355년 곽자흥이 병사하자 그의 군사를 계승해 세를 불렸다.

홍건군 세력 중 장사성은 주원장의 정적이었다. 지금의 강소성 대풍현인 태주 백구장 출신의 장사성은 소금을 운반하는 운렴공(運鹽工) 출신이다. 운렴공을 관장하는 염관(鹽官)들의 착취에 분노한 장사성은 원 지정 13년(1353) 동생 장사의(張士義)·사덕(士德)·사신(士信)과 소금을 판매하는 염판(鹽販) 이백승(李伯升) 등 불과 열여덟 명의 인원으로 봉기했다. 원나라 치세에 불만을 품은 농민들이 이에 대거 가세해

주원장 초상화.
18세기에 그려진 주원장 초상화. 명나라 태조 주원장은 중국 역사상 가장 추남인 황제로 유명하다.

장사성은 태주와 흥화현을 점령하고, 고우도 점령했다. 장사성은 고우에서 건국을 선언하고 국호를 대주(大周)라 짓고, 성왕(誠王)이라고 자칭했으며 '하늘이 돕는다'는 뜻의 천우(天祐)라는 연호를 사용했다.

한산동이 송나라 재건을 선포하고, 장사성이 대주를 건국하자 당황한 원나라는 태사(太師) 겸 우승상 탈탈(脫脫)에게 진압을 명령하는 한편, 고려에 이들을 진압하기 위한 군사를 파견해달라고 요청했다. 공민왕은 원나라의 요청에 응해 재위 4년(1355) 9월 최영과 유탁(柳濯)에게 2000여 고려군을 주어 중원으로 보냈다.

같은 해 말, 최영은 탈탈과 함께 고우성을 포위했다. 같은 해 11월 최영이 이끄는 고려군은 탈탈이 이끄는 원나라 군사와 함께 외성을 공격했다. 무려 스물여덟 번이나 공방전을 벌인 끝에 장사성은 외성을 버리고 내성으로 쫓겨 들어갔다. 드디어 고우성 함락을 눈앞에 두게 된 것이다.

이때 변수가 발생했다. 갑자기 탈탈이 교체된 것이다. 원 황실 내부에서 벌어진 권력투쟁의 불씨가 탈탈에게 튀었다. 탈탈이 최영과 함께 고우성을 공략하고 있을 때, 원나라 조정에서는 탈탈이 기황후의 아들인 태자 아이유시리다라가 내린 책보(册寶: 옥책과 금보)를 받을 때 예를 다하지 않았다고 공격했다. 이를 이유로 순제는 전투 중인 장수를 갈아치웠고, 탈탈이 교체되자 고려와 원 연합군은 큰 혼란에 빠졌다. 전세는 이내 역전되어 장사성 세력에게 대패하고 말았다. 장사성은 이듬해(1355) 지금의 소주인 평강로를 함락시키고 대주 융평부로 개칭했다.

고우성에서 패전한 이후에도 최영은 귀국하지 않았다. 원나라에서

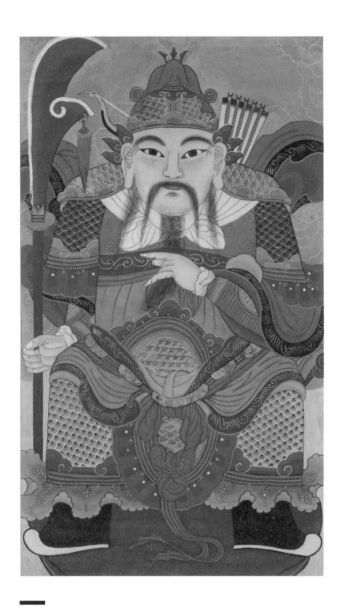

최영 장군 무신도, 국립민속박물관.

고려를 위해 목숨을 바친 최영 장군은 무속신앙에서 가장 영험한 신으로 손꼽힌다. 전국 각지에 최영
장군을 그린 수많은 무신도가 있다.

계속 함께 싸워달라고 요청했기 때문이다. 최영은 중원 곳곳을 누비며 원나라 군사들과 손잡고 홍건군들과 싸웠다. 지금의 강소성 우이현 지역인 사주와 안휘성 화현 지역인 화주에서도 홍건군과 격전을 벌였다. 지금의 강소성 회안시 지역인 회안로에서는 홍건군들이 무려 8000여 척의 배에 나눠 타고 회안성을 포위하고 공격했지만, 최영은 몇 번이나 창에 맞으면서도 밤낮으로 싸워 이들을 격퇴시켰다. 원나라 군사들은 2000여 명에 불과한 고려군이 그보다 몇 배나 많은 홍건군과 싸워 밀리지 않는 모습에 감탄했다. 최영과 고려군은 중원 각지를 전전하며 싸우다가 귀국했다.

공민왕이 압록강과 두만강 건너 고려의 옛 땅을 수복하는 데 나서기까지 최영에게 들은 중원의 생생한 상황은 결정적 영향을 주었다. 이를 통해 공민왕은 북강회수운동에 나서더라도 원나라가 군사를 보내 저지할 여력이 없다는 사실을 알 수 있었다. 재위 5년 5월 18일 동북면 병마사 인당에게 압록강 서쪽 여덟 개 참을 공격하게 하면서 갓 귀국한 최영을 투입시킨 이유도 여기에 있다. 원나라 군사를 가장 잘 아는 장수가 최영이었기 때문이다. 불과 몇 개월 전까지만 해도 원나라 군사와 손잡고 홍건군과 싸우던 최영은 이제 원나라 군사와 싸우는 처지가 되었지만 전혀 혼란스럽지 않았다. 그는 고려 무장이고, 고려 왕실의 장수였다. 그것이 최영의 길이었다.

흔들리는 왕조, 떠오르는 이성계

이자춘의 급서와 풍수지리

공민왕 10년(1361) 4월 30일, 이성계는 충격적인 소식을 들었다.

"병마사께서 돌아가셨습니다."

동북면 병마사와 호부상서(戶部尚書)를 겸하던 이자춘이 급서했다는 소식이었다. 이성계의 나이 스물일곱, 아무런 준비가 되어 있지 않았다. 부친이 마흔일곱의 한창 때였기 때문이다.

이자춘이 동북면에 돌아온 것은 불과 두 달 전이었다. 그해 2월, 이자춘은 공민왕에게 동북면으로 돌아가게 해달라고 요청했다. 공민왕은 쌍성을 수복한 직후인 재위 5년(1356) 9월, 이자춘을 대중대부(大中大夫) 사복경(司僕卿)으로 삼고 개경에 저택을 내려주었다.

이는 한편으로는 이자춘을 우대하려는 것이었지만, 다른 한편으로는 인질로 삼으려는 것이나 마찬가지였다. 국왕이 저택을 하사했다는 것은 개경 귀족이 되었다는 뜻이다. 그러나 이자춘에게는 개경 생활이 도무지 맞지 않았다. 그래서 동북면으로 돌아가게 해달라고 요청한 것이다.

막상 말은 꺼냈지만 이자춘은 자신의 요청이 받아들여질지 반신반의했다. 하지만 공민왕은 이자춘의 요청을 받아들여 동북면 병마사로 임명했다. 그런데 어사대(御史臺)에서 즉각 상소를 올려 반대했다.

"이자춘은 동북면 사람이고 또 그 지역의 천호(千戶)였는데, 그런 사람을 그 지역의 병마사로 임명해서는 안 됩니다."

이자춘을 믿을 수 없다는 주장이었다. 어사대의 눈에 이자춘은 아직 확실한 고려 사람으로 보이지 않았다. 그러나 공민왕은 임명을 철회하지 않고 동북면으로 떠나는 이자춘을 위해 성대한 잔치를 열어주었다. 재추(宰樞)들에게도 회빈문까지 나가서 이자춘을 전송하게 했다. 공민왕이라고 해서 이자춘이 불안하지 않은 것은 아니었다. 그래서 동북면으로 떠나는 이자춘에게 호부상서까지 제수한 것이다. 다른 생각 하지 말고 충성하라는 뜻이었다. 동북면 병마사에 호부상서까지 겸임한 금의환향이었다.

이자춘은 오래지 않아 자신을 믿어준 공민왕에게 보답했다. 아직 사태를 관망하고 있던 동북면 사람들을 설득해 고려 쪽으로 돌려놓은 것이다. 그리고 즉시 말을 달려 공민왕에게 이를 보고하게 했다.

"본국인으로 동북면에 들어간 사람들은 모두 천명에 순종하여 다시 나오게 되었습니다."

공민왕은 크게 기뻐했다. 자신의 모험이 성공을 거둔 것이다. 공민왕은 이자춘이 확실히 자기 신하가 되었다고 생각했다.

그런데 이자춘이 급서한 것이다. 공민왕은 크게 애도하면서 사신을 보내 조문하고 부의를 표했다. 이자춘이 동북면 사람들을 고려 쪽으로 돌려놓자 이자춘을 인정하게 된 개경의 사대부들도 이제 동북면에 사람이 없게 되었다며 아쉬워했다. 이자춘이 없는 동북면에는 큰 공백이 생길 수밖에 없었다.

그런데 정작 발등에 불이 떨어진 인물은 이성계였다. 장지도 마련해두지 못한 상태였다. 당장 장지 문제부터 해결해야 했다. 이성계는 이 무렵 지리, 즉 풍수에 큰 관심을 갖고 있었다. 이성계뿐만 태조 왕건 때부터 고려 사람들은 풍수에 관심이 많았다. 고려에서 풍수는 민간에서만 유행하던 미신이 아니라 '지리업(地理業)'이라는 과거 시험의 분야가 있을 정도로 명백한 국가 사상이었다.

지리업은 이틀 동안 시험을 치렀는데 《신집지리경(新集地理經)》, 《유씨서(劉氏書)》, 《지리결경(地理決經)》, 《경위령(經緯令)》, 《지경경(地鏡經)》, 《구시결(口示決)》, 《태장경(胎藏經)》, 《가결(謌決)》, 《소씨서(蕭氏書)》 등이 시험 과목이었다. 지리업으로 등과하면 7품까지밖에 올라갈 수 없었지만, 직업의 특성상 왕족이나 대신들을 접할 수 있었으므로 신분 상승의 지름길이기도 했다.

풍수는 중국 전국(戰國: 기원전 481~기원전 222) 시대부터 이미 존재했는데, 한나라 때 풍수학자 청오(靑鳥)가 지은 《청오경(靑鳥經)》에 당나라 국사 양균송(楊筠松)이 주석을 단 책이 지금도 전해지고 있다.

기는 바람을 타면 흩어지고 물의 경계에서 멈춘다. 옛 사람들은 기를 모아서 흩어지지 않게 하고, 행하여 머무르게 하는 것을 '풍수'라 일렀다.

이것이 '풍수'라는 말의 연원이다.

이성계가 풍수에 관심을 갖게 된 것은 불교의 영향이 크다. 고려 불교는 신라 말기의 승려 도선(道詵: 827~898)의 영향을 많이 받았는데, 도선은 불승으로도 이름났지만 풍수의 대가로 더 유명했다. 도선은 당 희종 건부(乾符) 3년(876: 신라 헌강왕 2년) 백두산에 올랐다가 곡령(개성 송악산)에 이르러 태조 왕건의 아버지 왕륭에게 이렇게 말했다.

"내년에는 반드시 성스러운 아들을 낳을 것이니, 이름을 마땅히 왕건이라 지으시오."

그의 말대로 이듬해 왕륭은 부인 한씨에게서 왕건을 낳았는데, 이 또한 왕건이 천명을 받았다는 증거로 사용되었다. 도선이 지은 《도선비기(道詵秘記)》는 고려 왕실의 공식 풍수서다. 태조 왕건이 〈훈요십조(訓要十條)〉 두 번째에서 "여러 사원은 모두 도선이 산수의 순역(順逆)을 미루어 점쳐서 개창한 것"이라면서 함부로 사원을 짓지 못하게 명령했을 정도다.

고려 숙종 1년(1096) 김위제(金謂磾)는 《도선비기》를 근거로 남경(한양) 천도를 주장했고, 승려 묘청도 인종 13년(1135) 《도선비기》를 근거로 "개경의 지덕이 쇠했다"면서 서경 천도를 주장했다. 모두 《도선비기》를 근거로 천도를 주장한 것이다.

부친의 장지를 정하지 못해 고민하고 있는 이성계에게 가동이 달려와서 두 승려 이야기를 들려주었다. 사제 사이로 보이는 두 승려가 나누는 대화를 우연히 들었다는 것이다.

스승이 제자 승려에게 동쪽 산을 가리키며 말했다.

"여기에 왕이 날 땅이 있는데 너도 아느냐?"

"동산이 세 갈래로 나뉘어 있는데, 그중 가운데 낙맥(落脈)인 짧은 산기슭이 정혈(正穴)인 것 같습니다."

"네가 아직 자세히 알지는 못하는구나. 사람에게 비유해서 말해주겠다. 사람이 두 손을 쓰지만 모두 오른손이 보다 긴요한 것처럼 오른편 산기슭이 진혈(眞穴)이다."

두 승려의 이야기를 듣던 가동은 명당에 관한 대화란 사실을 눈치채고 급히 이성계에게 달려와 알렸다. 이성계는 급히 말을 달려 함관령 밑에서 두 승려를 따라잡았다. 두 승려를 극진히 대접하면서 부친의 장지를 추천해달라고 애걸하자, 노승이 지팡이를 꽂고 물었다.

"첫째 혈에는 왕후(王侯), 곧 임금의 조짐이 있고, 둘째 혈은 장상(將相)의 자리이니 하나를 택하시오."

첫 번째 묏자리는 임금의 자리이고 두 번째는 재상의 자리라는 말이었다. 이성계가 첫째 혈을 택하자 노승이 놀라 물었다.

"너무 지나치지 않은가?"

이성계는 굽히지 않았다.

"사람의 일이란 상(上)을 얻으려 하면 겨우 하(下)를 얻게 되는 법입니다. 왕후의 자리를 얻으려 해야 재상이라도 되지 않겠습니까?"

두 승려는 웃으며 말했다.

"원대로 하시오."

두 승려는 왕후가 날 자리를 가르쳐주었고, 이성계는 그 자리에 이자춘을 묻었다. 이 이야기는 조선 중기 선조~광해군 때의 문신 차천로(車天輅: 1556~1615)가 편찬한 《오산설림(伍山說林)》과 이보다 150여 년 후인 영조 24년(1748) 함경도 출신의 승지 위창조(魏昌祖)가 편찬한 《북로릉전지(北路陵殿志)》 등에 나온다. 《북로릉전지》는 함경도 내에 있는 이성계 선조들의 무덤에 대한 이야기를 편찬한 책이다.

　이 일화의 노승은 나옹(懶翁)이고 젊은 승려는 무학(無學)이다. 둘 다 풍수지리에 능한 승려인데, 무학이 이자춘의 묏자리를 잡아주었다면 수긍이 가지만 나옹까지 가세했다는 것은 선뜻 이해하기 어려운 구석

무학대사 무신도, 국립민속박물관.
이성계가 왕이 될 것임을 예견하고 실제 조선을 개국하는 데 기여한 승려. 개국 후 왕사의 자리에 올랐으며 한양으로의 천도를 찬성했다. 최영 장군과 함께 무속에서 신으로 모시는 대표적인 인물이다.

이 있다. 법명이 혜근(惠勤: 1320~1376)인 나옹은 공민왕의 왕사(王師)였기 때문이다. 공민왕의 왕사가 타성바지에게 왕이 날 자리를 점지해주었을 가능성은 높지 않다. 나옹은 고려 왕실의 덕을 많이 본 승려였다. 나옹은 충목왕 3년(1347) 원나라의 수도였던 연경(燕京: 북경) 법원사(法源寺)에 가서 인도 출신인 지공화상(指空和尙)에게 불법을 전수받았다. 나옹이 귀국한 후 머물던 양주 회암사(檜巖寺)까지 지공화상이 찾아왔을 정도다.

법명이 자초(自超: 1327~1405)인 무학도 나옹처럼 원나라 연경에서 불도를 닦았다. 이때 나옹을 만나 제자가 되었다. 귀국 후 무학이 경상도 양산의 천성산 원효암(元曉庵)에 머물던 나옹을 찾아가자 나옹은 불자(拂子: 먼지떨이)를 불법 전수의 표시로 주었다가 나중에 다시 의발(衣鉢)을 주었다. 무학이 해주 신광사(神光寺)로 나옹을 찾아갔다가 나옹의 제자들과 마찰이 생겨서 여주 고달산으로 옮겨갔다는 이야기도 있다.

나옹과 무학이 실제로 어떤 사이였는지는 분명하지 않지만 무학이 이성계 쪽 승려였던 것은 분명하다. 무학은 조선을 개창하기 두 달 전인 공양왕 4년(1392) 5월 공양왕과 순비(順妃)를 해온정(解慍亭)에서 만났는데, 이때 이미 새 왕조 개창으로 뜻이 기울어 있었다.

이성계는 조선을 개창한 지 석 달 후인 재위 1년(1392) 10월, 자초(自超: 무학대사)를 왕사로 삼았다. 무학이 왕사가 된 데는 풍수의 영향이 컸다. 이성계와 무학의 가장 중요한 접점은 풍수였다. 전해지는 이야기가 사실이라면 이성계는 스물일곱 살 때 이미 임금을 꿈꾸었던 것이다.

홍건군, 물밀듯이 밀고 들어오다

이성계는 부친의 급서를 슬퍼할 틈이 없었다. 이자춘이 죽은 지 5개월 정도 지난 공민왕 10년(1361) 9월 말, 고려 북쪽 독로강 만호(萬戸) 박의(朴儀)가 천호(千戸) 임자부(任子富)와 김천룡(金天龍)을 죽이고 고려에 반기를 들었던 것이다. 공민왕이 형부상서 김진(金璡)을 보내 토벌하게 했지만 진압하지 못했다. 그러자 공민왕은 이자춘의 후사인 이성계에게 토벌을 명했다.

금오위(金吾衛) 상장군이자 동북면 상만호(上萬戸)인 이성계는 친병 1500명을 이끌고 독로강으로 향했다. 이성계 일가의 사병이자 일종의 운명공동체인 친병은 이성계에게는 가장 큰 힘이었다. 이성계가 독로강까지 진격했을 때, 박의는 이미 도주했지만 끝까지 쫓아가 박의와 그 부하들의 목을 베었다. 이성계는 부친을 대신해서 치른 첫 전투에서 합격점을 받았다. 자신이 부친의 공백을 메울 수 있다는 능력을 보여준 것이다.

이성계의 가장 큰 무기는 뛰어난 무예 실력과 겸손함이었다. 조선 개국 1등공신 김인찬(金仁贊)과 3등공신 한충(韓忠)은 동북면 안변 출신이다. 두 사람이 길가에서 김을 매고 있는데 비둘기 두 마리가 밭 한가운데 뽕나무에 앉아 있었다. 이성계가 화살 한 대로 두 마리를 모두 떨어뜨렸다. 김인찬과 한충이 탄복하면서 말했다.

"잘도 쏘는구나, 도령의 활 솜씨여!"

이성계가 웃으면서 답했다.

"이미 도령은 넘었소."

이성계가 비둘기를 가져다 먹으라고 하자 두 사람은 대신 조밥을 대접했다. 이성계는 두 사람의 성의를 생각해서 수저를 들었다. 두 사람은 이성계를 따라나섰다. 출중한 무예에 겸손함까지 갖추고 가슴속에 큰 꿈을 품고 있는 이성계에게 많은 사람이 이끌린 것은 당연했다.

중원 각지에서 일어난 홍건군이 고려에 도움이 되기만 한 것은 아니었다. 원나라의 군사력이 약화되자 중원대란이 일어났는데, 그 여파가 고려 북방 지역에까지 미쳤다. 신년 하례 사신으로 가던 학성후(鶴城侯) 왕서(王諝)가 길이 막혀 되돌아와야 할 정도였다. 이성계가 박의의 목을 벤 직후인 10월 20일 반성(潘誠), 사유(沙劉), 관선생(關先生), 주원수(朱元帥) 등이 이끄는 홍건군이 고려로 대거 밀고 들어오면서 고려는 큰 혼란에 빠졌다.

2년 전인 공민왕 8년(1359) 12월에도 원나라 군사들에게 쫓긴 모거경(毛居敬)이 4만 홍건군을 이끌고 고려 경내로 밀고 들어왔다. 홍건군이 의주, 정주, 인주 등지를 함락시키자 공민왕은 수문하시중(守門下侍中) 이암(李嵒)을 서북면 도원수로 삼아 막게 했지만 실패하고 철주, 서경까지 함락당했다. 공민왕은 이암 대신 이승경(李承慶)을 도원수로 삼아, 이듬해 1월에야 서경을 되찾았다. 이때의 홍건군이 4만여 명이었는데 이번에는 10만 대군이 밀고 들어온 것이다.

공민왕은 이방실(李芳實)을 서북면 도지휘사로 삼고, 이여경(李餘慶)을 절령에 보내 목책을 설치해 홍건군을 저지하게 했다. 공민왕은 성신(星辰)과 산천(山川)을 뜻하는 군망(群望)에게 제사를 지내 승전을 빌 정도로 위기감을 느꼈다. 그러나 고려군의 절령 방어선은 곧 무너졌다. 금교역 일대에 새 방어선을 쳤지만 이것 역시 무너졌다. 그러다 수도 개경까지 위협받자 공민왕은 개경을 버리고 광주를 거쳐 복주(현재의 안동)까지 파천(播遷)했다. 자칫 왕조가 망할 위기에 몰린 공민왕은 나라의 모든 자원을 끌어모았다. 지문하성사(知門下省事) 정세운을 총병관(摠兵官)으로 삼고, 각 도에서 20만 명의 농민을 끌어모았다. 참지정사(參知政事) 안우(安祐) 등 아홉 명을 원수로 삼아 총력전을 펼친 결과, 공민왕 11년(1362) 1월 개경을 겨우 탈환하고 관선생, 사유 등을 잡아 죽일 수 있었다.

이때 이성계도 친병 2000명을 거느리고 개경 탈환 작전에 나섰다. 이성계는 개경 동쪽 공격을 맡았다. 이성계는 쉴 틈이 없었다. 개경을 탈환한 다음 달, 원나라 심양 행성승상(行省丞相) 나하추(納哈出: 1320?~1388)가 동북면을 공격했기 때문이다. 나하추를 끌어들인 인물은 공민왕의 북강회수운동에 맞서다가 원나라로 도주한 쌍성총관 조소생이었다. 홍건군의 공격으로 개경까지 함락되자 조소생은 쌍성을 되찾을 호기라고 여기고 행성승상 나하추를 끌어들였던 것이다.

나하추는 몽골족 귀족 잘라이르[札剌亦兒] 집안 출신이다. 칭기즈 칸의 부하 중 걸출한 네 장수를 뜻하는 사걸(四傑) 가운데 하나인 무쿠리[木華黎] 가문의 후예다. 원 순제 때 승상과 태위(太尉)로서 만주 일대 개원로를 관장했는데, 조소생의 부추김을 받고 동북면을 공격한 것이다. 공민왕은 도지휘사 정휘(鄭暉)를 보냈으나 패하고 말았다. 그러자 공민왕은 이성계를 동북면 병마사로 임명해 싸우게 했다. 비로소 부친의 관직을 이어받은 이성계는 원나라와 싸우러 나섰다.

싸움터가 동북면이다 보니 이성계는 전력투구할 수밖에 없었다. 이성계가 지휘하는 군사는 친병과 고려군이 혼재되어 있었다. 전투가 벌어지기 직전, 이성계는 장수들에게 나하추와 조소생이 이끄는 원나라 군사에게 패한 이유를 물었다. 이구동성으로 쇠 갑옷에 붉은 기꼬리(朱旄尾)로 장식한 여진족 장수 때문이라고 말했다. 양측의 군사가 접전 중일 때 갑자기 이 장수가 창을 들고 나타나 고려 군사들을 낙엽처럼 쓰러뜨렸다는 것이다. 이성계는 먼저 그를 꺾어야 승리할 수 있을 거라고 판단했다.

양측의 전투가 시작된 날, 이성계가 싸우다 달아나는 척하자 예의 그 장수가 급하게 쫓아왔다. 그가 창을 크게 휘두르자 이성계는 얼른 말안장 양쪽에 늘여놓은 말다래에 붙어 피했다. 단숨에 목을 벨 요량으로 창을 크게 휘두른 장수는 제 힘에 거꾸러지고 말았다. 이성계는 얼른 안장에 걸터앉아 활을 쏘아 죽였다.

믿었던 장수가 죽자 원나라 군사들은 전의를 상실하고 달아나기 시작했다. 이성계는 함관령을 넘어 달단동까지 나아가 나하추와 직접 맞붙었다. 먼저 나하추 휘하의 장수를 쏘아 거꾸러뜨리고, 뒤이어 나하추의 말을 쏴서 거꾸러뜨렸다. 나하추가 얼른 다른 말로 갈아타자 그 말도 다시 거꾸러뜨렸다. 나하추는 다시 부하 군사의 말로 갈아타고 도주하기 시작했다.

일진일퇴를 거듭하던 양측 군사는 함흥 들판에서 맞붙었다. 이성계는 군사를 매복시켜놓고 홀로 돌진했다. 원나라 장수 셋이 한꺼번에 달려 나왔다. 이성계가 도주하는 척하자 세 장수는 급하게 쫓아왔다. 원나라 장수들이 손을 뻗으면 닿을 수 있는 곳까지 쫓아왔을 때쯤, 이성계가 갑자기 말 머리를 돌렸다. 세 장수가 고삐를 당기기도 전에 말

팔준도 횡운골. 국립중앙박물관.

조선 세종 때의 화가 안견이 그린 팔준도는 태조 이성계가 타던 여덟 마리 말을 그린 그림이다. 태조의 일생과 창업을 칭송하기 위한 목적으로 세종의 지시에 의해 그려졌다. 그중 횡운골이라 불리는 말은 이성계가 나하추와의 전투에서 탔던 말이다.

들이 이성계를 앞서 지나갔고, 뒤에 있던 이성계는 활을 쏘아 세 장수를 모두 거꾸러뜨렸다. 이 틈을 타 숨어 있던 고려 병사들이 일어나자 원나라 군사는 무너지고 나하추도 도주하고 말았다.

이성계는 은패(銀牌)와 동인(銅印) 등 전리품을 수습해서 공민왕에게 바쳤다. 나하추는 말 한 필을 공민왕에게 보내 화해의 뜻을 보였다. 이로써 비록 나하추를 죽이지는 못했지만 동북면은 안정을 되찾았으며, 동북면을 지킨 이성계의 입지는 크게 강화됐다. 그가 스물여덟 살 때의 일이다.

이 성 계 , 압 록 강 을 건 너 다

공민왕 19년(1370) 1월 4일, 이성계는 기병 5000명과 보병 1만 명을 거느리고 압록강을 건넜다. 그의 나이는 어느덧 서른여섯이었다. 그가 압록강을 건넌 이유는 공민왕이 우라산성(亏羅山城)에 웅거하고 있던 동녕부 동지(同知) 이오로테무르[李吳魯帖木兒]를 공격하라고 명령했기 때문이었다.

그가 부친의 자리를 대신한 7~8년 동안 고려 내외에는 큰 변화가 있었다. 첫째, 중원의 정세 변화다. 원나라 각지에서 군웅할거하던 홍건군 세력은 최영과 싸웠던 장사성과 곽자흥의 세력을 흡수한 주원장의 맞대결로 좁혀졌다.

장사성은 원 지정 23년(1363: 공민왕 12년) 9월 오왕(吳王)이라고 자칭하고 동생 장사신(張士信)을 승상의 자리에 올렸다. 또한 황경부(黃敬夫), 채언문(蔡彦文), 채덕신(葉德新) 세 사람을 참군(參軍)으로 삼았다. 진수(陳壽)의 정사 《삼국지(三國志)》를 소설 《삼국지연의(三國志演義)》로 각색한 나관중(羅貫中)도 장사성 휘하의 부하였다. 장사성의 동생 장사덕(張士德)은 명장이었다. 주원장의 어릴 적 친구이자 핵심 참모였던 대장 서달(徐達)이 "오직 장사성만이 두렵다"고 말했을 정도다.

치열하게 다투던 두 세력은 주원장이 지정 26년(1367: 공민왕 16년) 12

홍무제 초상화. 대만 국립고궁박물관.
1368년 주원장은 명나라를 건국하고 스스로 황제의 자리에 오른다. 고아에 빈농 출신이 황제가 된 경우는 중국 역사상 주원장이 유일하다. 이 초상화는 《중국역대제후도》에 수록된 것으로, 주원장을 그린 다른 초상화들과는 완전히 다른 모습을 하고 있다.

월 장사성이 진을 친 지금의 호남성 악양 지역인 평강을 총공격하면서 결판 나기 시작했다. 주원장은 평강성을 함락시키고 장사성을 포로로 잡는 등 기염을 토했다. 패장 장사성은 주원장의 본거지인 지금의 남경인 응천까지 끌려갔다가 자살하고 만다. 이로써 중원대란은 주원장의 승리로 끝났다.

주원장은 이듬해(1368: 공민왕 17년) 정월 4일, 남경에서 명(明)나라를 건국하고 황제라고 자칭했다. 연호는 홍무(洪武)다. 빈농 출신에 탁발로 먹고 살던 주원장이 드디어 중원의 패자가 된 것이다. 명 태조 주원장은 이듬해 4월 부보랑(符寶郎) 설사(偰斯)를 고려에 보내 비단 40필을 전했다. 동봉한 국서에서 주원장은 이렇게 말했다.

> 대명황제(大明皇帝)가 고려국왕(高麗國王)에게 서신을 보냅니다. 송이 천하를 제어하지 못하자 하늘이 그 제사를 끊어버렸는데…, 원은 우리 족류(族類: 겨레)가 아닌데도 천명을 받아 중국에 들어와 주인이 된 지 100년이 넘었지만… (내가) 중국(華夏)을 숙청하고 중국의 옛 영토를 되찾았습니다. 올해 정월 신민들의 추대로 황제의 자리에 올라 천하를 바로잡고, 나라 이름을 대명(大明), 연호를 홍무(洪武)라고 정했습니다.

주원장은 즉위한 해 11월 설사를 고려로 보냈는데, 설사는 이듬해 4월에야 개경에 도착했다. 아직 북방을 모두 평정하지 못했기에 바닷길을 이용해야 했는데 그만큼 바닷길이 험했던 것이다. 이때까지만 해도 국서의 내용은 공손했다. 중원을 모두 평정한 뒤 거만해진 훗날의 태도와는 크게 달랐다.

둘째, 원나라가 북쪽으로 쫓겨갔다. 명 태조 주원장은 즉위한 해(1368: 공민왕 17년) 4월, 장군 서달을 북상시켰다. 서달이 대도를 위협하자 순제는 기황후와 태자를 데리고 상도(上都)라고 불리던 지금의 내몽골 시린귀러맹[錫林郭勒盟] 지역으로 도망갔다. 국호는 여전히 대원(大元)이었지만 사실상 북원(北元)으로 축소된 것이다.

주원장이 북경을 함락시키고 북원이 초원지대로 밀려남으로써 동아시아의 정세는 근본적으로 변하기 시작했다. 그러나 중원의 정세는 아직 불안정했다. 그래서 주원장은 고려를 자신의 편으로 끌어들이기 위해 많은 노력을 기울였다. 고려가 북원에 가세하면 전세가 역전될 수도 있었기 때문이다.

명 사신 설사는 귀국하기 직전인 그해 5월 양 두 마리를 잡아 공민왕을 초청했다. 실사가 귀국하겠다고 보고하자 공민왕이 안마(鞍馬: 말안장)와 의복을 주었으나 받지 않았다. 대신들이 선물한 인삼과 약재도 거절했다. 그래서 공민왕은 대신 시를 써서 주었다.

공민왕은 답례로 예부상서(禮部尙書) 홍상재(洪尙載)를 남경에 보내 주원장의 즉위를 축하했다. 아직 명나라를 상국으로 삼은 것은 아니지만 국교는 수립한 것이다. 기철 일당이 아니었다면 공민왕은 원나라와 계속 손을 잡았을지도 모른다. 원나라에서 10년 동안이나 산 공민왕은 몽골 풍습에 익숙했고, 부인 노국대장공주 또한 원나라 황실의 여인이었다. 상황이 이렇다 보니 공민왕이 거꾸로 원나라 황실을 좌지우지할 수 있었을지도 모른다. 초원지대로 쫓겨간 원나라는 그만큼 고려의 지원이 절실했다. 그러나 원나라 잔존 세력은 여전히 고려를 위협했고, 공민왕은 명나라를 선택했다. 이 선택이 주원장이 중원의 패자가 되는 데 큰 힘이 되었음은 물론이다.

게다가 주원장은 공민왕을 자기 편으로 끌어들이기 위해 무진 애를 썼다. 공민왕 18년(1369) 6월, 주원장은 고려 출신 환관 김려연(金麗淵) 편에 북경 지역에 살던 고려 백성 165명을 배에 실어 보냈다. 북경에 살던 원나라 사람들을 양자강 남쪽으로 강제 이주시키는 과정에서 고려 사람 165명을 발견한 것이다. 때마침 김려연이 고국에 있는 늙은 어머니를 뵙고 싶다고 말하자 주원장은 즉각 그에게 이들의 호송을 맡겼다. 툭하면 왕을 갈아치우려 들던 원나라에 비해 주원장은 명나라 땅에서 유랑하던 고려인들을 돌려보내는 세심한 배려로 공민왕의 마음을 사려 했다. 이 같은 노력 덕분인지 공민왕의 마음은 점차 명나라로 기울어져갔다.

이런 분위기 속에서 공민왕은 만주에 숨어 있는 원나라 잔존 세력을 축출하기 위해 이성계를 보낸 것이었다. 이오로테무르는 야둔촌에서 이성계와 몇 번 겨루더니 갑옷을 버리고 항복했다.

"나의 선조는 본래 고려 사람입니다. 신복(臣僕)이 되기를 원합니다."

이오로테무르는 본디 이원경(李原景)이라는 이름의 고려인이었다. 이원경이 300여 호를 들어서 항복했지만 우라산성에 자리 잡은 고안위(高安慰)는 항복하지 않았다. 이성계는 종자(從子)의 활을 취해서 70여 발을 쏘아 우라산성에서 대치 중인 군사들의 얼굴을 맞혔다. 당연히 성 안의 기세는 크게 꺾였다. 이에 고안위는 처자를 버리고 한밤중에 밧줄을 타고 몰래 성을 내려와 도주했다. 이튿날 고안위가 도주한 사실을 알아챈 우두머리 20여 명이 휘하 백성들을 거느리고 항복했고, 이어 주위의 여러 산성들도 다 항복했다. 이성계는 노획한 소 2000여 두와 말 수백 필을 모두 주인에게 돌려주게 했다. 그러자 눈치를 보던 백성들이 대거 귀순했는데, 이들의 행렬로 주변은 마치 저잣거리 같아졌다. 이때 이성계가 얻은 호수(戶數)는 1만여 호나 되었다. 이성계가 탈환한 우라산성을 지금의 환인현 오녀산성으로 본다. 이때 이성계가 확장한 영토에 대해《고려사》공민왕 19년 1월 조는 이렇게 설명한다.

동쪽으로 황성, 북쪽으로 동녕부, 서쪽으로 바다에 이르렀으며 남쪽으로는 압록강까지 이르러 텅 비게 되었다.

북쪽이 동녕부고, 서쪽이 바다, 남쪽이 압록강이라면 지금의 압록강 서북쪽 만주가 분명하다.《태조실록》에선 이곳을 "황성은 옛날 여진 황제의 성"이라고 설명했는데, 청나라 이전에 여진족의 나라로 황제라고 불린 곳은 금(金)나라밖에 없다. 조선시대 지도들은 광개토태왕비와 장수왕릉 등이 있던 길림성 집안 지역을 황성이라고 표기했다. 우라산성을 지금의 환인현 오녀산성으로 보고, 황성을 집안의 국내성 자리라고 본다면 이때 이성계가 확장한 영토는 북쪽으로는 환인부터 서쪽으로는 서해까지라는 이야기가 된다.

공민왕은 재위 19년(1370) 8월 이성계에게 다시 압록강을 건너라고 명령했다. 서북면 원수 지용수(池龍壽), 부원수 양백연(楊伯淵) 등과 함께 기철의 넷째 아들 기새인티무르[奇賽因帖木兒]를 체포하라고 명령한 것이다. 순제는 북쪽으로 쫓겨갔지만 기새인티무르는 동녕부와 요양

등지를 전전하면서 부친의 복수를 할 기회를 엿보고 있었다.

그러나 압록강을 건너는 것은 쉬운 일이 아니었다. 겨우 만든 부교(浮橋)는 한번에 말 서너 마리밖에 건널 수 없었기 때문이다. 이성계와 임견미(林堅味)가 먼저 강을 건넜고, 나머지 군사들이 뒤따라 건넜는데, 당연히 속도가 더딜 수밖에 없었다. 서로 건너려고 다투다가 익사하는 군사도 있어서 사흘이 지난 후에야 모두 건널 수 있었다.

강을 건너자 폭우가 내리고 천둥이 쳐서 군사들이 두려워했다. 천문에 밝은 병마사(兵馬使) 이구(李玖)가 이상하다는 듯 물었다.

"길조인데 왜 그러십니까?"

여러 장수들이 길조라고 보는 까닭을 묻자 이구가 대답했다.

"용이 움직이면 반드시 천둥이 치고 비가 내립니다. 지금 상원수의 이름에 용(龍) 자가 있는데, 강을 건너는 날에 비가 오고 천둥이 치니 전투에서 승리할 조짐입니다."《고려사》〈지용수열전〉

상원수 지용수의 이름에 '용' 자가 있으므로 비가 오고 천둥이 치는 것을 좋은 조짐이라고 해석한 것이다. 이 말을 들은 군사들의 마음이 안정되고 사기가 올라갔다. 고려군은 요성에서 이틀 거리 정도 떨어진 나장탑까지 진군해 보급품을 이곳에 두고 일주일치 군량만 가지고 진격했다. 공략 목표는 요성이었다.《청사고(淸史稿)》〈지리지〉 봉천부(奉天府) 조는 봉천부에 속한 개평에 대한 설명에서 이렇게 언급했다.

(개평은) 봉천부에서 서남쪽으로 360리 떨어져 있는 곳인데, 명나라에서 개주위(蓋州衛)를 설치했다. …서남쪽 60리에 웅악방수위(熊岳防守尉)가 있는데, 이곳이 바로 옛 요성이다.

청나라 때 봉천부 산하 개평이라 하면 지금의 요동반도 서쪽 바닷가 개현을 이른다. 청나라 때 이곳을 "옛 요성"이라고 했으니 원·명 교체기 때의 지명일 가능성이 있다. 지금의 요령성 요양도 요성이라 불렸으니, 이곳일 가능성도 있다.

이때 고려군은 요심 사람들에게 이렇게 밝혔다.

"요심은 우리나라 국경이고, 요심의 백성도 우리 백성이다. 지금 의병을 일으켜 백성들을 어루만지려고 하는데, 만약 산의 요새에 숨은 자가 있으면 군마들에게 해를 입을까 우려되니 즉시 군대 앞에 이르러 사정을 고하게 하라."《고려사》〈지용수열전〉

요심은 요양과 심양을 뜻하는데, 지금은 요령성 전체를 가리키는 말로 사용된다. 이 요심까지 고려 땅이라는 뜻이다.

지용수와 이성계가 이끄는 고려군은 요성을 포위했지만 쉽게 함락시키진 못했다. 성은 높고 험준했으며, 원나라 장수 처명(處明)은 굳게 항전했다. 이성계가 이원경을 시켜서 항복을 권했지만 처명은 거부했다. 이성계는 활을 쏴서 처명의 투구를 쏘아 떨어뜨리고, 다시 다리를 맞혔다.

"또 저항하면 이번에는 얼굴을 쏘겠다."

처명이 겁을 먹자 요성의 사기는 크게 꺾였다. 아직 화살과 돌을 던지며 항전하는 군민들이 있었지만 전세는 이미 기울어졌다. 고려 군사는 성 가까이 접근해 맹렬하게 공격했고, 요성은 곧 함락되었다.

기철의 아들 기새인티무르는 요성이 함락되는 동안 도주해서 요심의 관리인 김바얀[金伯顏]만 사로잡을 수 있었다. 고려군은 방을 붙여서 나하추와 에센부카[也先不花] 등에게 기새인티무르의 죄상을 알리고, 각 성채에 그를 포획하는 즉시 알리라고 통보했다. 만약 숨겨줄 경우 동경에서 처벌할 것이라고 경고했다.

공민왕 19년(1370) 8월, 고려군은 김바얀과 카라바투[哈刺波豆], 덕좌부카[德左不花], 고다루가치[高達魯花赤] 등 원나라 장수들을 생포하고, 다른 총관과 두목들도 죽이거나 생포했다. 드디어 요성까지 고려 강역이 된 것이다. 18년 후인 우왕 14년(1388), 명나라가 이 지역에 철령위를 설치하겠다고 나서면서 다시 분쟁 지역이 되지만, 이곳은 분명 예부터 고려 강역이었다.

한편, 이성계가 계속 군공을 세우자 공민왕은 재위 20년(1371) 7월 이성계를 지문하부사(知門下府事)로 삼고, 이색(李穡: 1328~1396)을 정당문학(政堂文學)으로 삼았다. 모두 문하성(門下省) 소속 종2품 문관 벼슬이었다. 이성계의 나이 서른일곱, 이성계보다 일곱 살 많은 이색은 마흔넷이었다.

서른일곱의 나이에 문관 고위직인 지문하부사까지 올랐지만 이성계는 자신의 뿌리가 문관이 아니란 사실을 잊지 않았다. 그는 고려가 자신의 무력을 필요로 한다는 사실을 잘 알고 있었다. 홍건적에 이어 왜적까지 고려를 공격하면서 이성계의 역할은 더욱 커져갔다. 이성계는 일종의 구원투수가 되었다. 홍건적이 밀려오거나 왜구가 침입할 때마다 공민왕은 이성계를 최전선으로 보냈고, 이성계의 자리는 점점 커져갔다.

개혁 승려 신돈의 한여름 밤의 꿈

어느 날 공민왕은 명덕태후를 만나 꿈 이야기를 했다.

"간밤에 이상한 꿈을 꿨습니다."

"무슨 꿈이신가요?"

"어떤 자가 칼로 저를 찌르려고 하는데, 한 승려가 구해주는 꿈이었습니다."

"부처님의 공덕으로 어려움에서 벗어난다는 꿈이군요. 나쁜 꿈이 아닙니다."

그때 김명원(金元命)이 편조(遍照)대사가 찾아왔다고 일렀다. 김명원은 기철 일당을 제거하는 데 공을 세워서 '주 기철 2등공신(誅奇轍二等功臣: 기철을 주살한 2등공신)'에 책봉된 터였다. 편조를 본 공민왕은 깜짝 놀랐다. 꿈에서 본 승려와 흡사했기 때문이다. 공민왕은 편조와 여러 가지 이야기를 나누었는데, 평소 그가 뜻하던 것과 모두 맞았다. 공민왕은 재위 14년(1365) 5월 편조를 사부로 삼고 국정을 자문했는데, 그가 바로 신돈(辛旽: ?~1371)이다.

신돈은 지금의 경남 창녕군 영산면 출신으로, 그의 어머니는 경남 계성면에 있던 계성현 옥천사(玉川寺)의 노비였다. 불교국가 고려에서 승려는 귀인 대접을 받았지만 어머니의 신분이 미천했던 신돈은 승려들 사이에서 천대를 받아 항상 산방(山房)에 거처했다. 미천한 신분으로 승려가 되면 신분 상승을 위해 애쓰기 마련이지만 신돈은 달랐다. 신돈은 한여름이나 한겨울이나 항상 해진 장삼 한 벌로 다녔다. 비단

장삼을 당연하게 여기는 다른 승려들과 달랐다. 법호도 청아하고 한 가롭다는 뜻의 청한거사(淸閑居士)를 썼다.

그러나 그의 마음속에는 뜨거운 분노가 있었다. 그 분노가 고려를 바로잡을 힘이라는 사실을 공민왕은 알았다. 그래서 신돈을 사부로 삼은 지 7개월 후인 재위 14년(1365) 12월, 그에게 취성부원군(鷲城府院君), 판감찰사사(判監察司事), 판서운관사(判書雲觀事) 등 고위 관직을 겸임시켰다.

공민왕은 고려에 근본적인 개혁이 필요하다는 사실을 잘 알고 있었다. 원나라의 간섭을 받은 100여 년 동안 정상적인 국가 체제가 붕괴되었다. 억울하게 노비로 전락한 백성들이 넘쳐났고, 농지는 소수 권력자의 수중으로 넘어갔다. 힘없는 백성들의 원한이 하늘까지 닿아 있었다. 이 문제를 해결하지 못하면 왕조 자체가 무너질 수도 있었다. 공민왕은 이 문제를 해결할 방법을 생각했다. 먼저 조정에 포진한 세신대족(世臣大族: 대를 이어 벼슬하는 큰 가문)이 생각났다. 그러나 공민왕은 세신대족에게 비판적이었다.

"세신대족은 가까운 무리끼리 서로 뿌리까지 얽혀 있어 잘못을 서로 덮어주고 있다."

공민왕은 점차 세력이 커져가는 유학자들도 문제라고 보았다.

"유생(儒生)은 강직하지 못하고 유약하며 또 문생(門生: 동문들)이니 좌주(座主: 과거에 급제시켜 준 벼슬아치)니 동년(同年: 같은 해 급제한 동기들)이니 칭하면서 당파를 만들어 사정에 끌리기 십상이다."

공민왕은 초야의 신진(新進)들도 마찬가지라고 보았다.

"초야의 신진은 교만한 마음과 가식적인 행동으로 명예를 낚시질

하는 자들이어서 귀하고 이름이 높아지면 문중이 한미한 것을 부끄럽게 생각하고 세신대족들과 혼인을 맺어 연결하려고 하다 보니, 처음의 뜻을 다 버리게 된다.”

이처럼 공민왕은 세신대족도, 유생도, 초야의 신진도 다 쓸모없다고 판단했다. 그런데 신돈은 이 세 부류 어디에도 속하지 않았다. 지배 계층인 승려이지만 모친의 신분이 낮았기 때문에 승려 대접을 제대로 받지 못했다. 사정이 그렇다 보니 힘없는 백성의 처지를 누구보다 잘 알고 있었다. 그래서 공민왕은 신돈에게 개혁을 맡긴 것이다.

신돈은 자신이 개혁에 나서면 엄청난 저항이 있을 것이란 사실을 잘 알고 있었다. 그래서 공민왕에게 이렇게 다짐을 받았다.

“왕과 대신은 참소하는 말을 쉽게 믿는다고 들었는데, 이렇게 하지 않으셔야 세상을 복되고 이롭게 할 수 있습니다.”

공민왕은 직접 맹세하는 말을 써주었다.

대사는 나를 구하고 나는 대사를 구하여 죽고 사는 것을 이로써 할 것이며, 다른 사람들의 말에 흔들리지 않을 것임을 부처님과 하느님이 증명할 것이다.

개혁군주 공민왕과 노비의 아들 신돈의 결합은 백성들의 마지막 희망이었다. 백성들의 상황은 그만큼 절망적이었다.

요사이 국가의 기강이 무너져 백성들이 대대로 물려받아야 할 땅을 권세 있는 자들이 모두 빼앗고 백성을 노비로 삼았다. 주현의 역리(驛吏)나 관노(官奴), 백성들이 농장(農莊: 권세가들의 큰 토지)에 들어가 병들어 나라가 여위게 되었으며, 그 원한이 하늘을 움직여 수해와 가뭄이 끊이지 않고 질병도 그치지 않았다. 《고려사》〈신돈열전〉)

공민왕은 하늘도 움직일 것 같은 백성들의 원한을 풀어주지 못하면 나라가 망하고 말 것이라고 생각했다. 그래서 신돈에게 국정을 맡긴 것이다. 정권을 위임받은 신돈은 인적 청산에 나섰다. 먼저 조정 내 훈구 세력을 모두 축출했다. 그리고 전민변정도감(田民辨整都監)을 설치했다. 전민(田民)이란 토지와 백성을 의미하고, 변정(辨整)이란 밝혀서 가지런히 한다는 의미다. 노비로 전락한 양인들의 신분을 환원시키고 빼앗긴 토지를 원 주인에게 돌려주는 관청이란 뜻이다. 전민변정도감 판사(判事) 신돈은 전국에 방을 붙여 강력하게 경고했다.

지금 도감을 설치해서 잘못을 바로잡으려 하니 수도(개경)선 15일, 여러 도(道)에선 40일 내에 스스로 잘못을 알고 고치는 자는 죄를 묻지 않을 것이나, 기한을 넘겨서 일이 발각된 자는 죄를 조사하여 다스릴 것이다. 또한 망령되게 소송하는 자는 반좌(反坐: 남을 무고하면 대신 그 벌을 받는 것)로 다스리겠다.

수도에선 15일, 지방에선 40일 이내에 남의 것을 빼앗아 만든 노비와 토지를 돌려주라는 경고였다. 신돈은 격일로 한 번씩 도감에 나가 사건을 판결했다. 신돈은 좌고우면(左顧右眄)하지 않았다. 여종의 아들로 살았던 그는 힘없고 가난한 백성들의 처지를 잘 알았다. 신돈의 위세에 눌린 권세가들은 빼앗은 토지와 노비로 전락시킨 백성들의 신분을 환원시켰다. 전국에서 다 기뻐했다. 수많은 백성이 전민변정도감으로 몰려가서 억울함을 호소했다. 그때마다 사람들의 억울함을 풀어주자 백성들은 한목소리로 신돈을 칭송했다.

"성인이 나오셨다!"

억울한 백성들의 원한을 풀어주자 큰 풍년이 들었다. 공민왕은 신돈의 원찰인 낙산사(洛山寺)에 행차해 불상 앞에 무릎 꿇고 신돈을 칭찬했다.

"내가 자리에 오른 지 15년 동안 홍수와 가뭄의 재해가 있었는데, 올해는 풍년이 들었으니 진실로 첨의섭리(僉議燮理) 덕분입니다."

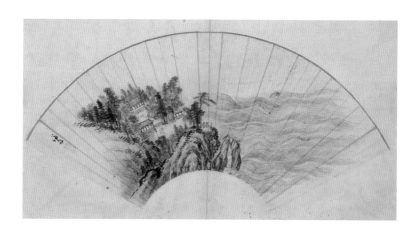

낙산사. 국립중앙박물관.
조선 후기 화가 정선이 그린 낙산사. 신라의 의상대사가 창건한 것으로 알려져 있으며, 고려시대 신돈의 원찰이기도 했다. 공민왕은 신돈에게 개혁의 전권을 맡겼으며, 낙산사에 직접 행차해 불상 앞에 무릎을 꿇고 신돈을 칭찬하기도 했다.

이때만 해도 공민왕은 이름 대신 첨의섭리라는 관직명으로 부를 정도로 신돈을 존중했다. 신돈의 개혁은 망해가는 고려를 되살릴 마지막 희망이었다. 이 개혁이 성공하면 고려는 회생할 것이고, 실패하면 더 이상 미래가 없을 게 분명했다. 고려의 마지막 기회였다.

그러나 힘없는 백성들과 반대로 권세가들은 이를 갈았다. 신돈은 권세가들의 세력 기반을 해체시켜야 한다고 판단했다. 그를 위한 방안이 바로 천도였다. 권세가들의 기반인 개경을 떠나 새로운 땅에 수도를 건설해야 문제가 해결될 것으로 본 것이다. 신돈은《도선비기(道詵祕記)》를 천도의 근거로 제시했다. 개경의 지기가 쇠했으니 천도해야 한다는 것이었다.

신돈도 묘청처럼 서경을 천도의 장소로 지목했다. 250여 년 전 승려인 묘청이 그렇게 주장했던 것처럼, 신돈 역시 같은 주장을 했다. 서경은 고려 중흥을 꾀하는 진취적 정치 세력에게 최상의 길지로 꼽혔다. 신돈은 이춘부(李春富), 김달상(金達祥), 환관 예의판서(禮儀判書) 윤충좌(尹忠佐) 등과 함께 서경으로 가서 궁궐을 지을 장소를 물색했다.

신돈의 천도론은 세신대족들의 격렬한 반발을 샀다. 신돈을 제거하려는 시도가 잇따랐다. 지도첨의(知都僉議) 오인택(嗚仁澤)과 경천흥 등이 신돈을 제거하려고 모의했지만 판서(判書) 신귀(辛貴)가 미리 알려주는 바람에 모면할 수 있었다. 전 밀직부사(密直副使) 김정(金精) 등도 신돈을 죽이려고 모의했는데, 이번에는 전 홍주목사(洪州牧使) 정운(鄭暉)이 알려주는 바람에 무사할 수 있었다.

이처럼 자신을 제거하려는 모의가 끊이지 않는 상황에서 신돈에게 있어 무엇보다 중요한 것은 공민왕의 신임이었다. 권세가들의 저항을 꺾고 백성들의 민심을 되돌려야 고려가 되살아날 수 있었지만, 참소가 잇따르자 공민왕은 흔들리기 시작했다.

공민왕 19년(1370), 명 태조 주원장이 사신을 보냈는데, 이때 신돈을 '상국(相國: 재상)'이라고 칭한 것도 공민왕의 심기를 건드렸다. 공민왕 20년(1371) 신돈의 시종들이 신돈에게 연향(宴享)을 올렸는데, 최고위직인 시중부터 200여 명에 달하는 버슬아치들이 참석했다. 양청(涼廳)에서 이 광경을 보던 공민왕으로선 경계심이 들 수밖에 없었다.

《고려사》〈신돈열전〉은 "신돈이 스스로 권세가 지나치게 커졌다는 사실을 알고 비밀리에 역모를 꾀했다"고 전한다. 역시 《고려사》〈신돈열전〉에 따르면, 사건의 전말은 이렇다.

공민왕이 헌릉(憲陵: 광종의 능)과 경릉(景陵: 충렬왕의 능)에 능행을 갈 때 신돈이 무리를 나누어 길 옆에 매복시켜두었다가 공민왕을 임살하려 했다. 암살 시도가 실패하고 공민왕이 환궁하자 신돈이 무리에게 "왜 약속대로 하지 않았는가?"라고 꾸짖자, 무리는 "의장과 호위가 너무 성해서 차마 범하지 못했습니다"라고 대답했다. 이에 신돈은 "네 놈들은 모두 겁쟁이다. 쓸 만한 놈이 없구나"라고 꾸짖었다.

그러나 왕을 암살하려던 사람들의 이름이 적혀 있지 않고 '무리(黨)'라고 모호하게 표현한 데서 조선 개창 세력이 만들어낸 이야기에 불과함을 알 수 있다.

거침없이 개혁의 길을 걷던 신돈의 최후는 허무했다. 어느 날 재상 김속명(金續命)의 집에 날아든 투서 한 장이 시작이었다. 자신을 한림 거사(寒林居士)라고 자칭한 인물이 신돈이 역모를 꾸미고 있다고 투서한 것이다. 김속명에게 투서를 전달 받은 공민왕은 신돈을 제거하기로 결심했다. 투서를 보낸 인물은 선부의랑(選部議郎) 이인(李靭)인데, 투서 내용이 사실인지 조사하는 것은 뒷전이었다. 공민왕의 마음이 돌아선 것을 확인한 구가세족은 일제히 신돈의 머리를 베고 그의 자손들과 그를 따르던 인물들을 모두 제거해야 한다고 주청하고 나섰다. 신돈에 대한 신뢰가 사라진 공민왕이 호응했다.

"법이란 천하만세의 공(公)이므로 내가 사사로이 어지럽힐 수 없다! 아뢴 대로 하는 것이 마땅하다!"

공민왕은 이성림(李成林)에게 신돈을 수원으로 압송하라고 명했다. 공민왕 20년(1371) 7월 9일, 신돈은 수원으로 쫓겨났다. 이것으로 끝이 아니었다. 공민왕은 이틀 후인 11일, 찰방사(察訪使) 임박(林樸)을 수원으로 보내 신돈을 죽이라고 명했다. 임박이 수원에 도착해서 공민왕이 부른다고 거짓으로 이르자 신돈은 기뻐했다.

"오늘 나를 부르는 것은 어찌 아지(阿只)를 위하여 나를 생각하는 것이 아니겠는가?"

아지는 어린아이를 뜻하는데,《고려사》〈신돈열전〉은 아지에 대해서 이렇게 서술했다.

> 신돈의 비첩 반야(般若)가 모니노(牟尼奴)를 낳았는데, 왕이 자기 자식으로 여겼다. 이 사람이 우(禑: 우왕)로, 아지는 모니노를 가리킨다.

신돈의 비첩 반야가 낳은 아이가 우왕(禑王)이라는 것이다. 그러나 이는 우왕을 공민왕이 아닌 신돈의 자식으로 만들어 혁명의 당위성을 확보하려는 역성혁명 세력의 조작에 불과하다. 이때 수원부사(水原府

使) 박동생(朴東生)이 신돈 앞에서 눈물을 흘리자 이성림이 꾸짖어 물리치고 신돈의 목을 베었다.

신돈의 목은 개경 동문에 내걸렸고, 사지는 찢겨 각 도로 보내 돌렸다. 신돈과 함께 개혁 정책을 펼쳤던 여러 벼슬아치들도 머리가 베이거나 자결을 강요당하거나 곤장을 맞고 유배를 갔다. 신돈과 나머지 세력의 재산은 모두 적몰되고 어린아이들은 노비로 전락했다.

이렇게 신돈의 개혁은 끝났다. 이번에도 구가세족들의 승리로 끝나고 만 것이다. 그러나 이번은 경우가 달랐다. 이것은 신돈이 몰락한 데 그친 것이 아니라, 고려의 마지막 개혁 정객과 그 세력이 사라진 것을 뜻했다. 신돈의 몰락으로 고려는 구가세족의 나라로 되돌아갔다. 백성들이 농토를 빼앗기고 노비로 전락해도 하소연할 곳 없는 나라로 돌아간 것이다. 백성들의 원한이 하늘을 움직여 다른 사람에게 천명을 내릴 것을 두려워하던 공민왕은 더 이상 존재하지 않았다. 그렇게 고려 왕조는 막다른 길로 나아가고 있었다.

암살당한 공민왕과 우왕

공민왕 22년(1373) 4월, 의성 고동에 사는 한 무녀가 꿈을 꾸었다. 수많은 두꺼비가 한곳에 모여 있는데 푸른 옷을 입은 한 여인이 다가오자 그 여인을 향하더니 다 죽어버렸다. 잠시 후 누런 옷을 입은 여인이 와서 푸른 옷을 입은 여인에게 명령했다. 임금에게 전하라는 것이었다.

"너는 주상에게 말하라. 비록 큰 집 아홉 채를 짓더라도 나는 거기 머물지 않을 것이니, 속히 영전(影殿: 초상화를 모신 전각) 공사를 파하라."

다음 날 낮, 그 무녀에게 신이 내려와 말했다.

"지금 나라에 요얼(妖孽: 요상한 징조)이 많은 것은 나라가 망할 징조를 보여주려는 것이다. 내가 나라의 은혜를 받아 어두움을 안정시켜서 나라가 아직 망하지 않는 것이니 어찌 왕에게 고하지 않겠는가? 나는 정릉(正陵)으로 돌아갈 것이다."

그 신은 자신이 노국대장공주라 했다.

꽤 오랜 세월이 흘렀는데도 공민왕은 세상을 떠난 노국대장공주를 잊지 못했다. 노국대장공주는 공민왕 14년(1365) 2월 14일 세상을 떠났는데 5년 후인 재위 19년(1370) 기일에도 공민왕은 베 5000필로 조화를 만들어 그 영혼을 위로했을 정도다. 노국대장공주의 5주년 기일을 성대하게 지낸 것은 이 무렵 공주의 부친 위왕(魏王)이 원나라에서 곤경에 처해 있었기 때문이기도 했다. 공민왕이 즉위하는 데 큰 도움을 주었던 위왕은 석 달 후인 공민왕 19년 5월 처형당했다. 이 소식을 들은 공민왕은 조회를 중지시키고 고기 반찬을 먹지 않을 정도로 장인의 죽음을 슬퍼했다. 위왕이 죽음으로써 원나라에 대한 공민왕의 모든 애정은 사라져버렸다.

노국대장공주는 지금의 황해도 개풍군 해선리 운암사(雲巖寺) 동쪽 기슭 정릉에 묻혔는데, 공민왕은 운암사에 땅과 노비를 주어 명복을 빌게 했다. 공민왕은 여러 신하들 앞에서 노국대장공주에 대해 자주 회상했다.

"내가 연경 잠저(潛邸: 즉위하기 전에 거주하던 집)에 있을 때부터 고통과 즐거움을 함께했다."

공민왕이 노국대장공주를 잊지 못하는 것은 단순히 그리움 때문만은 아니었다. 노국대장공주는 공민왕과 생사를 같이한 정치적 동지였다. 공민왕 10년(1361) 홍건군의 침략으로 개경이 함락되었을 때는 함께 복주까지 파천했으며, 재위 12년(1363) 3월 흥왕사(興王寺)의 변 때는 노국대장공주 덕분에 목숨을 건지기도 했다. 김용(金鏞)과 그 일당

공민왕릉. 국립문화재연구소.
유네스코 세계유산이자 북한의 국보 제39호로 지정되어 있는 공민왕릉. 개성역사유적지구 내에 위치해 있다. 왼쪽이 공민왕의 현릉이고 오른쪽이 노국대장공주의 정릉이다. 왕과 왕비의 무덤이 함께 들어선 고려 최초의 쌍릉으로 알려져 있다.

50여 명이 공민왕을 해치려고 했을 때 노국대장공주는 자신의 몸으로 가려서 도적을 막아냈고, 국새(國璽)를 도둑질하려는 것도 막아냈다. 또한 북강회수운동도 지지했다. 공민왕은 그런 노국대장공주에 대해 이렇게 말했다.

"이 나라가 오늘에 이르게 하였다."

공민왕 부부의 고민은 애가 들어서지 않는 것이었다. 그러다 재위 13년(1364), 드디어 임신에 성공하자, 이들 부부의 기쁨은 이루 말할 수 없었다. 그런데 이듬해 2월 산달에 이르러 노국대장공주의 몸이 급격히 나빠졌다. 공민왕은 2죄(罪) 이하의 죄수를 사면했다. 그럼에도 불구하고 차도가 없자 1죄(罪: 사형)까지도 용서하는 대사면을 단행했다. 그러나 노국대장공주는 공민왕의 이런 모든 노력을 무위로 돌린 채 세상을 떠나고 말았다. 공민왕은 노국대장공주가 세상을 떠난 지 5년 후, 이렇게 토로했다.

"만삭의 몸으로 갑자기 그 육신을 버리고 말았는데 말이 여기에 미치자 마음이 심히 아프고 괴롭도다."

공민왕은 여러 후비(后妃)를 두었지만 후비는 어디까지나 후비일 뿐, 세상을 떠난 노국대장공주에 대한 애정은 식지 않았다. 그래서 영전을 지어 자주 행차했던 것이다. 의성 고동의 무녀가 꿈을 꾼 지 6개월 후인 재위 22년(1373) 10월 7일에도 공민왕은 정릉에 행차해 제사를 지냈다. 이때 백관은 융복(戎服: 군복)으로 호종했고, 자제위(子弟衛)는 붉은 옷에 검은 석의(楊衣: 갑옷 안에 입는 옷)를 걸치고 앞서 말을 달려 인도했다.

노국대장공주가 세상을 떠난 지 7년 후인 재위 21년(1372) 10월, 공민왕은 자제위를 설치했다. 자제위에 대해 역성혁명 세력은 "어리고 용모가 아름다운 자들을 속하게 해서" 대언(代言: 승지) 김흥경(金興慶)에게 총괄하게 했다면서, 공민왕의 남색(男色) 대상인 것처럼 서술했다. 심지어 공민왕이 자제위 소년들에게 자신의 후비를 범하게 해서 아들을 낳으면 자식으로 삼고자 했다고 덧붙였다.

위(衛)는 임금의 호위부대에 많이 사용하는 글자인데, 자제위의 중심인물인 홍륜(洪倫)의 할아버지 홍언박(洪彦博)은 문하시중이었다. 공민왕 10년(1361), 홍건군의 침략으로 공민왕이 개경을 버리고 떠나려 하자 "선왕이 이룩한 터전을 무너뜨릴 수 없습니다"라면서 결사항전을 주장한 인물이다. 자제위는 명가 출신 젊은이들을 모아 호위무사로 삼은 집단이지 난교(亂交)나 남색 대상이 아니었다. 정말로 남색 대상이었다면 공민왕이 자제위를 정릉 제사에 데려갔을 리 만무하다. 독실한 불교신자였던 공민왕이 노국대장공주의 영혼을 받드는 제사에 남색 대상들을 동참시켰을 리 없다.

공민왕은 신돈을 주살한 지 3년 후인 재위 23년(1374) 9월 22일, 마흔다섯의 한창 나이로 세상을 떠났다. 《고려사》〈홍륜열전〉은 자제위 홍륜 등이 시해했다고 서술했다.

공민왕의 셋째 부인 익비(益妃) 한씨가 임신하자 환관 최만생(崔萬生)이 보고했다.

"익비께서 임신하신 지 이미 5개월이 되었습니다."

공민왕이 크게 기뻐하며 말했다.

"내가 영전을 부탁할 데가 없어 늘 염려했는데 비가 임신하였으니 이제 걱정이 없다."

공민왕이 누구와 관계를 가졌냐고 묻자 최만생이 답했다.

"익비께서 홍륜이라고 말씀하셨습니다."

공민왕이 자신의 계획을 설명했다.

"내일 창릉(昌陵: 태조 왕건의 부친 왕릉의 릉)에 참배하러 가서 일부러 주정을 부리며 홍륜 무리를 죽여 입을 막겠다. 너도 이 계획을 알았으니 죽음을 면하지 못할 것이다."

그러자 죽음이 두려워진 최만생이 홍륜 등과 짜고 공민왕을 시해했다는 것이 《고려사》의 설명이다. 모두 조선 개창 세력이 조작한 이야기다. 공민왕 사후 최만생·홍륜 등에 대한 대숙청이 뒤따른 것을 보면 이들이 공민왕의 급서와 관련 있는 것 같지만 그 진상은 분명하지 않다.

공민왕의 시작은 고려 중흥 군주의 출현이었다. 즉위 초, 공민왕은 자신의 역사적 사명을 명백히 인지하고 있었다. 밖으로는 원나라에 빼앗긴 압록~두만강 이북 고려 영토를 되찾고, 신돈을 시켜 대대적인 내부 개혁을 추진했다. 원나라는 한편으로는 고려 왕실에 간섭하는 상국이지만 노국대장공주의 모국이기도 했다. 쇠락하는 원나라 황실에 같은 동이족 출신 고려 왕실은 큰 우군이 될 수도 있었다. 원나라 군사들과 중원을 누볐던 최영 또한 고려와 원나라의 관계를 대등하게 만들 수 있는 재목이었다.

그러나 공민왕은 반원친명(反元親明)이란 단일 노선을 걸었고, 구가세족들의 참소에 넘어가 신돈을 제거했다. 반원친명 노선을 추구한 결과, 친명파가 양산되고, 신돈을 제거한 구가세족들은 다시 백성들을 수탈하기 시작했다. 그리고 그 자신도 비극적인 최후를 맞이했다.

이 무렵, 원나라에서 심양왕의 손자를 고려 국왕으로 삼을 것이라는 소문이 돌았는데, 이것이 공민왕의 급서와 관련 있을 가능성이 있다. 북원에서 온 호승(胡僧)이 강순용에게 말했다.

"원나라에서 심왕(瀋王: 심양왕)의 손자를 고려 국왕으로 삼으려 합니다."

공민왕은 호승과 강순용을 가두고 문초했다. 소문의 진원지를 캐어 보니 전 찬성사(贊成事) 우제(禹磾)의 가노(家奴)가 북원에 장사하러 갔을 때 들었다고 했다. 우제의 가노를 신문하려 하자 도주했고, 호승과 강순용은 석방됐다. 이 사건은 공민왕이 급서하기 불과 사흘 전에 일어났다. 원나라가 고려 국왕 자리를 마음대로 떼었다 붙였다 할 수 있다고 생각하는 사람들이 아직도 있었던 것이다.

공민왕이 급서하자 후사 문제가 발생했다. 공민왕은 공식적으로 태자를 세운 적이 없다. 그러나 생전에 아들로 인정한 인물이 있으니, 바로 모니노라고도 불렀던 왕우(王禑)다.

신돈이 사형당한 지 일주일 후인 재위 20년(1371) 7월 18일, 공민왕은 모니노를 태후전(太后殿)에 들어와서 살게 했다. 2년 후인 재위 22년(1373) 7월에는 모니노에게 우(禑)라는 이름을 하사하고 강녕부원대군(江寧府院大君)으로 봉했다. 우를 강녕부원대군으로 봉했다는 것은 자신의 후사로 인정했다는 뜻이나 다름없었다. 왕우를 자신의 아들로 공표한 것이다. 백관들이 하례하게 한 것 또한 왕우를 공민왕의 후사로 여겼음을 보여준다. 이 뿐만 아니라 공민왕은 정당문학 백문보(白文寶), 대사성(大司成) 정추(鄭樞) 등을 사부로 삼아 체계적인 왕도 교육을 시작했다. 즉, 왕우는 태자나 다름없었다. 공민왕이 그렇게 여겼고,

왕우도 그렇게 알았으며, 백관들도 태자로 받들었다.

역성혁명 세력은 우왕과 창왕은 왕씨의 자손이 아니라 신돈의 아들이라는 '우창비왕설(禑昌非王說)'을 조선 건국의 정당성으로 삼았다. 그래서 《고려사》〈우왕총서〉에 우왕의 출생에 대해 앞뒤 맞지 않는 여러 이야기를 실어놓은 것이다. 그중 하나가 우왕의 모친인 신돈의 비첩 반야에 대한 이야기다.

처음에 반야가 임신해서 산달이 되자 신돈이 친한 승려 능우(能禑)의 모친 집에 가서 해산하게 했다. 능우의 모친이 길렀으나 1년도 못 되어 아이가 죽었다. 능우는 신돈이 꾸짖을까 두려워 용모가 비슷한 아이를 찾다가 이웃집 대졸(隊卒)의 아이를 몰래 훔쳐 다른 곳에 숨겨두고 신돈에게 말했다. "아이가 병이 있어서 다른 곳으로 옮겨서 기르고자 합니다"라고 하자 신돈이 허락했다. 1년 후 신돈이 자기 집으로 데려와 기르면서 동지밀직(同知密直) 김횡(金鋐)이 뇌물로 바친 노비 금장(金莊)을 유모로 삼았는데, 반야도 자기 아이가 아니라는 사실을 알지 못했다.

반야가 신돈과 관계해서 낳은 아이가 1년도 못 돼서 죽자 이웃집 아이를 가로채서 신돈의 아들인 것처럼 속여서 길렀는데, 그가 바로 우왕이라는 것이다. 우왕이 공민왕의 아들도 아니고, 신돈의 아들도 아니고, 능우의 이웃집 대졸의 아이라는 주장이다.

《고려사》가 전하는 우왕 관련 이야기는 이렇듯 모순투성이다. 《고려사》〈우왕총서〉는 공민왕이 후사가 없는 것을 근심하다가 하루는 신돈의 집에 미복(微服: 평복) 차림으로 행차했는데 신돈이 모니노를 가

고려사. 국립중앙박물관.
세종 31년(1449) 편찬을 시작하여 문종 1년(1451)에 완성된 고려시대 역사서. 편찬 책임자는 김종서와 정인지다. 조선 개창을 정당화하기 위해 편찬된 책이지만, 방대한 양과 구체적인 내용 등으로 인해 고려를 연구하는 데 가장 중요한 자료로 평가받는다.

리키며 이렇게 말했다고 한다.

"전하께서 이 아이를 양자로 들여 후사로 삼기 원합니다."

공민왕은 곁눈질하고 웃을 뿐 대답하지 않았지만 내심 허락했다는 것이다. 이 역시 모니노가 공민왕의 아이가 아니라면 성립될 수 없는 이야기다. 성씨도 모르는 남의 자식에게 450년 왕조의 대통을 잇게 했다는 것은 말이 되지 않는다. 《고려사》〈우왕총서〉는 신돈을 수원에 유배시킨 뒤 공민왕이 근신들에게 이렇게 말했다고 전한다.

"내가 일찍이 신돈의 집에 갔다가 그 집 여종을 총애해 아들을 낳았으니 가볍게 움직이지 말고 잘 보호하고 기르라."

앞에서는 공민왕의 아이도, 신돈의 아이도 아니고, 능우의 이웃집 대졸의 아이라고 하더니 여기에서는 공민왕의 아이라는 것이다. 문제는 왕우의 모친이 실제로 누구인가 하는 점이다. 공민왕은 후비 한(韓)씨를 우왕의 어머니로 여겼다. 공민왕은 세상을 떠나기 일주일 전인 재위 23년(1374) 9월 15일, 궁인 한씨의 아버지 한준(韓俊)과 조부 한평(韓平), 증조부 한통(韓通) 등 3대를 면양부원대군(沔陽府院大君)으로 추증하고 외조부 한량(韓良)을 면성부원대군(沔城府院大君)으로 삼았다. 왕우의 외가라는 이유에서였다. 그런데 공민왕은 재위 17년(1368) 9월부터 반야에게 매달 쌀 30석을 하사했다. 이 때문에 반야가 왕우의 생모라는 소문이 떠돌았다.

공민왕은 왕우를 사실상 태자로 여겼지만 태자로 책봉하지 않은 상태에서 살해됐다. 그러자 후사를 두고 조정이 갈라졌다. 시중(侍中) 이인임 등은 사실상 태자였던 왕우를 즉위시키려 했지만 판삼사사(判三司事) 이수산(李壽山) 등이 영녕군(永寧君) 왕유(王瑜)를 추대하면서 혼선이 빚어졌다. 밀직 왕안덕(王安德) 등이 왕우를 지지하면서 상황은 왕우에게 유리하게 흘러갔다.

"선왕께서 대군을 후사로 삼으셨는데, 그를 버려두고 어디에서 구한단 말입니까?"

공민왕이 왕우를 사실상 태자로 대접했는데, 이를 버려두고 다른 종친을 세우는 것은 무리한 처사라는 지적이다. 1374년 9월 25일, 열 살의 왕우는 이인임이 백관을 거느리고 하례하는 가운데 왕위에 올랐다. 드디어 우왕의 시대가 열린 것이다.

우왕의 즉위는 고려의 외교 정책을 둘러싼 논쟁으로 번졌다. 공민왕이 원나라와 관계를 끊고 명나라와 국교를 맺었지만 조정에는 여전히 친원파가 많았다. 시중 이인임 역시 친원파였다. 그는 판밀직사사 김서(金漵)를 북원에 보내 공민왕의 부음을 알리고, 국교를 재개할 것을 요청했다. 친명파는 이것이 공민왕의 외교 정책과 맞선다며 반발했다. 원나라의 간섭에서 벗어나야 고려 왕실이 튼튼해질 수 있다고 판단한 공민왕은 명나라와 가깝게 지냈다. 이 때문인지 주원장은 자신과 경쟁하던 대한(大漢) 황제 진우량(陳友諒)과 대하(大夏) 황제 명정(明貞)의 친족을 공민왕에게 보내 관리해달라고 요청했다. 공민왕 21년(1372) 5월, 주원장은 진우량의 아들 진리(陳理)와 명정(明貞)의 아들 명승(明昇) 등을 고려에서 살게 할 수 없겠느냐고 요청했는데, 공민왕이 수락하자 남녀 27명을 보냈다. 그러다 공민왕이 세상을 떠나자 친원파가 다시 고개를 들기 시작한 것이다.

이런 외중에 우왕 1년(1375) 3월, 우왕의 생모 반야가 몰래 대궐에 들어와 태후궁 앞에서 울부짖는 사건이 발생했다.

"제가 주상을 낳았는데, 왜 한씨가 어머니입니까?"

명덕태후는 반야를 쫓아냈다. 우왕을 추대한 이인임은 대간(臺諫)과 순위부(巡衛府)에서 합동으로 치죄하게 했다. 억울함에 복받친 반야는 새로 건축한 중문(中門)을 가리키면서 부르짖었다.

"하늘이 내 원한을 안다면 이 문이 반드시 무너질 것이오!"

그때 사의(司議) 허시(許時)가 중문에 들어서는데, 문이 저절로 무너졌다. 허시는 겨우 목숨을 건졌다. 반야는 결국 임진강에 던져져 고기밥이 되었고, 그 친족인 판사(判事) 용거실(龍居實)은 참형에 처해졌다. 내전 일을 담당하던 환관 김현(金玄)은 반야가 궁궐에 들어오는 것을 막지 못했다는 죄목으로 충청도 회덕현으로 유배를 갔다.

그런데 끝까지 고려에 대한 절의를 지켰던 복애(伏崖) 범세동(范世東)이 지은 《화동인물총기(話東人物叢記)》에는 다른 이야기가 전해진다. 범세동은 새롭게 개창한 조선을 끝내 거부하고 두문동에 살다가 원주 치악산을 거쳐 나주 복암에서 여생을 마친 인물인데, 그의 집안에서 비밀리에 전수되던 사서가 《화동인물총기》다. 《화동인물총기》는 이렇게 단언했다.

여흥(驪興: 우왕)이 후궁 한씨의 소생임을 누가 모르겠는가?

이 책은 역성혁명 세력을 호군(虎群)이라고 지칭했다. 문반은 흉배(胸背)에 학(鶴)을 그리고 무반은 호(虎)를 그리니, 호군은 곧 무신이라는 뜻이다. 호군이 우왕의 정통성을 흠집 내기 위해 김유(金庾)와 최원(崔源)에게 동궁 왕우와 비슷한 아이를 찾도록 했는데, 그가 바로 반야의 아들이란 것이다. 김유와 최원은 반야의 아들을 몰래 죽이고 반야에게 "네 아들이 대궐로 들어가 후궁 한씨의 아들이 되고 동궁이 되었다"고 말했다. 반야는 "첩이 비록 천한 사람이지만 이미 동궁이 있음을 알고 있는데, 어찌 내 아들이 동궁이 되었다고 하는가?"라며 믿지 않았다. 김유와 최원 등은 "동궁은 이미 죽었는데 비슷하게 생긴 자를 구해서 동궁으로 삼은 것이다"라고 말했다. 이들이 황금 3000냥을 주면서 달래자 반야가 궁에 들어가 아들이라고 주장했다는 것이다.

《화동인물총기》에 따르면 조정에서 반야를 가두고 국문하자 반야가 이를 모두 자백했고 김유는 명나라로 도망가서 호소했는데, 명 태조 주원장이 이들을 잡아 고려에 보내서 "사실을 밝게 상고해서 알려달라"고 말했다. 조정에서 김유와 최원의 곤장을 치자 모두 자백해서 죽었다.

그 진상은 불분명하지만 《화동인물총기》를 따르더라도 반야가 대궐로 들어가 우왕이 자신의 아들이라고 주장한 것은 사실인 듯하다. 이런저런 사건들이 벌어지면서 우왕의 출생에 대한 여러 소문이 만들어졌다. 공민왕이 갑작스레 살해당한 데다 새 왕의 출생에 대한 소문이 꼬리를 물고 이어지자 우왕의 정통성에는 흠집이 날 수밖에 없었다. 고려 왕실에 대한 백성들의 신뢰도 크게 무너졌다.

개국의 설계사 정도전의 등장

이성계, 전국을 다니며 싸우다

우왕 3년(1377) 5월, 이성계는 지리산으로 향했다. 그의 나이 어느덧 마흔셋이었다. 둘째 아들 방과(芳果: 정종)가 그 뒤를 따랐다. 방과는 이 무렵 부친의 호위무사를 자청해 전투가 벌어질 때마다 따라다녔다. 동북면의 이성계가 지리산으로 내려간 이유는 왜구 때문이었다. 경상도 원수 우인열(禹仁烈)이 대마도에서 왜적들이 침략해왔다고 급보를 보내오자 우왕이 이성계를 파견한 것이다.

홍건군이 잠잠해지자 왜적이 날뛰었다. 일본이 '남북조의 내란'이라고 불리는 내전에 돌입하면서 대마도나 규슈의 무사들을 통제하지 못했기 때문이었다. 미나모토노 요시토모[源義朝: 1147~1199]가 세운 가마쿠라 막부[鎌倉幕府]가 고려 충숙왕 복위 2년(1333) 무너지면서 남조와 북조가 각각 군주를 내세워 대립하는 남북조시대가 시작됐다. 1338년 아시카가 다카우지[足利尊氏]가 무로마치 막부[室町幕府]를 열었지만 남북조의 대립은 계속됐다. 아시카가 다카우지의 손자인 아시카가 요시미쓰[足利義滿]가 1392년 왕실의 보물인 3종 신기(神器)를 교토로 반환한다는 조건 아래, 남조와 북조가 번갈아가면서 국왕으로 즉위한다는 화약을 맺었다. 이것이 남북조 합일인데, 이 내용은 한 번도 지켜진 적이 없다. 조선이 개창한 1392년까지 남북조의 대립은 계속되었다. 이 때문에 서남부의 영주들이 무사들에 대한 통제권을 상실하면서 이 지역의 해적들이 고려는 물론 중국 해안까지 진출해서 백성들을 약탈했던 것이다. 고려와 중국 모두 왜구 때문에 골머리를

이성계의 활과 화살. 국립중앙박물관.
함흥본궁에서 발견된 이성계의 활과 화살로, 일제강점기에 촬영한 사진이다. 함흥본궁이 한국전쟁 때 소실되고 1980년대 복원된 만큼 현재 이 유물이 제대로 보관되고 있는지는 확인되지 않는다.

썩었다.

이성계에게 왜구는 양날의 검이었다. 왜구 때문에 동북면을 떠나서 남쪽 지역까지 싸우러 가야 하는 것은 번거로운 일이지만 왜구가 없었다면 이성계는 동북면의 무장으로 끝났을 것이다. 왜구 때문에 이성계는 동북면의 지역 무장에서 전국적인 무장이 될 수 있었다.

이성계는 홍건적을 토벌하러 나설 때나 왜적을 토벌하러 나설 때 전장에 나서기 전, 먼저 싸웠던 사람들의 견해를 듣고 전략을 세웠다. 지리산에서도 먼저 현지 나졸에게 상황을 물었다.

"적선은 섬에 숨어 있다가 갑자기 출몰하기 때문에 숫자가 얼마인지 알지 못하겠습니다."

지리산에 침입한 왜적들은 몇 번의 승전으로 사기가 충천해 있었다. 심지어 한 왜적은 200보 거리에서 뒤돌아 몸을 숙인 채 엉덩이를 두드리며 이성계를 조롱했다. 이에 이성계가 화살 한 대를 쏘아 그를 쓰러뜨리자 왜적들은 크게 당황했다. 그 틈에 고려 군사가 달려들어 왜적들을 물리쳤다.

그해 8월에는 서해도(西海道: 황해도)로 달려갔다. 왜구가 신주, 문화, 안악, 봉주 등지를 공격했기 때문이다. 우왕이 찬성(贊成) 양백익(梁伯益), 도순문사(都巡問使) 심덕부(沈德符) 등을 보냈지만 패하고 말았다. 문하평리(門下評理) 임견미도 패하고 달아났다. 그러자 우왕은 이성계를 보냈다. 왜구들은 단순한 도적이 아니라 일본 서남부 영주들 휘하에 있던 군인이었다. 도적 떼로 생각하고 달려들었다가는 낭패하기 십상이었다.

이성계는 수십 보 밖에 투구를 놓고 승패를 시험했다. 화살을 세 번

쏘아 세 번 모두 꿰뚫자, 이를 보고 이성계가 말했다.

"오늘의 일을 알겠다."

이성계는 말을 달려 나가서 승전했다.

우왕 4년(1378) 4월에는 왜적이 승천부(昇天府: 강화도)에 상륙해 개경을 점령하겠다고 호언했다. 이에 개경과 지방의 민심이 크게 흔들렸다. 다급해진 우왕이 대궐 문에 군사를 배치했는데, 이는 개경 민심을 더욱 소란스럽게 만들었을 뿐이다. 대궐까지 위험해졌다고 생각했기 때문이다.

중원에서 홍건군과 싸운 판삼사사 최영은 개경 남쪽 해풍군에 진을 쳤다. 개경을 방어하기 위한 결사대였다. 왜적들은 최영만 무너뜨리면 개경으로 직행할 수 있을 거라고 생각했다. 그래서 중간의 여러 둔진(屯陳)을 내버려둔 채 곧바로 최영의 중군(中軍)을 공략했다. 최영은 군사들을 독려했다.

"사직(社稷: 국가)의 존속과 멸망이 이 한 싸움으로 결정될 것이다."

그러나 최영은 패배하고 그 자신도 위기에 빠지고 말았다. 이때 이성계가 최영의 부장(副將) 양백연과 함께 달려가 구원했다. 이성계와 양백연의 공격에 왜적의 진영이 흔들리자 최영도 전열을 정비해 그 곁을 쳤다. 드디어 적진이 크게 무너지고 남은 왜적들은 밤중에 모두 도주하고 말았다.

우왕 6년(1380)에 고려를 공격한 왜구는 과거의 왜적과는 달랐다. 해적단의 규모가 무려 500여 척에 이르렀다. 왜적은 먼저 진포(鎭浦: 충남 서천~금강 어귀)를 점령하고 주둔했다. 소수의 왜적이 일시에 상륙해 재물을 약탈하고 재빠르게 퇴각하던 과거의 행태와 달랐다. 본대를 충청도에 주둔시키고 전라도, 경상도까지 마음대로 휘저으며 노략질했다. 여름 내 농사지은 곡식을 강탈해간 것은 물론이고 백성들의 시체가 산과 들판을 뒤덮을 정도로 양민들을 학살했다. 심지어 두세 살 된 여자아이를 사로잡아 배를 가르고 그 안을 깨끗하게 씻은 뒤 쌀로 채워 술과 함께 바쳐 하늘에 제사를 지내기도 했다. 하삼도(충청·전라·경상) 연해 지방이 쓸쓸하게 텅 비어 《태조실록》〈총서〉에서는 "왜적의 침략 이래 일찍이 이런 일이 없었다"라고 표현할 정도였다.

우왕은 상원수 나세(羅世), 부원수 최무선(崔茂宣), 도원수 심덕부에게 전함 100척을 주어 왜적을 격퇴하라고 명했다. 이른바 진포전투가 시작된 것이다. 나세, 최무선 등이 이끄는 고려 전함에는 왜적이 생각지도 못한 무기가 장착되어 있었다. 바로 화포였다. 이를 모른 왜적은 배들을 서로 묶어 흩어지지 않게 고정시켰다. 선단을 결속시켜 흩어지지 않게 하려는 전략이었다. 서로 묶여 있는 선단은 화포의 좋은 먹이였다. 최무선이 화포로 공격하자 서로 묶여 있던 왜적의 배들은 대부분 불타버렸다. 크게 기뻐한 우왕은 나세 등에게 금 50냥씩을 하사했다.

그러나 배를 잃은 왜구들이 육지에 상륙해 약탈에 나서면서 내륙 각지는 다시 혼란에 빠졌다. 옥주(沃州: 충청도 옥천)까지 들어온 왜구들은 먼저 상륙해 있던 왜구들과 합세해 상주, 영동까지 약탈했다.

우왕은 다시 이성계를 불러 양광(경기 일부 및 충청남북도 일부)·전라·경상 삼도도순찰사(三道都巡察使)로 삼아 내려 보냈다. 찬성사 변안열(邊安烈)을 도체찰사(都體察使)로 삼고, 평리(評理) 왕복명(王福命), 평리 우인열, 척산군(陟山君) 이원계 등 일곱 명의 원수는 이성계의 지휘를 받게 했다. 이원계는 이자춘의 맏아들이자 이성계의 이복형이다.

그사이 왜적은 무인지경으로 내륙을 유린했다. 경상도 상주에서는 6일 동안 주연(酒宴)을 베풀고 즐기면서 부고(府庫: 관아 창고)를 불살랐다. 배극렴(裵克廉)을 필두로 아홉 원수가 맞섰지만 박수경(朴修敬), 배언(裵彦) 두 원수와 500여 명의 고려군이 전사했을 뿐이다. 기세가 오를 대로 오른 왜적은 남원 운봉현에 불을 지르고 남원 인월역(引月驛)에 주둔하면서 전열을 가다듬은 뒤 곧 북상하겠다고 호언했다.

길가에 백성과 군사들의 시체가 즐비했다. 어느 한 지역 성한 구석이 없었다. 고려는 군사들에게 토지를 주고 그 대가로 군복무를 하게 했는데, 소수 권세가들이 토지를 독점하면서 토지 제도와 군사 제도가 함께 무너져서 왜적이 쳐들어와도 막을 군사가 없었다.

이성계가 경기도 장단까지 내려갔을 때 흰 무지개가 해를 꿰뚫었다. 점치는 자가 예견했다.

"전투에서 이길 조짐입니다."

이성계는 왜적과 120리 떨어진 남원에서 배극렴을 만났다. 이튿날 곧바로 전투에 나서겠다고 말하자 장수들이 말렸다.

"적군이 험지(險地)를 등지고 있으니 나오기를 기다렸다가 싸우는 게 나을 겁니다."

이성계는 거절했다.

"군사를 일으켰으니 적군을 미워하는 심정으로 오히려 적군을 보지 못할까 걱정해야 하는데, 지금 적군을 만났는데도 치지 않는 것이 옳겠는가?"

이성계는 장수들과 역할을 분담하고 이튿날 아침 경건한 마음으로

황산대첩비명 탑본. 국립중앙박물관.

이성계가 황산에서 왜구를 크게 물리친 일을 기념하여 세운 승전비. 조선 선조 때 세워졌고 일제강점기 때 파편만 남고 파괴되었다. 위 탑본은 파괴되기 전 원래의 비에서 탁본한 것이며, 현재 남원에 있는 황산대첩비는 1957년 복원한 것이다.

함께 서약했다. 동쪽으로 가서 운봉을 넘으니 적군과의 거리는 고작 수십 리였다. 이성계가 왜적과 부딪친 곳은 황산이다. 사기가 오른 왜적에게 동북면에서 온 이성계는 안중에도 없는 듯했다. 이성계는 가장 앞에 서서 왜적과 맞싸웠다. 말이 화살에 맞아 쓰러지자 얼른 다른 말로 갈아탔다. 그런데 이 말이 또 화살에 맞아 쓰러지면서 이성계도 왼쪽 다리에 화살을 맞았다. 그러나 이성계는 다리의 화살을 뽑아버리고 분전했다.

왜적 중에 십오륙 세 정도 되는 용맹한 소년 장수가 있었다. 흰 말을 타고 달리면서 창을 휘두르면 고려 군사들이 낙엽처럼 쓰러졌다. 고려군은 그를 아지발도(阿只拔都)라고 부르면서 피했다. 아지발도는 갑옷과 투구로 목과 얼굴을 모두 감싸 화살을 쏘아 맞힐 만한 구석이 없었다. 이성계가 의형제인 이지란에게 말했다.

"내가 투구의 정자(頂子)를 쏘아서 떨어뜨리면 그대가 즉시 쏘라."

이성계가 말 그대로 정자를 맞히자 투구 끈이 끊어지며 기울어졌다. 아지발도가 급히 투구를 바르게 썼지만 이성계가 다시 정자를 맞혀 투구가 떨어졌다. 이지란이 그 틈을 타서 쏘아 죽이니, 적군의 기세가 단숨에 꺾였다. 이를 본 고려 군사가 일제히 달려들자 전세가 바뀌었다. 왜적은 말을 버리고 산으로 도주하기 시작했다. 고려군은 이들을 추격해서 큰 승리를 거두었다. 냇물이 왜적의 피로 물들어 물을 그릇에 담아 맑아지기를 기다렸다가 마셔야 할 정도였다. 1600여 필의 말을 얻고 무기도 헤아릴 수 없이 많이 노획했다. 왜적 70여 명이 겨우 살아 지리산으로 도주했는데, 이성계는 추적하지 않았다.

"적군 중 용감한 자는 거의 다 죽었다. 천하에 적을 섬멸하는 나라는 있지 않다."

　도망가는 적은 끝까지 추적하지 않는 것이 병법이란 뜻이다. 이성
계는 군악을 울리고 여러 광대에게 나희(儺戲)를 베풀게 해서 군사와
백성들을 위로했다. 군사들이 바친 왜적의 머리가 산더미처럼 쌓였
다. 이성계를 전국적 무장으로 각인시킨 황산전투였다.

　이성계가 군사를 이끌고 개선하자 판삼사사 최영이 백관을 거느리
고 개경 동쪽 천수사(天壽寺) 앞에서 영접했다. 이성계와 최영이 서로
재배하고 손을 잡는데, 최영이 하례했다.

　"공이 아니면 누가 이런 일을 할 수 있겠습니까!"

　이성계는 겸손하게 머리를 숙이고 답했다.

　"삼가 명공(明公: 최영)의 지휘를 받들어 다행히 이긴 것이지, 제가 무
슨 공이 있겠습니까?"

　최영이 다시 칭송했다.

　"공이여! 공이여! 삼한이 다시 일어난 것이 이 한 번 싸움에 있었으
니, 공이 아니면 이 나라가 장차 누구를 믿겠습니까?"

　이성계는 감당하지 못할 칭찬이라고 거듭 사양했다.

　우왕이 금 50냥을 내려주자 이성계는 사양했다.

　"장수가 적군을 죽인 것은 직무상 당연한 일인데, 신이 어찌 감히
받을 수 있겠습니까?"

　여러 신하들이 시를 지어 이성계의 승전을 축하했는데, 이중에는
고려 존속파의 영수로 새 왕조 개창을 저지한 한산군(韓山君) 이색도
있었다.

적의 용장 소탕하기를 썩은 나무 꺾듯 하니

삼한의 기쁜 기개 공에게 속해 있네

충성이 태양처럼 빛나니 하늘에 안개가 걷히고

위엄이 청구(靑丘: 고려)에 떨치니 바다에 바람도 그쳤네

몸이 병들어 교외의 영접에 참가하지 못하고

앉아서 새로운 시 지어 뛰어난 공을 노래하네

조선을 개창하기 12년 전인 우왕 6년(1380)의 일이다. 이때만 해도 이성계는 고려를 구한 영웅이었다. 이 영웅이 고려 왕조를 무너뜨릴 줄은 그 자리에 있던 누구도 생각지 못했다. 이성계 자신도 마찬가지였다.

이 시기는 고려뿐만 아니라 동아시아 전체의 지배질서가 바뀌는 시기였다. 아시아에서 유럽까지 전 세계를 호령하던 원나라가 무너지고, 일개 빈농 출신인 홍건적 주원장이 중원의 패자로 발돋움했다. 전 세계적으로 옛 질서가 무너지는 상황에서 450년 왕업이라고 해서 무조건적인 의미를 가질 순 없었다. 다만 이성계는 자신이 어떻게 새로운 질서, 즉 새로운 왕조를 세워야 할지 그 방안을 알지 못했다. 이런 이성계를 찾은 서생이 있었다. 바로 정도전이었다.

도적을 피해 내 땅을 떠나

가족 이끌고 다른 고을로 도주하네

가시나무 무성해 가는 앞길 가리는데

상재(桑梓: 고향)는 눈에 선해 잊기 어렵네

세상이 험하니 이웃 아이 가엾고

집이 가난하니 어진 벗에 기댈 수밖에

천지는 하릴없이 넓고도 넓은데

나 홀로 창황 중에 느낌이 있네

《도적을 피하다(避寇)》

우왕 6년(1380), 영주에 살던 정도전 역시 피난길에 올랐다. 박수경, 배언 두 원수가 전사하면서 경상도에는 더 이상 고려의 군사력이 미치지 않았다. 유배에 이은 떠돌이 생활 6년째였다. 공민왕의 죽음과 함께 그의 운명도 크게 변했다. 우왕을 추대한 이인임은 친원 정책으로 돌아가야 한다고 생각했다. 그래서 백관과 연명해 초원으로 쫓겨간 북원의 중서성에 국서를 보내 우왕의 즉위를 인정해달라고 요청했다. 원나라는 사신을 보내 우왕을 책봉하겠다고 통보했다. 친명파였던 정도전은 이에 맞서 김구용(金九容), 이숭인(李崇仁), 권근(權近) 등과 함께 도당에 글을 올려 반대했다.

"만일 원나라 사신을 맞는다면 온 나라 신민이 모두 난적(亂賊)의 죄에 빠지게 될 것입니다. 다른 날 무슨 면목으로 현릉(玄陵: 공민왕)을 지하에서 뵙겠습니까?"

공민왕이 친명 정책을 내세웠으니 이를 계승해야 한다는 주장이었다. 그러나 이인임과 경복흥은 정도전 등이 작성한 글을 각하하고, 도리어 정도전에게 원나라 사신을 맞이하라고 명령했다. 격분한 정도전은 경복흥을 찾아가 항의했다.

"나는 마땅히 원나라 사신의 목을 베어 오든지, 아니면 오라지워서 명나라로 보내겠소."

이인임, 경복흥은 정도전을 지금의 전남 나주 지방인 회진현 거평부곡으로 유배 보냈다. 곤장형에 처해질 뻔했지만, 때마침 충혜왕의 서자 석기(釋器)의 난이 일어나 면한 것이 그나마 다행이었다. 성균관(成均館) 대사성 정몽주 등도 글을 올려 같은 주장을 하다가 귀양길에 올랐다. 이색의 문인이고 같은 친명파로서 같이 유배길에 올랐지만 이후 두 사람의 처지는 크게 갈렸다. 함께 유배된 정몽주, 김구용, 이숭인 등 친명 사대부들은 대부분 이듬해 유배가 풀리고 다시 기용되었지만 정도전은 제외된 것이다. 정도전은 이것이 장장 9년에 걸친 유배와 유랑의 시작이 되리라고는 생각지도 못했다.

수령으로 재임할 때의 선정으로 《고려사》 〈양리(良吏: 좋은 벼슬아치)〉조에 등재되고 벼슬이 형부상서까지 오른 정운경(鄭云敬)을 아버지로 두었지만, 어머니의 신분 때문에 정도전은 처음 벼슬길에 올랐을 때부터 곤욕을 치렀다. 정도전의 어머니는 정8품 무관인 산원(散員) 우연(禹淵)의 서녀였다.

고려에는 벼슬길에 오를 때 대간에서 고신(告身: 관직에 진출하는데 문제가 없다고 대간에서 서명하는 짓)하는 절차가 있었다. 공민왕 11년(1362) 정도전이 진사시에 합격했을 때 대간에서 고신을 거부했다. 모친의 신분이 낮다는 이유에서였다.

겨우 벼슬길에 진출한 정도전은 공민왕 19년(1370) 성균관이 중영(重營)되면서 성균박사가 되어 이색, 정몽주, 이숭인, 이존오(李存吾) 등과 함께 유학자 반열에 올랐다. 그러다가 공민왕 사후 이인임 등의 친원 정책 회귀에 반대하다가 유배형에 처해진 것이다.

정도전이 유배길에 오른 뒤 사방에서 비방이 쏟아졌다. 그의 부인은 유배를 간 남편을 원망하는 편지를 보내왔다. 평소에 식량이 떨어지든 땔감이 바닥나든 학문에 열중하기에 "언젠가는 입신양명해 처자들이 우러러 의뢰하고 집안에는 영광을 가져오리라 기대"했는데 겨우 유배나 가 있느냐는 힐난이었다. 부인은 또 평소에 그 많던 친구들은 지금 모두 어디 갔느냐고도 물었다. 정도전은 자신의 잘못을 인정하면서 아내를 위로했다.

당신의 말이 모두 맞소. 예전의 내 친구들은 정이 형제보다 깊었는데 내가 패한 것을 보더니 뜬구름처럼 흩어졌소. 그들이 나를 근심하지 않는 것은 본래 세력으로 맺어졌지 은혜로 맺어지지 않은 까닭이오.

귀양에 처해진 뒤에야 정도전은 진짜 세상 인심을 알게 되었다. 벼슬길에 있을 때는 뻔질나게 찾아오던 친구들의 발길이 뚝 끊겼다. 친구들이 비워버린 그 공간을 채워준 것은 유배지의 백성들이었다.

정도전은 유배지에서 소재사(消災寺)가 있는 소재동의 농부 황연(黃

延)의 집에서 세 살았다. 부곡에는 농민, 천민이 많이 살고 있었는데, 정도전은 이들과 어울리면서 새로운 사실을 많이 알게 되었다. 농민, 천민들이 사대부 못지않게 세상사를 많이 안다는 것이었다. 정도전은 《삼봉집(三峯集)》에 실린 〈소재동기(消災洞記)〉라는 글에서 마을 사람들을 묘사했는데, 집주인 황연에 대해 이렇게 썼다.

동리 사람들은 순박하고 허영심이 없으며 힘써 농사짓기를 업으로 삼는데, 그중에서도 황연은 더욱 그러했다. 그의 집에서는 술을 잘 빚고 황연이 또 술 마시기를 좋아하였으므로, 술이 익으면 반드시 나를 먼저 청해

삼봉집. 국립중앙박물관.
태조 6년(1397) 때 처음 간행되고, 이후 세조 11년(1465), 성종 17년(1486), 정조 14년(1790) 등 여러 차례 재간행된 정도전의 문집. 조선의 건국 이념을 연구하는 데 귀중한 자료로 평가받는다.

함께 마셨다. 손님이 오면 언제나 술을 내어 대접하는데 날이 오래될수록 더욱 공손했다.

마을 사람 서안길(徐安吉)에 대해서는 이렇게 설명했다.

서안길이라는 자는 늙어서 중이 되었기 때문에 안심(安心)이라고 불렀다. 코가 높고 얼굴이 길어 용모와 행동이 괴이했는데, 모든 사투리, 속담, 여항(閭巷)의 일 등 모르는 것이 없었다.

이처럼 모르는 것 없는 인물들이 소재동에 살고 있었다. 이들은 탐욕이 없었고, 서로 도우면서 살 줄 알았다. 이것이 백성들의 것을 빼앗아 배를 불리는 개경의 벼슬아치들과 다른 점이었다.

유배 생활이 길어질 듯하자 정도전은 집을 짓기로 마음먹었다. 마을 뒷산에 올라 집 지을 만한 장소를 고르자 동리 사람들이 몰려와 순식간에 지어주었다. 정도전은 오두막에 '초사(草舍)'라는 편액을 달고 이렇게 회고했다.

내가 찬찬하지 못하고 너무 고지식하여 세상의 버림을 받아 멀리 귀양 왔는데도 동리 사람들이 나를 이렇게 두텁게 대접하니, 이는 나의 곤궁함을 불쌍히 여겨서일까, 아니면 먼 지방에서 생장하여 당시의 의논을 듣지 못하여 내가 죄 있는 자인 줄 몰라서일까? 아무튼 모두가 지극히 후대해주었다. 한편으로는 부끄럽고 한편으로는 감동하여 그 시말(始末)을 적어서 나의 뜻을 표시한다.

수도인 개경에서 벼슬 살던 사대부가 소재동까지 흘러온 이유가 유배 때문이라는 사실을 모를 리 없었다. 그러나 개경의 친구들이 모두 외면한 정도전을 소재동 사람들은 받아주었다. 정도전의 마음은 비로소 편해졌다.

> 나는 겨울에 갖옷 한 벌, 여름에는 갈옷 한 벌로써 일찍 자고 늦게 일어나며, 기거동작에 구속되지 않고 음식도 마음대로 먹었다. 두세 학자들과 강론하다가 개울을 따라 산골짜기를 오르내렸는데, 피곤하면 휴식하고 흥이 나면 걷고, 경치가 아름다운 곳을 만나면 이리저리 구경하며 휘파람을 불고 시를 읊느라고 돌아갈 줄 몰랐다. 어떤 때는 농사꾼 또는 시골 늙은 이를 만나 싸리 포기를 깔고 앉아서 서로 옛 친구처럼 위로하기도 했다.

정도전은 들에서 만난 한 노인 농부의 이야기도 남겼다. 정도전이 벼슬 살다가 귀양 왔다는 사실을 확인한 노인은 사욕을 채우다가 귀양 온 것인지, 권세가에게 아부하다가 여러 사람의 미움을 사서 귀양을 온 것인지 물었다. 둘 다 아니라고 답하자 간사한 짓을 하거나 아첨하는 자는 쓰고 곧은 선비는 버려두었다고 귀양 온 것인지 물었다. "그것도 아닙니다"라고 부인하자 농부는 단정 지어 말했다. "그렇다면 나는 그대의 죄목을 알겠도다. 그 힘이 부족한 것을 헤아리지 않고 큰 소리를 좋아하고, 그 때의 불가함을 알지 못하고 바른말을 좋아하며, 지금 세상에 났지만 옛 사람을 사모하며, 아랫자리에 있으면서 위를 거스른 것이 죄를 얻은 원인이로다."

농부는 정도전의 처지를 정확하게 짚었다. "지금 세상에 났지만 옛 사람을 사모"한다는 말은 요순시대를 전범으로 삼아 현실을 비판하는 유학자들을 비유하는 말이다. 이는 정도전을 비판하는 말의 핵심이었다.

농부가 정도전을 위로했다.

"그대는 한 몸으로 몇 가지 금기를 범했는데도 겨우 귀양만 보내고 목숨은 보전하게 했으니 나 같은 촌사람이라도 나라의 은전(恩典)이 너그러움을 익히 알 수 있소. 지금부터라도 조심하면 화를 면하게 될 것이오."

살아남은 것만 해도 다행이라는 말이었다. 정도전은 이 늙은 농부를 세상만사에 도통한 이인(異人)으로 여겼다. 장자방(張良: 장량)이 태공망(太公望) 여상(呂尙)에게 《태공병법(太公兵法)》을 전수받은 것처럼 농부에게서 세상을 꿰뚫을 비결을 얻을 수 있을지도 모른다고 생각했다. 그래서 정도전은 농부를 숨어 있는 '은군자(隱君子)'라고 칭하면서 "객관(客館)에 모시고 글을 배우고자 합니다"라고 요청했다. 그러나 노인은 단호히 거절했다.

"나는 대대로 농사짓는 사람이오. 밭을 갈아서 국가에 세금을 내고 나머지로 처자를 양육하는데, 이 밖의 일은 내가 알 바 아니오. 그대는 물러가 나를 어지럽게 하지 마시오."

정도전은 물러나 공자(孔子)가 천하를 주유하는 것을 비웃은 장저(長沮)나 걸익(桀溺) 같은 은군자라고 감탄했다. 정도전은 비록 늙은 농부에게 《태공병법》을 전수받진 못했지만 소재동 사람들을 통해 세상을 보는 눈을 떴다. 새로운 눈으로 세상을 보니 모든 게 새롭게 보였다. 가난한 사람들의 눈, 농민과 천민들의 눈으로 보는 세상은 달랐다.

구가세족들에게 모든 것을 빼앗기고 신음하는 사람들의 세상, 그 세상이 정도전의 눈에 들어왔다.

정도전 자신 역시 농민이나 천민과 다를 바 없었다. 우왕 3년(1377) 유배지를 스스로 정할 수 있게 중도부처(中途付處)되면서 고향 영주로 돌아왔지만 왜구에게 쫓겨 단양, 제천, 안동, 원주 등지로 피난 다녀야 했다. 삼각산(三角山) 아래 자신의 호를 딴 삼봉재(三峰齋)를 짓고 서당을 열었지만, 이곳 출신 재상이 삼봉재를 헐어버려서 다시 떠나야 했다. 동문수학했던 정의(鄭義)가 부사로 있는 부평으로 가서 서당을 열었지만, 재상 왕씨가 별장을 짓겠다며 헐어버리는 바람에 다시 김포로 이주해야 했다. 우왕 8년(1382) 그의 나이 마흔셋, 〈집을 옮기다(移家)〉란 시를 지었다.

5년에 세 번이나 이사했는데,
올해 또다시 거처를 옮겼네.
탁 트인 들판에 초가는 작고,
기다란 산에는 고목이 성글구나.
농부들은 찾아와 성을 묻는데,
옛 친구는 편지조차 끊어버리네.
천지가 나를 용납하려나,
바람 부는 대로 맡길 수밖에.

해안도 아닌 내륙 지방의 백성들이 왜구 때문에 도망쳐 다녀야 하는 나라, 왜구 하나 제대로 막아내지 못하면서 서당을 헐어 별장을 짓는 재상들, 이런 나라에선 더 이상 미래를 꿈꿀 수 없었다. 너른 천지에 그를 받아주는 곳이 없었다. 이리 살다 죽으나 왕조를 뒤엎다 역적으로 몰려 죽으나 마찬가지였다.

그는 북방길에 올랐다.

이 군대 가지고 무슨 일인들 못 하겠습니까?

철령 산은 높아 칼끝과 같고

하늘 닿은 동쪽 바다 아득하고 아득해

가을바람 갑자기 두 귀밑에 불어오는데

말 몰고 오늘 아침 북방에 왔네

〈철령(鐵嶺)〉

우왕 9년(1383) 가을, 정도전은 북방 함주로 향했다. 동북면 병마사 이성계를 만나기 위해서였다. 한때 성균관 박사를 역임한 정도전을 이성계가 문전박대할 이유는 없었다. 정도전은 이성계의 군사를 보고 감탄했다.

"훌륭합니다. 이 군대로 무슨 일인들 못 하겠습니까?"

짚이는 바가 있었던 이성계가 물었다.

"무슨 뜻이오?"

文憲公三峯鄭道傳像

정도전 초상화. ©권오창

1994년 권오창 화백이 홍숙호 화백의 초본 영정을 토대로 그린 정도전 초상화. 제54호 표준영정으로 지정되었으며, 경기도 평택 문헌사에 봉헌되었다.

"동남방의 왜구를 치자는 것을 뜻합니다."

동남방의 왜구를 치자는 뜻이 아님은 둘 다 알고 있었다. 벼슬 없는 전직 벼슬아치가 동남방의 왜구를 치자고 먼 북방까지 찾아올 이유가 없었다.

이성계는 군막 안으로 정도전을 끌어당겼다. 정도전은 경서만 공부한 유학자가 아니었고, 이성계도 활만 쏘는 무장이 아니었다. 이성계는 역사를 좋아했고, 풍수에 능했으며, 웬만한 사대부 못지않은 지식이 있었다. 그런데 정도전에게는 이성계에게 없는 것이 있었다. 바로 새 왕조 개창이란 대업(大業)에 대한 방안이었다. 이성계에게는 이 방안이 필요했다. 그래서 이성계는 자신보다 어린 정도전을 왕사로 삼았다.

《태조실록》과《용비어천가》는 모두 이 만남을 특별히 기록하고 있다.《태조실록》은 이렇게 말한다.

무릇 임금(이성계)을 도울 만한 것은 (정도전과) 모의하지 않은 것이 없었으므로 마침내 큰 공업(功業)을 이루었다.

정도전은 이성계의 군영 앞에 있는 늙은 소나무 껍질을 벗기고 그 위에 시를 썼다.

창황한 세월 한 그루 소나무
몇 만 겹의 청산에서 생장했구나
다른 해에 서로 만날 수 있을까?

인간을 굽어보면 문득 지난 일이네.

《태조실록》7년 8월 26일)

《용비어천가》12장은 정도전의 이 시에 대해 "태조께 천명이 있음을 은연중에 뜻하는 말이다"라고 설명한다. 인생은 순식간에 지나가니 작은 일에 구애받지 말고 대사를 이루라는 뜻으로 짐작된다.

이성계는 정도전의 손을 잡았다. 천지가 용납하지 않던 정도전을 품에 안은 것이다. 이성계가 가진 친병과 정도전이 가진 병법의 만남이고, 이성계가 가진 군사력과 정도전이 가진 역성혁명 사상의 결합이었다. 이 만남이 있었던 직후, 이성계는 토지 개혁을 요구하는 상소문을 우왕에게 보냈다.

《태조실록》〈정도전졸기〉는 정도전이 조선을 개국할 즈음, 취중에 가끔 이렇게 말했다고 전한다.

한 고조가 장자방을 쓴 것이 아니라, 장자방이 곧 한 고조를 쓴 것이다.

유방의 참모 장량은 한신(韓信), 소하(蕭何)와 함께 '한초삼걸(漢初三傑)'이라 불린다. 한나라 초기의 세 걸물이란 뜻이다. 유방은 서초패왕(西楚霸王) 항우(項羽)에 비해 모든 면이 뒤떨어졌던 자신이 최후의 승자가 된 이유는 자신보다 뛰어난 참모들을 썼기 때문이라고 자평했다. 이때 유방은 장자방에 대해 이렇게 평가했다.

"장막 안에서 계책을 운영해 천 리 밖의 승리를 결정하는 것은 내가 장자방만 같지 못하다."

천 리 밖 전투의 승패를 결정짓는 계책을 군막 안에서 만든 인물이 바로 장자방이었다. 정도전은 자신을 이런 장자방에 비유했다. 조선 개국이 자신의 머릿속에서 나왔다는 자부심의 표현이었다.

정도전은 유학자였지만 다른 유학자들과는 많이 달랐다. 다른 유학자들은 공자, 맹자의 유학 경전만 파고들었는데, 정도전은 유학 외에 제자백가들의 저서까지 섭렵했다. 정도전의 문집인《삼봉집》부록의 〈사실(事實)〉은 "(정도전이) 경서(經書)부터 제자(諸子)까지 깊게 연구했다"고 말한다.

언젠가 정몽주가《맹자(孟子)》한 질을 보낸 적이 있는데, 이때부터 정도전은 매일 한 장 혹은 반 장씩 연구해서 깊은 경지에 이르렀다. 정도전은 1700여 년 전의 지식인 맹자의 가르침을 담은《맹자》의 한 구절을 읽으면서 큰 감동을 받았다.

백성이 가장 귀하고, 사직은 다음이며, 군주는 가볍다. 이런 까닭으로 구민(丘民: 들판의 백성)의 마음을 얻으면 천자(天子)가 되고, 천자의 마음을 얻으면 제후(諸侯)가 되고, 제후의 마음을 얻으면 대부(大夫)가 된다.
《맹자》〈진심(盡心) 하〉

바로 역성혁명의 논리다. 가장 미천하고 가장 힘없고 가장 가난한 들판 백성들의 마음을 얻는 자가 천자가 된다. 그래서 체제를 변혁하려면 들판 백성들의 눈으로 세상을 바라보아야 한다는 뜻이다.

이에 관한《맹자》의 내용을 조금 더 살펴보자.

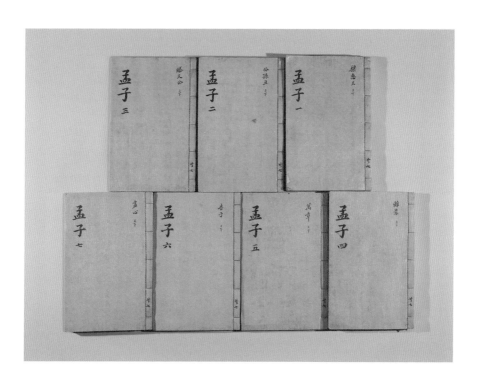

맹자집주대전. 국립중앙박물관.

주자의 《맹자집주》에 당시 학자들의 풀이를 덧붙인 책으로, 순조 20년(1820) 규장각에서 발행했다. 《맹자》는 〈양혜왕〉, 〈공손추〉, 〈등문공〉, 〈이루〉, 〈만장〉, 〈고자〉, 〈진심〉 등 총 일곱 편으로 구성되어 있는데, 정몽주가 이 책 전체를 정도전에게 선물했다. 정도전이 《맹자》를 읽으며 혁명을 꿈꿨으므로, 조선의 개창은 사실 정몽주로부터 시작됐다고 하는 우스갯소리도 있다.

맹자는 양혜왕(梁惠王)에게 이렇게 물었다.

"사람을 몽둥이로 때려죽이는 것과 칼로 찔러 죽이는 것이 차이가 있습니까?"

"죽인다는 점에 있어서는 다를 바 없소."

"칼로 사람을 죽이는 것과 정치를 잘못해 백성을 죽이는 것은 차이가 있습니까?"

"그것 또한 다를 바 없습니다."

《맹자》〈양혜왕〉)

칼로 사람을 죽이는 것이나 정치를 잘못해 사람을 죽이는 것이나 마찬가지다. 정치를 잘못해 백성을 죽이는 임금은 학살자와 다름없다는 얘기다.

제 선왕(齊宣王)이 맹자에게 물었다.

"탕(湯)이 걸(桀) 임금을 쫓아내고, 무(武)가 주(紂) 임금을 정벌했는데, 그런 일이 있었습니까?"

"그런 사료가 있습니다."

하(夏)나라의 신하였던 탕(湯: 은나라 시조)이 임금인 걸왕(桀王)을 쫓아냈다. 또한 은(殷)나라의 신하였던 무(武: 주나라 시조)가 주왕(紂王)을 시해했다. 제 선왕이 볼 때 이는 신하가 임금을 쫓아내고 죽인 반역이다. 제 선왕이 다시 물었다.

"신하로서 그 임금을 시해하는 것이 옳습니까?"

맹자의 대답은 뜻밖이었다.

"인을 해치는 자를 적(賊)이라 하고, 의를 해치는 자를 잔(殘)이라고 하는데, 잔적(殘賊)은 일부(一夫: 한 사내)에 불과합니다. 일부인 주(紂)를 죽였다는 말은 들었어도 임금을 시해했다는 말은 듣지 못했습니다."

《맹자》〈양혜왕〉

맹자는 "신하가 임금을 죽였으니 역적"이라고 말하지 않았다. 인과 의를 해치는 자는 잔적인데, 잔적은 한 사내에 불과하다고 말했다. 한 사내 걸을 죽이고, 한 사내 주를 죽인 것이지 임금을 시해한 것은 아니라는 뜻이다.

《모시주(毛詩注)》〈상송(商頌)〉에는 이런 말도 나온다.

무왕이 주를 정벌한 것을 혁명(革命)이라고 이른다.

이처럼 왕조 교체를 정당화하는 역성혁명의 논리는 유학 경서에도 많았다. 직접 체험한 백성들의 삶과 이런 경서들의 가르침은 정도전을 혁명적인 지식인으로 만들었다. 정도전은 이성계를 만난 이듬해인 우왕 10년(1384) 7월 전의부령(典儀副令)에 올랐다. 이성계의 지원 덕분이었다. 정도전의 나이 마흔셋, 10년 만의 벼슬길인데 10년 전 귀양길에 올랐을 때의 관직도 전의부령이었다. 10년 유랑 후 제자리로 돌아온 셈이다. 남들의 눈에는 그 10년이 허송세월로 보였겠지만 정도전에게는 아니었다. 관직은 10년 전의 전의부령 그대로였지만 머릿속 생각과 흉중의 포부는 10년 전의 그가 아니었다. 함주막에서 이성계를 만나고 김포로 돌아오는 길에 절로 시구가 떠올랐다.

내 임금께 직접 올리려고 경서를 공부했는데

어려서 시작해 흰머리 될 때까지 헤맬지 어찌 알았으랴

성대한 시대 미친 말은 마침내 쓰이지 못하고

남쪽 황량한 곳으로 쫓겨나 사람들과 헤어졌네

…

임금을 이끌 방도 없으니 백성에게 은혜 베풀 수 없었네

분음(汾陰)을 향해 경전에 뜻을 쏟으려네

《〈스스로 읊다(自詠)〉》

자신의 말은 미친 말로 여겨져 귀양에 처해졌다. 임금을 이끌 방도
가 없으니 백성들의 고난을 덜어줄 수 없었다. 그래서 새 임금을 찾아
분음으로 갔다. 분음은 한 무제가 상서로운 보정(寶鼎)을 얻은 곳이다.
보정은 즉, 새 왕조 개창의 조짐이었다.

10년 풍진 세월 전쟁은 많아서

유생들은 몰락해 구름같이 흩어졌네

…

유학이란 알고 보면 자기 몸의 계책이라

병법에 뜻을 두고 손자, 오자 배웠네

세월은 물같이 흘렀으나 공을 못 세웠으니

먼지 낀 책상의 병법 책을 폐해버렸네

《〈스스로 읊다〉》

유학 경전만 공부할 때가 아니었다. 홍건적에 왜구에 전쟁은 일상이 되었고, 고려의 위정자들은 무능했다. 춘추시대 손자(孫子)와 전국시대 오자(嗚子)의 병법서를 공부했지만, 그의 머릿속 전략을 사려는 자가 없었다. 먼지 낀 책상 위의 병법서를 폐해버린 정도전은 이성계를 찾아갔다. 정도전의 머릿속에는 천 리 밖 계책을 결정지을 수 있는 지식이 있었고, 이성계에게는 그 계책을 실현시킬 수 있는 군사력이 있었다. 이성계는 일곱 살 어린 정도전을 기꺼이 스승으로 삼았다. 정도전은 이성계를 주군으로 삼았다. 정도전은 이성계의 신하이자 스승이었고, 이성계는 정도전의 군주이자 제자였다. 두 사람의 만남은 그 자체로 고려 왕조를 폭풍 속으로 몰고 갈 조짐이었다. 그 조짐이 겉으로 불거진 것이 바로 이성계의 토지 개혁 상소문이었다. 그러나 우왕은 물론 조정의 대신들 중에서도 그 의미를 읽은 사람이 없었다.

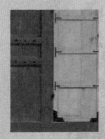

2부

―

머나먼 개국의 길

두만강 북쪽 700리 공험진
현 흑룡강성 영안현

한국과 중국의 1차 사료가 말하는
고려의 북방경계선

《명사(明史)》에서 말하는
명나라 철령위
현 요령성 심양남쪽 진상둔진

백두산

위화도

이케우치 히로시가 조작한
고려의 북방경계선

한국 국정·검인정 교과서의
명나라 철령위
현 함경남도 원산

말머리를 돌려라

요동은 원래 고려의 북방 강역이었다

우왕 14년(1388) 5월 22일, 압록강 위화도. 이성계는 보름째 이곳에 머물고 있었다. 장마 평계를 댔지만 더 이상 통할 수 있는 변명이 아니었다. 군대의 사기도 높지 않았다. 위화도까지 오는 동안 도망병이 속출했다. 우왕은 도망병을 잡는 족족 목을 베라고 명령했지만 도주는 그치지 않았다. 단지 사기 때문만은 아니었다.

갑작스럽게 결정된 요동 정벌이었다. 두 달 전 명나라 후군도독부(後軍都督府)에서 요동백호(遼東百戶) 왕득명(王得明)을 보내 철령위를 세울 것이라고 통보한 것이 시작이었다.

철령위의 위치에 대해 식민사학자 이케우치 히로시[池內宏]가 함경남도 남부와 강원도 북부라고 주장한 것을 따라 지금도 국사 교과서 등에는 같은 주장이 담겨 있다. 그러나 《명사(明史)》 〈병지(兵志)〉에 요동도사(遼東都司)가 관할하는 지역 중 철령위가 서술되어 있는 것에서 알 수 있듯, 철령은 당연히 요동에 있었다. 이 땅은 이미 18년 전 지용수가 이성계를 거느리고 요성을 함락시키면서 고려 강역으로 포함시킨 땅이다.

명나라에서 고려 땅에 철령위를 설치하겠다고 통보하자 격분한 우왕은 밀직제학(密直提學) 박의중(朴宜中)을 보내 주원장에게 항의하는 국서를 전달했다.

조종(祖宗)으로부터 전해져서 강역으로 정한 구역이 있으니 철령에 잇닿은 북쪽 땅을 살펴보면 문주, 고주, 화주, 정주, 함주 등 여러 주를 거쳐 공험진까지 원래부터 본국 땅이었습니다.

우왕은 고려 예종 2년(1107) 동여진이 난을 일으켜 함주 이북의 땅을 차지하자 이듬해 윤관(尹瓘)을 보내 여진을 정벌하고 함주에서 공험진까지 성을 쌓았다고 설명했다. 그러자 예종 4년(1109) 여진 추장 거위이(居熨伊) 등이 함주 성문 밖에 제단을 설치하고 하늘에 맹세하면서 용서를 빌었다.

"지금부터 대대손손 악한 마음을 품지 않고 해마다 조공을 바치겠습니다."

그래서 예종은 여진족이 다시 이 지역에 사는 것을 허용했던 것이다. 다시 말해, 이 땅을 준 것이 아니라 고려의 지배하에 거주해도 좋다고 허용한 것이다. 그 후 조휘 등이 이 땅을 들어 원나라에 항복하면서 100여 년 동안 원나라 땅이 되었다가 자신의 부왕 공민왕이 다시 고려 강역으로 회복시킨 것이라고 설명했다.

> 지정 16년(1356: 공민왕 5년)에 이르러 원 조정에 거듭 전달해 위에서 말한 총관과 천호 등의 직을 혁파하고, 화주 이북을 다시 본국에 속하게 하고, 지금까지 주현의 관원을 제수하여 인민을 관할하게 했습니다.

즉, 압록강 및 두만강 이북은 원나라에서 잠시 차지했던 때를 빼면 국초부터 이때까지 고려 강역이었다는 설명이다. 하지만 주원장은 철령이 원나라 개원로에 속했던 지역이니 이제는 명나라 땅이라는 논리를 내세웠다. 명나라가 원나라를 계승했다는 주장이지만, 이는 공민왕이 원나라 때 이미 고려 강역으로 되찾았다는 사실을 외면한 일방적 주장에 불과했다. 우왕은 극도로 분노해서 이를 통보하러 온 요동 백호 왕득명을 만나지도 않았다. 판삼사사 이색이 대신 왕득명을 만나 철령위 설치의 부당함을 역설했다. 철령이 고려 강역이란 사실은 너무나 명백했다. 논리적으로 반박할 수 없었던 왕득명은 발뺌했다.

"천자의 처분에 달려 있는 것이지 내가 마음대로 처리할 수 있는 일이 아니오."

문하시중 최영도 주원장의 행태에 분개했다. 일개 홍건적 출신이 중원의 패권을 잡았다고 '천자' 운운하면서 고려 강역을 빼앗으려는 행태가 가히 도적 출신답다고 비난했다. 게다가 주원장은 사신 왕득명이 개경에 도착하기도 전에 요동도사에게 철령위가 명나라 땅이라

는 방을 붙이라고 명령했다. 요동도사는 승차(承差) 이사경(李思敬) 등
을 보내 압록강에 방을 붙였다.

호부(戶部)에서 성지(聖旨: 주원장의 명령)를 받들어 알린다. 철령 이북, 이동,
이서는 본래 원나라 개원로에 속한 땅이므로 여기 소속된 군인은 한인(漢
人), 여진, 달달, 고려를 막론하고 그대로 요동도사에게 귀속된다.

철령의 동서북쪽은 모두 명나라 땅이라는 방을 붙인 것이다. 명나
라 군사들은 고려의 양계(兩界: 고려의 북계와 동계) 여러 곳에도 같은 내
용의 방을 붙였다. 우왕과 최영은 격분할 수밖에 없었다. 명나라 군사
가 고려 강역에 제멋대로 들어와 자국 땅이라는 방을 붙인 것이다. 명
백한 침략이었다.

최영이 우왕에게 건의했다.

"철령위가 명나라 땅이라는 방을 가지고 양계에 들어온 명나라 요
동 군사들을 모두 죽여야 합니다."

우왕은 즉시 허락했다. 우왕은 부왕으로부터 동명왕(東明王: 고구려 시
조)의 구강 회복이 고려의 국시라는 교육을 받고 또 받은 터였다. 부왕
의 북강회수운동도 그 일환이었다. 왕명을 받은 고려 군사들은 명나
라 군사들을 체포하러 말을 달렸다. 거리낌 없는 태도로 양계를 휘저
으며 방을 붙이던 명나라 군사들은 거꾸로 쫓기는 신세가 됐다.

왕명을 받은 고려 군사들은 명나라의 요동기군 21명의 목을 베었
다. 또한 이사경 등 다섯 명을 체포해 옥에 가두었다. 주원장은 우왕과
최영의 강경한 조치에 큰 충격을 받았다. 주원장은 최영이 한때 자신

과 같은 홍건적을 섬멸하기 위해 중원 곳곳을 누볐던 장수라는 사실을 잘 알고 있었다. 최영이 명나라 군사 21명을 목을 벤 데 힘을 얻은 고려 군신들이 한목소리로 외쳤다.

"철령은 우리 영토이니 명나라에 내줄 수 없습니다."

철령, 즉 지금의 심양까지 원래 고려 영토라는 것이다. 문제는 조정 내 친명사대주의자들이었다. 이들도 겉으로는 철령을 내줄 수 없다고 말했지만 속으로는 명나라가 끝내 철령을 차지하려 든다면 내줄 수밖에 없다고 생각했다. 최영 역시 이런 기류를 잘 알고 있었다. 그래서 최영은 강토 양보론에 못을 박았다.

"전쟁을 치르는 일이 있더라도 우리 영토를 내줄 순 없습니다."

전쟁불사론이었다. 화친책을 주장하던 대신들이 한 발 물러섰다.

명나라에서 철령위 설치를 통보한 우왕 14년 3월 무렵, 우왕은 최영의 딸을 비(妃)로 맞아들이려 했다. 우왕이 이런 뜻을 전하자 최영은 사양했다. 우왕이 비로 삼으려 하는 딸이 정실 소생이 아니라서 지존의 배필이 될 수 없다는 것이었다.

"전하께서 반드시 들이고자 하신다면 늙은 신하는 머리를 깎고 산으로 들어가겠습니다."

그러나 우왕의 명을 받은 정승가(鄭承可), 안소(安沼) 등이 끈질기게 최영을 설득했다. 최영은 결국 뜻을 꺾었고, 그의 딸은 영비(寧妃)가 되었다.

우왕은 여러 비를 두었다. 왕흥(王興)의 딸을 선비(善妃)로 삼고, 신아(申雅)의 딸을 정비(正妃)로 삼았다. 이 외에도 근비(謹妃) 이씨, 의비(毅妃) 노씨, 숙비(淑妃) 최씨, 안비(安妃) 강씨, 정비(正妃) 신씨, 덕비(德妃)

조씨, 선비(善妃), 왕씨, 현비(賢妃) 안씨 등을 두었다. 그러나 우왕에게 영비는 여러 후비 중 하나의 비가 아니었다. 우왕은 최영을 장인으로 대접했고, 영비를 제1비로 대접했다. 우왕이 최영의 딸을 맞아들인 것은 최영의 처신을 다른 신하들도 본받게 하기 위해서였다. 최영은 강직했고 물욕이 없었으며 무엇보다 왕조에 충성했다.

우왕은 재위 10년(1384) 최영을 판문하부사(判門下府事)로 삼고 토지를 하사했다. 그러나 최영은 이를 거절했다.

"나라의 창고가 비었는데 땅을 받을 수 없습니다."

뿐만 아니라 쌀 200석을 군량으로 내놓고, 그 후에도 다시 곡식 80석을 군량으로 내놓았다. 많은 장수들이 군량을 빼돌려 배를 채우는 판국에 최영은 사재를 털어 군량으로 내놓으니 군사들이 존경하지 않을 수 없었다. 이를 기특하게 여긴 우왕이 최고관직인 문하시중을 제수하자 병을 이유로 사양했다.

최영은 벼슬아치들이 백성들의 땅을 빼앗아 배를 채우는 폐단을 근절시키지 못하면 왕조가 망할 수도 있다고 생각했다. 그는 결심하고 도당에 나가 여러 재상들이 백성들의 토지를 빼앗는 폐단을 격렬하게 비판했다. 여러 재상들은 묵묵히 듣고 있을 수밖에 없었다. 말을 마친 최영은 미리 준비해온 〈금약(禁約)〉을 꺼냈다. 다시는 백성들의 토지를 빼앗지 않겠다는 내용의 서약서였다. 최영이 먼저 서명하고 다른 재상들에게도 서명하라고 권하자 아무도 거부할 수 없었다. 모두가 서명한 〈금약〉을 되돌려 받은 최영이 재상들을 둘러보고 말했다.

"이후에도 다시 전날과 같은 행동을 하는 자는 없겠지요?"

최영은 우왕에게도 쓴소리를 아끼지 않았다. 우왕은 최영을 조성도

수창궁 용두. 국립중앙박물관.
개성 수창궁터에서 발견된 용
머리 조각. 원래 수창궁 정문
에 있었으나 현재는 개성 고려
박물관 앞뜰에 옮겨져 있다.

감판사(造成都監判事)에 임명해 수창궁(壽昌宮)을 짓게 했다. 최영은 이
성림, 이자송(李子松), 염흥방(廉興邦) 등과 함께 궁궐 신축에 나서 완성
시켰다. 우왕이 환관 이광을 시켜서 최영 등을 치하했다.

"5년이나 걸려 큰 궁궐을 완성했으니 무엇으로 경들에게 보답해야
겠는가?"

최영은 이광을 통해 심중의 소회를 우왕에게 전하게 했다.

"지금 왜구들이 나라를 잠식하고 있고, 전제(田制: 토지 제도)가 날로
문란해져 백성들의 생활이 극도로 곤궁하니 언제 나라를 잃을지 알
수 없습니다. 그러나 폐하께서는 대신들과 함께 국정을 의논하지 않
고 소인배들과 친하게 지내면서 사냥에 절도가 없으니, 신은 장차 누
구를 우러러보고 신하의 직분을 다해야겠습니까?"

이광이 입궐해 최영의 말을 고하자 우왕은 부끄러워하며 말했다.

"삼가 가르침을 듣겠다."

다른 사람은 몰라도 최영의 말이라면 우왕은 일단 수긍했다. 최영

은 왕조에 대한 충성심뿐만 아니라 중원을 누빈 국제적 경험도 풍부
했다. 우왕은 명 태조 주원장을 우습게 봤다. 주원장은 빈농 출신의 탁
발승에 홍건적이란 도적 무리의 일원에 불과했다. 태조 왕건의 피를
이은 자신과는 뿌리부터 달랐다. 우왕은 최영이 군권을 가지고 있는
한, 요동 정벌에 대한 자신감이 있었다. 그러나 요동 정벌 계획이 새어
나가자 반대가 들끓었다. 전 동북면 존무사(東北面存撫使) 공산부원군
(公山府院君) 이자송이 최영을 찾아가 항의했다.

"요동을 공격하는 것은 불가합니다."

이자송은 권문세족 임견미 일당이었다. 우왕은 이자송을 전라도로
귀양 보냈다가 죽여버렸다. 이런 와중에 서북면 도안무사(西北面都按撫
使) 최원지(崔元沚)가 올린 장계가 도착했다.

"명나라 요동도사가 지휘(指揮) 두 사람을 보내 군사 1000여 명을
거느리고 요동에서 철령에 이르기까지 역참을 70군데 설치했습니
다."

요동 정벌군을 북상시키는 문제를 놓고 설왕설래하는 사이, 명나라
가 철령까지 역참을 설치했다는 보고였다. 동강에서 돌아오다가 이
소식을 들은 우왕은 말 위에서 눈물을 흘렸다.

"군신들이 요동을 치려는 나의 계책을 듣지 않아 일이 이 지경이 되
었다."

우왕은 전쟁을 결심하고 팔도의 군사를 징집했다. 문제는 토지 제
도가 붕괴하면서 군전을 받은 군사들이 태부족하다는 점이었다. 그러
나 가능한 한 많은 군사를 집결시켰다. 최영은 동교에서 군사를 사열
했다. 우왕은 죄인을 사면하고 태자와 여러 비를 한양산성으로 옮겼

다. 찬성사 우현보(禹玄寶)에게 개경을 지키게 하고 최영과 영비를 거느리고 서해도로 갔다. 명나라에 정보를 주지 않기 위해 해주 백사정으로 사냥을 간다는 명분을 댔지만 실은 요동 정벌을 준비한 것이다.

한편 중신들은 반대 목소리를 내기 시작했다. 원나라에 보낸 박의중이 돌아오지도 않았는데, 군사부터 일으키는 것은 불가하다는 논리였다. 이런 논리의 배경에는 친명사대주의가 자리 잡고 있었다. 원나라가 초원으로 쫓겨간 후, 조정에서 친명파가 득세한 것이 요동 정벌 반대론이 나오는 주요 원인이었다. 이들은 국내외에 여러 문제가 산적해 있기 때문에 명나라를 상대로 전쟁을 벌일 때가 아니라고 반대했다. 《고려사절요(高麗史節要)》는 이때의 상황을 이렇게 설명한다.

이때 전라도와 경상도는 왜구의 소굴이 되었고, 동북면과 서북면은 땅이 나뉠 것을 걱정하고 있었고, 경기도·교주도(강원도)·양광도(충청도)는 성을 수리하느라 곤궁했고, 서해도(황해도)와 서경은 사신 접대에 지쳐 있었는데, 여기에 더하여 군사를 징발하니 8도가 시끄러워지고 백성들은 농사 때를 놓치게 되어 안팎으로 원망했다.

전라도, 경상도가 왜구의 소굴이라고 말했지만 3년 전인 우왕 11년(1385) 이성계가 함주에서 왜적을 대파한 이후 왜적의 큰 준동은 발생하지 않고 있었다. 동북면과 서북면이 나뉠 것을 걱정하는 것은 바로 명나라가 철령위를 설치했기 때문이었고, 서해도와 서경을 지치게 했다는 사신 접대 역시 바로 명나라 사신 때문이었다. 모두 요동 정벌군을 북상시키면 자연히 해소될 문제였다. 이 무렵 고려의 진정한 문제는 군전의 대가로 병역을 수행하는 군사 제도가 벼슬아치들의 토지 겸병(兼併: 빼앗아 합침)으로 무너진 것이었다.

우왕도 이 같은 문제를 잘 알고 있었다. 그래서 재위 14년(1388) 1월, 신돈이 설치했던 것 같은 전민변정도감을 설치했다. 우왕이 설치한 전민변정도감은 백성들의 원성을 가장 많이 사고 있는 구가세족들을 겨냥했다. 바로 영삼사사(領三司事) 임견미, 찬성사 도길부(都吉敷) 일파 등이었다.

임견미와 염흥방의 동모형(同母兄) 이성림 등이 빼앗은 백성들의 땅과 노비는 이루 헤아릴 수 없을 정도였다. 주현(州縣) 백성들의 땅은 말할 것도 없고 진역(津驛)이나 능침(陵寢), 궁고(宮庫) 등 관아와 왕실의 땅도 침탈했고, 벼슬도 사고팔았다. 일반 백성들뿐만 아니라 벼슬아치들까지도 임견미 일당의 횡포에 시달렸다. 이들이 조정에 포진시킨 수하들이 하도 많아서 이들을 체포하기 위해서는 특단의 대책이 필요했다. 우왕은 최영과 이성계에게 임견미와 도길부를 체포하라고 명령했는데, 갑옷을 입은 기병들까지 동원해야 했다. 우왕이 임견미 일당을 전격적으로 제거하자 나라 사람들이 크게 기뻐하며 길에서 노래하고 춤추었다.

전민변정도감은 여러 도에 안무사(安撫使)를 보냈다. 임견미 · 도길부의 잔당을 주륙하기 위해서였다. 지방에 내려간 안무사들이 임견미 등의 가신들과 악행을 저지른 종들을 처형했는데, 그 숫자가 무려 1000명에 이를 정도였다. 우왕이 임견미 · 도길부 일당을 제거하자 민심은 왕실에 크게 쏠렸다. 공민왕의 뒤를 이어 제대로 된 임금 역할을 할 수 없을 것이란 우려 또한 불식되었다.

우왕은 이성계를 요동 정벌의 적임자로 꼽았다. 원나라 땅에서 나고 자랐기에 명나라에 대한 두려움이 없을 것이라고 생각한 것이다. 우왕은 4월 1일 봉주에 머물면서 최영과 이성계를 불러 말했다.

"요양을 치려고 하니 경 등은 힘을 다하여야 한다."

그런데 뜻밖에도 이성계가 요동 정벌에 반대했다. 이성계는 네 가지 이유를 들었다.

"지금 요동을 정벌하러 나서는 데는 네 가지 어려움이 있습니다. 첫째, 작은 나라로서 큰 나라를 치는 것은 안 될 일입니다. 둘째, 농번기에 군사를 동원해서는 안 됩니다. 셋째, 온 나라의 군사를 모아 북벌에 나서면 남쪽에서 왜구가 준동할 것이니 안 됩니다. 넷째, 곧 여름철이 닥치면 아교가 녹아 활이 눅고 비가 자주 내려 병사들이 질병을 앓을 것이니 안 됩니다."

이른바 '4불가론'이다. 작은 나라가 큰 나라를 치는 것은 안 된다는 첫 번째 논리는 사대주의로, 무장답지 않은 논리였다. 아마도 정도전에게서 주입받은 논리일 것이다. 농번기에 군사를 동원해서는 안 된다는 논리 등은 타당했지만 당시는 명나라가 영토를 빼앗으려는 비상시국이었다.

믿었던 이성계가 반대하자 우왕은 흔들렸다. 그래서 최영이 한밤중에 우왕을 찾아와 설득했다.

"요동 정벌에 반대하는 다른 말들은 듣지 마십시오."

최영은 요동 정벌에 대한 자신감을 피력했다. 홍건적 출신 주원장의 군대 따위는 고려군이 북상하면 두려워서 벌벌 떨 것이라고 장담했다. 자신감을 되찾은 우왕은 다음 날 이성계에게 통보했다.

"이미 군사를 일으켰으니 중지할 수 없다."

우왕의 결심을 되돌릴 수 없겠다고 판단한 이성계는 타협안을 제시했다.

"반드시 큰 계책을 성취하시려거든 대가(大駕: 임금의 가마)가 서경에 머무르며 가을까지 기다리셔야 합니다. 곡식이 들판에 충만해지면 군량이 넉넉할 것이니 군사들이 북을 치면서 진격할 수 있을 겁니다. 지금은 전쟁할 때가 아닙니다. 설혹 요동의 한 성을 함락시키더라도 비가 많이 내리는 장마철이 곧 다가와 군대가 전진할 수도 후퇴할 수도 없는 지경에 빠질 것입니다. 이렇게 되면 군사들이 지칠 수밖에 없습니다. 이런 상황에 군량까지 떨어지면 화가 닥칠 것입니다."

하지만 우왕은 확고한 결심이 선 상태였다. 이성계의 논리 자체가 잘못된 것은 아니지만 당시는 비상시국이었다. 명나라가 고려 땅인 요동을 빼앗으려 했기 때문에 발생한 사태였다. 농번기, 농한기를 따질 상황이 아니었다. 그러나 가을에 출병하면 곧 요동의 추운 겨울과 맞닥뜨려야 하기 때문에 이 역시 만전의 계책일 순 없었다.

우왕은 이성계를 꾸짖었다.

"경은 이자송을 보지 못했는가?"

"이자송은 이미 죽었지만 아름다운 이름이 후세에 전합니다. 신 등은 비록 살아도 이미 실책하게 되었으니 무슨 소용입니까?"

요동 정벌에 반대하다가 죽은 이자송이 아름다운 이름을 후세에 남겼다는 것은 어불성설이다. 이성계가 요동 정벌에 반대한 진짜 이유는 요동 정벌이 성공하면 고려 왕실이 튼튼해지기 때문이었다. 그러면 정도전과 계획한 대업에 차질이 생길 수밖에 없었다.

요동 정벌군의 북상과 회군

우왕과 최영은 요동 정벌에 박차를 가했다. 요동 정벌군은 문하시중 최영이 팔도도통사(八道都統使)로서 총괄하고, 이성계가 우군도통사, 조민수(曺敏修)가 좌군도통사로서 부대를 지휘하는 체제였다. 10만 대군이라고 군호(軍號)했지만 실제로는 좌우군 3만 8000여 명에 보급병 1만 1000여 명을 더해 모두 5만 명 정도였다. 우왕은 임견미와 염흥방이 빼앗은 재산을 몰수해 서경으로 옮기게 했다. 군공을 세운 군사들에게 상으로 줄 계획이었다. 안팎의 승려들도 징발해서 병사로 삼았다. 군사 숫자보다 의미 있는 것은 기마병의 숫자인데, 말이 2만 2000여 필이나 되었다. 즉, 절반 이상의 군사가 기병이었다. 벌판에서 싸울 때는 기마병이 절대적으로 유리하기 때문에 우왕과 최영으로선 최고의 전력을 동원한 셈이다.

우왕과 최영은 요동 정벌군을 출병시키기 전에 명나라 흔적 지우기에 나섰다. 고려가 채택한 여러 명나라식 제도를 철폐한 것이다. 한 해 전인 우왕 13년(1387) 6월 명나라 관제에 따라 백관의 관복을 다시 정했다. 이를 본 명나라 사신 서질(徐質)이 크게 기뻐했다.

"뜻밖에도 고려가 다시 중국의 관대(冠帶)를 계승하였으니, 천자가 이 소식을 듣는다면 어찌 기뻐서 상을 주지 않겠소?"

그랬던 우왕이 명나라 관복을 벗고 다시 호복(胡服)을 입은 것이다. 뿐만 아니라 호악(胡樂)과 호적(胡笛)도 연주했다. 호복, 호악, 호적을 원나라 것으로 해석하기도 하지만 고려 전래의 복장, 음악, 악기로 보는 것이 옳다. 이렇게 명나라의 흔적을 지운 우왕은 드디어 요동 정벌군을 출전시켰다.

우왕 14년(1388) 4월 17일, 요동 정벌군이 출병하는 날이었다.《고려사》는 이날 우왕이 취해서 대낮이 되도록 일어나지 않아 우군도통사 이성계와 좌군도통사 조민수가 배사(拜辭)할 수 없었다고 전한다. 그러나 이는 우왕을 폄하하려는 조선 개창 세력들의 왜곡이다. 나라의 운명을 건 정벌군을 북상시키는 날, 한 나라의 왕이 술에 취해서 일어나지 못했을 리 없다. 우왕은 석포에 배를 띄웠다가 밤중에 여러 원수들에게 술을 먹이고 갑옷, 활, 검, 말을 차등 있게 하사했다.

이튿날 좌·우군이 서경에서 출발했다.

우왕은 사흘 후인 4월 21일 명나라의 홍무(洪武) 연호의 사용을 중지했다. 홍무는 명 태조 주원장의 연호로 공민왕 19년(1370)부터 사용해왔는데, 18년 만에 폐지한 것이다.《고려사》는 이때 우왕이 어떤 연호를 제정했는지 기록해놓지 않았지만, 아마도 독자적인 연호를 제정했을 것이다. 원나라가 빼앗아간 영토를 되찾은 마당에 원나라 연호를 다시 사용하지는 않았을 것이기 때문이다. 또한 백관뿐만 아니라 백성들에게도 호복, 즉 고려 전통 복장을 입게 했다.

명의 연호 사용을 중지하고 고려의 연호와 고려의 복장을 부활시킨 이 조치는 큰 의미가 있다. 이제 고려는 원나라에 부속된 국가도, 명나라에 부속된 국가도 아닌 진정한 독립국, 자주국, 천자국이 된 것을 선포한 것이기 때문이다.

문제는 이성계와 조민수의 태도였다. 이성계는 물론 조민수도 요동 정벌에 적극적이지 않았다. 요동 정벌에 반대하는 두 장수가 북벌군을 지휘하다 보니 진군이 빠를 리 없었다. 이를 우려한 최영이 우왕에게 말했다.

"지금 대군이 길에서 한 달이나 지체한다면 큰일을 이루지 못할 것이니 청컨대 신이 가서 독려하겠습니다."

최영이 직접 가겠다는 말에 우왕은 반대했다.

"경이 가면 누구와 정사를 논하겠는가?"

최영이 계속 자신이 가야 대사를 이룰 수 있다고 설득하자 우왕이 말했다.

"그러면 나도 가겠다."

최영은 우왕을 모시고 전쟁터로 갈 수는 없다고 생각했다. 이때 최영이 요동 정벌군을 지휘했다면 상황은 달라졌을 것이다.

우왕은 대신 신하와 환관들을 자주 보내 진군을 독려했다. 4월 27일 문달한(文達漢), 김종연(金宗衍) 등의 관리들과 조순(曹恂), 김완(金完) 등의 환관을 보내 이성계, 조민수 및 여러 장수들에게 금은으로 된 술그릇을 하사하고, 도진무(都鎭撫)에게 옷을 하사했다. 또한 우대언(右代言: 승지) 이종학(李種學)을 보내 조병육정신(助兵六丁神)에게 제사를 지내게 했다. 조병육정신은 군사를 돕는 신이다. 고려군의 무운을 빈 것이다.

그러나 북벌군의 진군은 더디고 더뎠다. 4월 18일 서경에서 출발한 요동 정벌군이 위화도에 도착한 것은 5월 7일이다. 위화도에 들어간 군사는 더 이상 진군하지 않았다. 진군은커녕 5월 13일 이성계와 조민수는 상언을 올려 회군령을 내려줄 것을 요청했다.

신들이 뗏목을 타고 압록강을 건너는데 앞의 큰 하천은 비 때문에 물이 넘쳐흘러 첫 번째 여울에서 떠내려가거나 물에 빠진 자가 수백 명입니다. 두 번째 여울은 더욱 깊으니, 섬 가운데 주둔하는 것은 단지 군량을 허비하는 일입니다. 여기서부터 요동성에 이르기까지 그 사이에 큰 하천이 많이 있으니 쉽게 건너기는 어려울 것 같습니다. …작은 나라로서 큰 나라를 섬기는 것은 나라를 보존하는 길입니다. 《고려사절요》, 우왕 14년 5월 13일)

또다시 사대주의 논리로 회군을 요청한 것이다. 두 도통사는 또 박의중을 명나라에 사신으로 보낸 것을 언급하면서 명나라에 철령위 설치 중단을 요청하는 사신을 보내놓고 답변이 오지도 않았는데 갑자기 큰 나라를 침범하는 것은 종사와 생민의 행복을 위한 것이 아니라고 지적했다.

엎드려 생각하건대 전하께서는 특별한 명을 내려 군사를 돌리게 하셔서 삼한의 여망에 응답해주소서.

전쟁에 나간 군대가 중도에 회군을 요청하는 것은 이례적인 일이다. 우왕과 최영은 두 도통사의 회군 요청을 묵살했다. 우왕은 다시 환관 김완을 보내서 진격을 독촉했다.

최영은 중원에서 싸워봤으며 중원의 패자가 뒤바뀌는 현장을 목도한 무장이었다. 그는 원나라가 초원으로 쫓겨갔지만 여건만 갖춰지면 언제든 다시 돌풍을 일으킬 수 있는 존재라고 보았다. 그래서 배후(裵厚)를 북원에 보내 요동 정벌 때 협공하자고 요청했다. 원나라 기병이

가세하면 명군을 꺾는 데 큰 힘이 되리라 판단한 것이다.

명나라 군사의 사기는 높지 않았다. 《고려사절요》에는 이성에서 온 사람이 이렇게 말했다고 전한다.

"근래에 내가 요동에 갔는데 요동 군사가 모두 오랑캐(원나라)를 치러 가고 성중에는 다만 지휘(指揮) 한 사람이 있을 뿐이니, 만일 대 군이 이르면 싸우지 않고 항복을 받을 수 있을 것입니다."

이런 사실을 알았기 때문에 고려 장수 중에서도 이성계와 조민수의 태도에 불만을 가진 무장들이 적지 않았다.

요동 정벌군이 위화도에 머물던 5월 11일, 이성원수 홍인계(洪仁桂) 와 강계원수 이억(李嶷)은 먼저 압록강을 건너 요동으로 들어갔다. 두 원수가 이끄는 고려군은 요동의 명나라 군사들을 죽이고 무사히 귀환 했다. 요동에 있는 명나라 군사들의 사기가 높지 않다는 사실이 확인 된 것이다. 기뻐한 우왕은 두 원수에게 금정아(金頂兒)와 무늬비단을 내려주었다. 철령 지역은 원래 동이족의 강역이지 한족의 강역이 아 니었기 때문에 명군의 사기가 높지 않았다.

이성계의 우려대로 요동 정벌군이 북상한 틈을 타서 왜적이 준동한 것은 사실이다. 왜선 80척이 진포에 정박하고 여러 고을을 침범했다. 우왕은 상호군(上護軍) 진여의(陳汝宜)를 전라·양광도로 보내 물리치 게 했다. 이때 우왕은 병을 핑계로 북벌군에서 빠진 자와 자제나 종을 대신 보낸 자를 모두 모아 왜적과 싸우게 했다.

그럼에도 불구하고 북벌군은 위화도에서 움직이지 않았다. 이성계 는 북상하지 않을 생각이었다. 문제는 조민수였다. 조민수가 강을 건 너면 따라 건너지 않을 수 없었다. 또한 조민수가 요동에 들어갔는데,

자신만 말 머리를 돌리면 조민수는 북쪽에서, 우왕은 남쪽에서 이성계를 협공할 것이 분명했다. 이성계 · 정도전 회군 계획의 관건은 조민수였다. 그런데 조민수의 태도가 모호했다. 함께 회군령을 내려달라고 상언했지만 그뿐이었다. 북상하지도 않고 회군하지도 않고 사태를 관망하고 있었다. 사실 칼자루는 조민수가 쥐고 있는 셈이었다. 조민수는 최영의 북상 쪽에 가담할 수도 있고, 이성계의 회군 쪽에 가담할 수도 있었다. 어느 쪽이든 조민수가 가담하는 쪽이 이기게 되어 있었다. 이런 상태로 시간은 계속 흘러갔다.

위화도. ©권태균
압록강 하류에 위치한 섬으로, 현재 북한의 행정구역상으로는 신의주시에 속해 있다. 요동 정벌에 나선 이성계가 우왕의 명을 어기고 회군한 장소다.

이성계의 군중에는 책사가 많았다. 조민수가 생각하지도 못한 소문이 군중에 돌았다.

"우군도통사 이성계가 동북면으로 퇴각한다."

"휘하의 친병을 거느리고 동북면으로 돌아가기 위해 이미 말에 올랐다."

이성계가 택할 수 있는 수는 북상과 회군만이 아니었다. 동북면으로 퇴각한다는 계획은 이성계 측으로선 묘수였다. 이성계가 친병을 거느리고 동북면으로 퇴각하면 조민수는 궁지에 빠질 수밖에 없었다. 이 경우, 우왕과 최영은 이성계를 공격할 수 없다. 북벌군을 동쪽으로 돌릴 수는 없기 때문이다. 이성계가 친병을 이끌고 동북면으로 퇴각하면 조민수는 압록강을 건너 북상하든 남하하든 결정을 내려야 했다. 어느 경우든 조민수로선 승산이 없었다. 당황한 조민수는 이성계를 찾았다.

"공이 가면 우리들은 어떻게 하라는 말입니까?"

이성계는 느긋했다. 그가 친 그물에 조민수가 걸려든 것이다.

"내가 어디로 가겠습니까. 공은 이러지 마십시오."

조민수는 드디어 회군에 동의했다. 이성계는 회군이 어떤 의미인지 잘 알고 있었다. 회군은 곧 우왕과 고려 왕실에 대한 반역이었다.

"우리가 회군하면 왕우를 더 이상 섬길 수 없다는 사실은 잘 알고 계실 거요."

이성계의 말에 조민수는 동의했다.

"왕우는 폐위시켜 유배 보내야 하오."

문제는 우왕의 후사로 누구를 세우는가였다.

"왕우의 자식을 후사로 세워도 안 되오."

자신들이 내쫓은 임금의 자식을 후사로 세우는 것은 위험한 일이다. 조민수가 물었다.

"그럼 누구를 세울까요?"

"중신들의 의견을 들은 뒤 결정합시다."

누구를 세운들 허수아비 임금이 될 수밖에 없었다. 조민수는 제2의 무신정권이 들어설 것이라고 생각했다. 우왕의 폐위와 후사 문제를 결정한 두 사람은 장막 밖으로 나왔다. 이성계가 여러 장수들을 불러 선언했다.

"만약 상국(上國: 명나라)의 국경을 범하여 황제로부터 죄를 얻으면 종사(宗社)는 물론 백성들에게도 화가 닥칠 것이다. 내가 순(順)과 역(逆)으로써 글을 올려 회군하기를 청했으나 왕이 살피지 못하고 최영 또한 노쇠하여 듣지 않으니, 어찌 경들과 함께 왕을 뵙고 직접 화와 복을 아뢰며 왕 곁의 악한 자를 제거하여 생령을 편안히 하지 않겠는가?"

이성계는 사대의 논리로 장수들을 설득했다. 우왕을 제거할 것이란 말은 하지 않았다. 이 경우 장수들이 반발할 수도 있었기 때문이다. 470년을 이어온 왕조였다. 공연히 우왕을 제거하겠다고 공언했다가는 내분이 발생할 수도 있었다.

우군도통사는 물론 좌군도통사까지 합의한 회군을 다른 휘하 장수들이 반대하기는 쉽지 않았다.

"우리 동방 사직의 안위가 공의 한 몸에 달려 있으니 감히 명을 따르지 않겠습니까?"

드디어 북벌군은 말 머리를 돌렸다. 우왕 14년(1388) 5월 22일, 서경을 떠난 지 한 달 하고 나흘째 되는 날이었다. 기병과 보병들은 기수를 남쪽으로 돌렸다. 이성계는 백마를 타고 언덕에 서서 군사들이 압록강을 건너는 것을 지켜보았다. 붉은 칠을 한 동궁(彤弓)과 하얀 깃털로 만든 백우전(白羽箭)을 메고 있었다. 조민수까지 가담했으니 판은 결정됐다고 생각했다.

조전사(漕轉使) 최유경(崔有慶)이 군중에서 달아나 우왕에게 급히 보고했다.

"북벌군이 왕명을 거부하고 위화도에서 회군했습니다."

우왕과 최영은 당황했다. 개국 이래 처음 있는 일이었다. 그간 탁생이나 조휘처럼 원나라에 붙은 반적(叛賊)들은 있었지만 왕명을 거역하고 말 머리를 돌린 경우는 없었다.

장수들이 항명할 경우, 가장 먼저 하는 일은 가족을 감금하는 것이다. 이성계의 장남 방우(芳雨)와 동생 방과는 우왕과 함께 성주에 머물러 있다가 급히 몸을 빼서 이성계의 군영으로 달려왔다. 이지란의 아들 이화상(李和尙), 상호군 유용생(柳龍生), 최고시첩목아(崔高時帖木兒) 등도 성주에 있다가 급히 몸을 빼서 북쪽으로 향했다. 이들이 모두 사전에 몸을 피할 수 있었던 것은 일이 진행되는 바를 미리 통보 받았다는 뜻이다. 공민왕 4년(1355), 이성계의 부친 이자춘이 고려에 귀부한 지 33년 만의 일이었다.

우왕은 스물넷의 젊은 나이였다. 그는 자신이 직접 움직여 반역을 진압하기로 마음먹었다. 회군군이 안주까지 남하했다는 소식을 들은 우왕은 말을 달려 밤중에 자주, 이성에 도착했다.

"정벌에 나선 여러 장수들이 멋대로 군사를 돌렸다. 너희 크고 작은 군사와 백성들이 마음을 다해 이들을 막는다면 반드시 큰 상을 줄 것이다."

그러나 대세를 뒤집기는 힘들었다. 이 소식을 들은 회군 장수들은 급히 우왕을 추격하자고 요청했다. 이성계가 반대했다.

"서둘러 가면 반드시 전투를 벌여야 할 것이고, 그러면 많은 사람을 죽이게 될 것이오."

이성계는 여유가 있었다. 부친의 급서로 직접 군사를 이끌고 싸워야 했던 스물일곱 살 때부터 지금 쉰세 살이 되기까지 모든 세월을 전선에서 보냈다고 해도 과언이 아니었다. 왕명 하나만 믿고 있는 우왕이나 움직일 군사 하나 없는 최영은 이미 두려운 상대가 아니었다. 이성계는 군사들에게 당부했다.

"너희가 만약 승여(乘興: 임금이 탄 가마)를 범한다면 내가 너희를 용서하지 않겠다. 백성들의 오이 한 개라도 빼앗으면 마땅히 죄를 받을 것이다."

이성계는 연도에서 사냥하면서 일부러 행군을 늦추었다. 그만큼 여유가 있었던 것이다. 이성계는 회군하면서 환관 김완을 잡아 함께 끌고 왔다. 우왕과의 대화 통로로 삼기 위해서였다. 회군한 지 일주일쯤 후 이성계는 개경 인근에서 김완을 우왕에게 보냈다. 이성계는 요동 정벌군을 꾸린 책임을 최영에게 돌렸다.

"우리 현릉(공민왕)께서 지성으로 대국(명)을 섬겼고, 천자도 일찍이 우리에게 군사를 가할 뜻이 없었는데, 최영이 대신이 되어서 조종 이래로 대국을 섬기는 뜻을 생각하지 않고 대군을 몰아 상국을 범하려고 했으니… 지금 최영을 제거하지 않으면 반드시 종사를 엎어놓을 것입니다."

이성계가 회군을 합리화한 논리는 명 태조 주원장이 천자라는 것이었다. 공민왕이 제후로서 명 태조를 섬겼으니, 우왕 또한 명 태조를 섬겨야 한다는 사대의 논리였다. 이에 우왕은 진평중(陳平仲)을 보내 반박했다.

"강토는 조종에게 받은 것인데 어찌 쉽게 남에게 줄 수 있겠는가. 군사를 일으켜 막는 것만 같지 못하다는 뜻에서 여러 사람과 상의하니 모두 옳다고 하였는데, 이제 어찌 감히 어기려 하는가."

우왕의 말은 맞는 말이었다. 우왕과 고려 왕실의 입장에서 이성계와 조민수는 역적이었다. 그러나 현실적으로 이성계와 조민수가 모든 힘을 갖고 있었다. 우왕은 최영을 옹호하면서 이성계와 조민수를 회유하려 들었다.

"비록 최영에게 핑계를 대지만 최영이 내 몸을 호위하고 있는 것은 경(卿: 조민수, 이성계)의 무리가 아는 것이고, 우리 왕실을 위해 수고하고 있는 것도 경의 무리가 아는 일이다. 나의 교서가 이르는 날에는 완미(頑迷: 사리를 판단하지 못함)함을 고집하지 말 것이며, 뉘우쳐 고치는데도 인색하지 말아서 함께 부귀를 보존하여 시종(始終)을 도모하기를 내가 진실로 바라노라."

잘못을 뉘우침으로써 부귀를 보존하고 남은 생애를 함께 누리자는 회유였다. 그러나 말 머리를 돌린 순간, 군신 관계는 이미 파탄 난 것이나 다름없었다. 우왕과 이성계가 공존하는 것은 불가능했다.

양측은 전열을 정비했다. 이미 회군 측이 유리한 상황인데 지원병까지 잇따랐다. 동북면 사람들이었다. 회군 소식을 듣고 동북면 사람들과 여진족 1000여 명이 이성계 측에 가세했다. 우왕은 여러 도에 파발을 보내 군사를 모으고 개경에서도 군사를 모집했으나 고작 수십 명에 지나지 않았다. 그러나 젊은 우왕은 좌절하지 않고 수레를 모아 골목 입구를 막고 거리에 방을 붙였다.

"조민수 등 여러 장수를 잡는 자는 관가, 사가의 노예를 막론하고 큰 벼슬과 상을 주겠다."

최영은 좌절하지 않았다. 남은 군사들을 모두 이끌고 도성 문밖에 진을 쳤다. 이성계의 군사는 숭인문(崇仁門) 밖 산대암(山臺巖)에 진을 쳤다.

이성계의 군사가 최영의 군사를 공격했는데, 예상과 달리 백전노장 최영은 쉽게 무너지지 않았다. 이성계는 유만수(柳曼殊)를 보내 숭인문 쪽을 공격하게 하고, 좌군은 선의문(宣義門) 쪽을 공격하게 했지만 모두 최영에게 패배했다. 중원을 누비며 싸웠던 역전노장다운 기개였다. 각 도의 지원군이 올 때까지 버티면 전세가 역전될 수도 있었다. 유만수가 패주하자 회군 군사들은 동요했다.

이성계는 이 같은 동요를 잠재울 필요가 있다고 느꼈다. 패전 소식이 다급하게 전해져도 이성계는 장막 가운데 누워 꼼짝하지 않았다. 당황하지 않았음을 보여주려는 행동이었다. 주위에서 여러 번 재촉하자 천천히 일어나 식사를 하고 밖으로 나가 군사를 정돈했다.

군사들이 동요할 경우, 이성계가 자주 쓰는 무기는 활 솜씨였다. 이성계가 머물던 곳에 작은 소나무 한 그루가 있었다. 이성계는 100보쯤 떨어진 곳에 서서 활을 겨누어 작은 소나무를 맞혀 꺾었다. 그것을 본 군사들의 마음은 안정됐다.

이성계가 직접 군사를 이끌고 나갔을 때, 조민수의 군사는 영의서 다리에서 최영의 군사에게 쫓기고 있었다. 이성계는 황룡(黃龍)이 그려진 큰 기를 앞세우고 선죽교를 거쳐 남산으로 올라갔다. 남산에는 최영의 장수인 안소가 버티고 있었다. 이성계가 안소의 군사를 진압하자 비로소 최영군의 사기가 현저하게 떨어졌다.

세의 불리함을 읽은 최영은 우왕과 영비를 모시고 궐내 팔각전(八角殿)으로 퇴각했다. 이성계의 부하 곽충보(郭忠輔) 등이 대궐 안으로 난입했다. 이성계의 군사는 최영에게 나오라고 소리쳤다. 최영은 마지막이 닥쳤음을 직감했다. 다만 자신이 나가면 우왕만은 살지도 모른다는 희망을 버리지 않았다. 그래서 최영은 투항을 결심했다. 최영은 우왕에게 마지막 신례(臣禮)를 마친 후 투항했다. 이성계가 최영에게 말했다.

"이 사변은 내 본심이 아니오. 국가가 편안하지 못하고 인민이 피로하고 원망이 하늘에 사무쳤기 때문에 생긴 일이니 잘 가시오."

최영은 자신이 요동 정벌군을 직접 이끌지 않은 것을 후회했을 것이다. 그는 이성계가 자기 가문처럼 고려 왕실에 무조건적인 충성을 바치는 집안 출신이 아니라는 사실을 간과했다. 패장이 된 최영은 유배지로 떠났다.

조민수, 회군에는 가담했지만

이성계·조민수의 회군 소식에 충격을 받은 것은 우왕과 최영만이 아니었다. 고려 유학의 종주(宗主) 목은(牧隱) 이색도 마찬가지였다. 이는 포은(圃隱) 정몽주의 반응과는 다른 것이었다. 둘 다 유학자이고 친명파였지만 회군에 대한 자세는 사뭇 달랐다. 이색은 회군을 고려 왕조에 대한 반역으로 여겼다.

반면 정몽주는 유학자의 관점, 친명사대주의의 관점에서 회군을 바라보았다. 그에게 명나라는 상국, 즉 임금의 나라였고, 고려는 제후의 나라였다. 제후의 나라인 고려가 천자의 나라인 명나라를 공격하는 것은 불충이었다. 유학자인 정몽주는 요동 정벌을 불충으로 여겨 회군에 찬성했다.

이색 역시 유학자이고 명나라를 상국으로 생각했지만 유학의 관점, 즉 중화사상의 관점으로 회군을 바라보지 않았다. 이는 명나라가 고려의 상국이냐 아니냐 하는 문제가 아니라 고려 왕실에 대한 반역이었다. 그는 상황이 어디까지 갈지 크게 우려했다. 무신정권이 재현될 수도 있고, 그보다 더한 상황이 발생할 수도 있었다. 이미 원나라를 섬기면서 그 권위가 크게 실추된 왕실이었다.

이색은 단순한 친명파가 아니었다. 이색은 고려의 향시(鄕試)와 정동행성에서 치른 향시에 1등으로 급제했을 뿐만 아니라 스물여섯 살 때 원나라에 가서 치른 회시(會試)에 1등, 전시(殿試)에 2등으로 급제한 수재였다. 원나라에서 한림(翰林)을 비롯한 여러 벼슬을 역임한 이색은 단순한 친명파가 될 수 없었다.

정몽주는 이색과 달리 원나라에서 벼슬 산 경험이 없었다. 그는 명나라를 유학, 특히 성리학의 관점으로 바라보았다. 정몽주는 공민왕 16년(1367) 예조정랑(禮曹正郎)으로서 성균박사를 겸했다. 이때 고려에 전해진 성리학 경서는 남송의 주희(朱熹)가 《논어(論語)》, 《맹자》, 《중용(中庸)》, 《대학(大學)》 등에 주석을 단 《주자집주(朱子集註)》뿐이었는데, 정몽주의 성리학 강의는 매끄러울 뿐만 아니라 다른 유학자들의 생각

이색 초상화. 국립중앙박물관.
고려 말의 문신이자 대학자로 성균관의 중흥과 신진사대부의 성장을 이끌었다. 후대에 옮겨 그려진 이 초상화 좌우 양쪽에는 이색의 인품과 학문, 문장을 칭송한 권근의 글이 쓰여 있다.

과 달라서 사대부들이 그의 해설에 의심을 가졌다. 그 후 원나라 성리학자 호병문(胡炳文: 1250~1333)의 《사서통(四書通)》이 들어온 후에야 정몽주의 해설이 원나라 성리학자들의 해설과 일치한다는 사실을 알게 되었다. 그래서 이색이 정몽주를 "동방 성리학의 조종(東方理學之祖)"이라고 칭찬할 정도였다. 정몽주는 성리학의 관점, 즉 화이(華夷)의 관점으로 바라봤으므로 명나라가 건국하자 가장 먼저 상국으로 섬길 것을 주청했다.

정몽주는 명나라 사신길을 회피하지 않았다. 공민왕 21년(1372) 홍사범(洪師範)이 명나라가 촉(蜀: 사천성 지역) 지역을 평정한 것을 축하하는 사신으로 갈 때 서장관으로 남경까지 따라갔는데, 돌아오다가 허산에서 폭풍우를 만나 배가 침몰했다. 홍사범은 이 와중에 익사했지만 정몽주 등 12명은 겨우 살아서 바위섬에 도착해 말 안장 양쪽에 늘어뜨려 놓은 말다래를 베어 먹으며 열사흘을 버텼다. 이 소식을 들은 주원장이 배를 보내 돌아오게 해서 후하게 대접하고 돌려보냈다. 명태조의 지우(知遇)를 받은 정몽주는 더욱 친명주의자가 되었다.

정몽주는 우왕 10년(1384)에도 명나라에 사신으로 갔다. 당초 사신으로 내정된 밀직부사 진평중은 노비 수십 구를 임견미에게 뇌물로 주면서 병을 핑계로 사임했다. 그만큼 명나라 사신길은 어려운 길이었다. 고려와 명나라는 분쟁이 잦았기 때문이다. 분쟁의 이유 중에는 세공(歲貢)에 대한 것도 있었다. 빈농 출신 주원장은 욕심이 많았다. 심지어 군사를 보내겠다면서 세공을 늘리라고 협박할 정도였다. 고려는 홍상재 등을 사신으로 보내 5년 전에 정한 대로 보내겠다고 항의했다. 주원장은 고려 사신들을 곤장 쳐 먼 지방으로 유배 보냈다. 이 소식을 들은 고려 중신들은 사신으로 가지 않기 위해 뇌물까지 썼다. 진평중의 뇌물을 받은 임견미는 정몽주를 천거했다. 우왕이 불러 사신으로 가지 않겠느냐고 묻자 정몽주는 거침없이 대답했다.

"군부(君父)의 명이라면 물불도 피하지 않아야 하는데, 하물며 천자께 조회하는 일이겠습니까? 그러나 우리나라에서 남경까지 거리가 대략 8000리인데, 발해에서 순풍을 기다리는 날을 빼고도 실로 90일 일정입니다. 지금부터 성절(聖節: 임금의 생일)까지 겨우 여섯 달 남았

정몽주 초상화. 국립중앙박물관.
조선 후기의 궁중화가 이한철이 개성의 숭양서원에 소장되어 있던 정몽주 초상을 옮겨 그린 작품. 조선 개창에 반대했는데도 충절을 지킨 상징적 인물로 인식되어 조선의 성리학자들에 의해 계속 추앙받았다.

는데, 바람을 기다리는 열흘을 빼면 남은 날은 겨우 50일이니, 이것이 신이 한탄하는 바입니다."

아무리 늦어도 90일 전에는 출발했어야 하는데 60일밖에 남지 않았다는 한탄이었다. 우왕이 언제 떠나겠느냐고 물었다.

"어찌 감히 잠을 자겠습니까?"

정몽주는 그 길로 떠나 밤낮으로 길을 재촉해서 명 태조 주원장의 생일에 맞춰 남경에 도착했다. 주원장이 정몽주가 올린 표문(表文: 고려에서 보낸 국서)의 날짜를 보고 말했다.

"그대 나라의 배신(陪臣)들이 반드시 여러 이유를 대면서 오지 않으려고 하다가 날짜가 임박하자 그대를 보냈구나. 그대는 지난번에 촉을 평정한 것을 축하하러 왔던 자가 아닌가?"

정몽주가 당시 배가 난파당했던 상황을 자세하게 설명하자 주원장이 말했다.

"그렇다면 마땅히 중국어를 알겠구나."

주원장은 예부에 명해 정몽주를 후하게 대접하고, 돌아갈 때 억류했던 홍상재 등을 석방시켜 함께 보냈다. 정몽주에게 내린 일종의 상이었다. 그렇잖아도 성리학의 눈으로 명나라를 바라보던 정몽주는 더욱 적극적인 친명파가 되었다. 그런 정몽주에게 명나라를 공격하는 요동 정벌은 천자에 대한 불충이었다. 그래서 그는 회군을 찬성한 것이다.

이색이라고 해서 대놓고 회군을 반대할 순 없었다. 왕명을 거역한 군사들이 폭도로 변하는 것은 흔히 있는 일이었다. 그래서 이색은 조민수를 주목했다. 원나라에서 귀화한 이성계와 달리 조민수는 원래부터 고려 사람이었다. 또한 공민왕 때 홍건적을 격퇴한 공으로 2등공신이 되고, 왜구가 침입했을 때도 여러 번 나가서 싸운 장수였다. 이색은 조민수는 이성계와 다를 거라고 판단했다. 그를 활용해 이성계를 견제하려고 마음먹었다. 물론 이색도 조민수와 이성계가 우왕을 다시 섬길 순 없을 것이라는 사실은 잘 알고 있었다. 정중부(鄭仲夫)가 무신난 직후 의종(毅宗)을 폐하고 명종(明宗)을 세웠듯, 우왕의 폐위는 기정사실이었다. 우왕을 폐위해 강화도로 유배 보내자는 데는 이성계와 조민수의 의견이 일치했다.

그러나 젊은 우왕은 곱게 귀양 갈 생각이 없었다. 우왕은 환관 80여 명을 거느리고 이성계와 조민수의 집을 덮쳤다. 행인지 불행인지 이성계와 조민수 모두 성문 밖에 주둔하고 있어 습격은 실패했다. 강화도로 유배 가는 우왕은 채찍을 잡고 안장에 기대서 한탄했다.

"날이 이미 저물었구나."

좌우가 엎드려 눈물을 흘렸지만 감히 도울 수 없었다. 초라한 유배길이었다.

우왕을 도성에서 쫓아냈지만 후사가 문제였다. 위화도에서 회군할 때 이성계와 조민수는 우왕은 물론 우왕의 자식을 후사로 삼아도 안 된다고 합의했다고 주장했다. 그런데 조민수의 태도가 달라졌다. 이색에게 설득당한 것이다. 우왕의 아들 창(昌), 즉 왕창(王昌)을 옹립해야 한다는 이색의 논리에 조민수는 동의했다.

왕창은 이인임의 외종(外從) 이임(李琳)의 딸 근비(謹妃)의 아들이다. 이인임은 이성계와 최영에 의해 제거된 대표적인 구가세족이지만, 조민수를 벼슬길로 이끌어준 인물이기도 했다. 조민수는 우왕의 아들

왕창을 후사로 삼아야 한다고 주장했다. 이성계로선 받아들이기 힘들었다. 왕창은 아홉 살 어린아이에 불과하지만 성인이 되면 어떤 일이 벌어질지 알 수 없었다. 이성계는 조민수를 힐난했다.

"회군 때 했던 말은 어떻게 되었소?"

조민수는 얼굴빛이 바뀌었지만 생각을 꺾지는 않았다. 자신들이 폐위한 임금의 아들을 후사로 세우는 것은 무리라고 이성계는 물론 여러 장수들이 반대했지만 조민수는 뜻을 꺾지 않았다. 조민수는 이색의 권위로 밀어붙였다.

"한산군(이색)이 이미 원자(元子: 왕의 맏아들)를 세우기로 계책을 정했으니 어떻게 어길 수 있겠소?"

이성계는 일단 물러날 수밖에 없다고 생각했다. 우왕은 폐위되었지만 고려 왕실의 혈통으로 볼 때 우왕의 아들이 왕이 되어야 한다는 주장이 우세할 수밖에 없었다. 우왕의 맏아들은 곧 공민왕의 장손이다. 그리하여 아홉 살의 어린 왕창이 고려의 새로운 왕이 됐다. 공민왕이 살해되면서 우왕이 열 살의 어린 나이로 즉위한 것과 마찬가지 상황이었다.

이성계가 창왕을 옹립하는 데 동의했지만 이는 일시적인 양보일 뿐이었다. 이성계에게는 정도전이 만든 대업이 있었다. 그리고 그 대업을 성공시킬 일련의 대책들이 있었다. 그 대책들이 모습을 드러내는 데는 오랜 시간이 필요하지 않았다.

회군 정국의 주도권 다툼

조 준 의 토 지 개 혁 상 소 문

　주원장은 고려군의 북상 소식에 크게 당황했다. 고려군은 정규군이고, 이에 더해 원나라를 끌어들이려 하고 있었다. 자신의 황제 노릇이 20년 만에 끝날 수도 있었다. 두려워진 주원장은 종묘에서 재계(齋戒)하고 점을 칠 준비를 했다. 고려군이 북상하면 맞서 싸워야 하는지 묻는 점이었다.

　건국 20년, 명나라는 안정된 상태가 아니었다. 이해(1388)만 해도 운남성의 태족(傣族) 사륜발(思倫發)이 군사를 일으켰고, 초원으로 쫓겨간 북원도 기회를 엿보고 있었다. 자신이 고려군과 싸우는 사이, 불만을 갖고 있던 세력이 대거 일어설 수도 있었다.

주원장이 이러지도 저러지도 못하고 있을 때, 고려 사신 박의중이 도착했다. 박의중이 철령은 물론 공험진까지 원래 고려 강역이라는 내용의 국서를 전달하자 주원장은 속으로 반색했다. 전쟁을 피할 수 있는 명분이 생긴 것이다. 주원장은 박의중을 두 방향으로 대했다. 하나는 크게 환대한 것이다. 박의중을 위해 회동관(會同館)에서 잔치를 열어줬는데, 예전 원나라 평장원사(平章院使)보다 높은 자리에 앉히고 극진하게 대접했다. 다른 한편으로 박의중을 통해 고려를 꾸짖었다. 박의중에게 보내는 국서에서 고려뿐만 아니라 그전에 두 나라가 충돌한 역사까지 언급하면서 크게 질책한 것이다.

> (고려가) 중국의 역대 조정으로부터 여러 차례 정벌 당한 것은 대개 분쟁의 단서를 만들었기 때문이다. 옛날 역신이 군주(공민왕)를 시해했을 때 짐은 절교할 것을 명하였다. 저들이 계속 사람을 보냈는데, 짐이 여러 번 윤허하지 않는데도 여러 번 청하기를 그치지 않았다. 그 후에야 세공으로써 성의를 표할 것을 요구하고 비로소 왕래를 허락하였다.

주원장은 이 국서에서 고조선과 한나라의 전쟁을 비롯하여 중국의 역대 조정과 벌인 전쟁을 장황하게 나열했다. 위(魏), 수(隋), 당(唐), 요(遼), 원과 분쟁한 것을 모두 열거한 후 고려를 꾸짖은 것이다.

> 그 분쟁의 단서를 따져보면 모두 고려가 자초한 것이지 중국의 제왕들이 병탄하기를 좋아하거나 그 토지를 탐내서가 아니었다.

주원장의 말과 달리 분쟁의 단서는 늘 중국에서 먼저 만들었다. 주원장은 억지를 부리면서 고려를 꾸짖은 것이다. 그러나 고려와 다시는 무력으로 충돌하면 안 된다는 생각을 갖고 있었기에 명나라 조정에 이렇게 명령했다.

"철령위를 세우는 의논을 중지하라."

철령은 여전히 고려의 영토였지만, 우왕만 쫓겨난 형국이었다. 6월 9일 회군 세력은 공민왕의 후비인 정비(定妃) 안씨가 교서를 내리는 형식으로 창왕을 즉위시켰다.

> 삼가 생각하건대 우리 태조께서 삼한을 하나로 통합하시고 왕조를 세우셔서 여러 성인들께서 서로 왕위를 이으셨는데, 사대의 예를 하지 않은 적이 없었고, 아래를 인(仁)으로써 위로하지 않은 적이 없어서 종사와 인민을 보존한 것이 400여 년에 이르렀다.

우왕을 쫓아낸 명분은 상국, 즉 명나라에 대한 사대의 예를 다하지 않았기 때문이라고 밝힌 것이다. 위로는 상국에 대한 사대와 아래로는 백성들에 대한 인의 정치가 고려 400년을 지탱한 두 기둥이었다고 주장했지만, 이는 왕명을 거역한 회군을 정당화하기 위한 수사에 불과했다.

> 뜻밖에도 최영이 (우왕을) 미혹시켰으나… 다행히 조종의 돌보심 덕분에 최영이 쫓겨났고, 왕도 잘못을 뉘우치고 스스로 왕위를 양보해서 종사의 제사와 백성의 목숨이 경(卿: 창왕)에게 달려 있게 되었으니, 그 책임이 중

하도다.

한편, 창왕은 왕위를 계승하는 데 격렬하게 저항했다.

"9세 동자가 어떻게 나라를 위하는 길을 알겠는가?"

창왕은 젊은 부왕이 갑자기 쫓겨난 상황을 이해할 수 없었다. 창왕은 비록 어렸지만 체계적인 왕도 교육을 받은 왕자였다. 부왕이 쫓겨난 것이 반역의 결과라는 사실을 잘 알고 있었다. 고려인 범세동이 썼다는《화동인물총기》에 따르면, 조정 회의 때 창왕이 "빨리 부왕을 받들어 돌아오시도록 하라"고 말하자 군호(群虎: 이성계를 비롯한 무장세력)들이 눈이 찢어지도록 흘겨봤다. 이때 신하 중에서 누군가가 말했다.

"신하들이 몸 받아서 정치하는 것입니다."

그러자 정몽주가 가만히 소매를 걷으며 붉은 손을 들어 윤왕(允王: 창왕)에게 보이고 또 가슴을 어루만지며 이색, 안노생(安魯生) 등 8~9명에게 보이니 바로 그 뜻을 알아차리고 서로 붉은 손과 가슴을 보였다. 윤왕 또한 영민해서 그 뜻을 알아차리고 눈물을 거두었다.

창왕은 이렇게 왕위에 올랐다. 그리고 이색 등이 권고한 대로 즉위하자마자 조민수를 좌시중, 이성계를 우시중으로 삼았다. 또한 모친인 근비 이씨를 왕대비로 삼았다. 창왕이 미성년이므로 왕대비가 섭정해야 했지만, 근비 이씨가 섭정해서 헤쳐 나갈 수 있는 정국이 아니었다.

창왕의 즉위는 이색과 조민수의 정치적 승리였다. 그러나 불안한 승리였다. 무엇보다 이성계는 조민수가 갖고 있지 못한 친병을 갖고 있었고, 회군에 동의한 장군들의 지지를 받고 있었다. 이 역시 조민수가 갖고 있지 못한 것이었다.

이색은 정도전과 이성계가 새 왕조 개창을 꿈꾸고 있을지도 모른다는 사실을 인지했다. 이들에게 명분을 줄 순 없었다. 그래서 창왕에게 남의 토지를 빼앗는 것을 금지시키는 교서를 내리게 했다.

> 근래 힘 있는 자들이 남의 토지를 빼앗아 자기 토지로 만들어 전제(田制: 토지 제도)가 크게 무너졌다. 그 폐단을 구제할 방법을 도평의사사(都評議使司), 사헌부(司憲府), 판도사(版圖司)로 하여금 의논해 보고하게 하라.

또한 이 교서에서 창왕은 의미심장한 조처를 내렸다.

> 동북면과 서북면에는 본래 사전(私田)이 없었다. 만약 사전이라고 함부로 칭하는 자가 있으면 도순문사가 엄격하게 금지시켜 다스리게 하고 그가 가지고 있는 문서는 관청에서 몰수하라.

동북면과 서북면, 특히 동북면은 이성계의 세력 기반이다. 동북면과 서북면에서 사전을 금지시킴으로써 이 지역 백성들이 이성계에게 가세하는 것을 막으려는 의도였다. 이색은 민심을 되돌리지 않으면 왕조가 망할지도 모른다고 생각했다. 그래서 각종 개혁 조치를 취하게 했다. 권세가들이 빼앗은 관(館)과 역(驛)의 토지도 되돌려주게 하고, 사헌부에는 돈과 인맥으로 벼슬을 구하는 행위를 엄격하게 금지시키라는 명령을 내렸다. 또한 부당하게 형벌 받은 사람들의 형을 낮추거나 기한이 찼는데도 석방되지 못한 백성들을 석방시키게 했다.

무엇보다 중요한 것은 장수들의 의중이었다. 창왕은 공민왕 때 부친과 함께 귀화한 위구르족 설장수(偰長壽)를 보내 여러 장수들에게 술을 하사했다. 그러나 여러 장수들은 창왕의 회유에 넘어가지 않았다. 도문(都門) 밖에 나가 주둔하면서 시위를 계속했다. 이성계는 창왕의 개혁 정책을 나무랄 수 없었다. 그 배경에 이색이 있다는 사실도 잘 알고 있었다. 이성계와 정도전은 긴장했다. 계획에 차질이 생길 우려가 있었던 것이다.

실제로 창왕은 이색과 조민수를 등에 업고 역전극에 나섰다. 창왕 즉위년(1388) 7월 7일 도당에서 삼사좌사(三司左使) 조인벽 등을 강화로 보내 우왕에게 의복을 바쳤다. 우왕의 생일이라는 명분이었다. 의복을 바친 조인벽은 쌍성총관 조휘의 증손으로, 공민왕의 북강회수운동 때 고려에 귀의한 조돈의 아들이다. 그리고 이성계의 누이 정화공주(貞和公主)의 남편이었기 때문에, 여러모로 이성계에게 등을 돌릴 인물은 아니었다. 우왕에게 의복을 바친 대상이 조인벽이라는 사실은 두 세력이 타협한 결과였다. 그러나 나라의 최고 정무기관인 도당에서 폐위된 왕에게 의복을 바쳤다는 사실 자체가 우왕이 당시 가장 주목받던 현안임을 증명한다. 이는 위화도 회군에 대한 평가와는 별도로 우왕을 쫓아낸 것이 잘못이었다는 말들이 나오기 시작했다는 증거였다.

이성계에게는 이런 사태를 일거에 뒤집을 계기가 필요했다. 그것이 바로 대사헌 조준의 토지 개혁 상소문이다. 우왕에게 의복을 바친 창왕 즉위년(1388) 7월, 대사헌(大司憲) 조준이 토지 개혁을 요구하는 상소문을 올렸다. 이성계 일파가 정국을 장악하기 위해 내건 승부수였다. 과거의 토지 개혁 상소문과는 결이 다른 이 상소문으로 인해 정국에 큰 파란이 일었다.

> 무릇 어진 정치란 반드시 토지의 경계를 바로잡는 데서 시작되는 것입니다. 전제(田制: 토지 제도)를 바로잡아 나라 살림을 풍족하게 하고, 민생을 후하게 하는 것이야말로 지금 가장 급하게 처리해야 할 일입니다. 나라의 운수가 길고 짧음은 민생의 괴롭고 즐거움에 달려 있고, 민생의 괴롭고 즐거움은 전제가 고른가 고르지 못한가에 달려 있습니다. 《고려사》, 〈식화지〉, 녹과전)

어진 정치란 토지의 경계를 바로잡는 것, 즉 모든 백성에게 먹고사는 데 부족함이 없을 정도의 토지를 분배한 뒤에야 논할 수 있다는 지적이다. 고려의 토지 소유 현실을 신랄하게 비판한 것이다. 조준은 "(주나라) 문왕(文王), 무왕(武王), 주공(周公)은 정전으로써 민(民)을 길렀으므로 천하를 차지한 것이 800여 년이나 되었지만… 진나라는 정전을 훼손하고 천하를 얻었으므로 2대만에 망했습니다"라고 지적했다. 조준은 주나라가 정전제 덕분에 800년 동안 유지됐다고 보았다. 정전제란 주나라뿐만 아니라 고대의 이상 사회인 하·은·주(夏殷周) 3대에 걸쳐 실시한 토지 제도다. 1리를 우물 정(井) 자 모양으로 나누면 아홉 개의 토지로 나뉘는데, 여덟 가구가 하나씩 고르게 차지해 경작하고, 하나는 공동으로 경작해서 나라에 세금으로 냈다. 정전제는 동양의 모든 개혁정치가들이 이상으로 삼았던 토지 제도다. 조준은 태조 왕건이 천명을 받은 것도 세금을 낮추는 인정을 실시한 덕분이라고 역설했다.

신라 말에 토지 제도가 고르지 않고 부세(賦稅)가 무거워 도적이 무리지어 일어났습니다. 태조(왕건)께서 용이 되어 일어나 즉위하신 지 34일 만에 여러 신하들을 맞이해 보시고 개연히 탄식하시기를, "근래에 무자비하게 세금을 거두어 1경(頃)의 세금이 6석에 이르니 백성들이 살아갈 수 없어서 내가 이를 심히 안타깝게 여긴다. 지금부터는 마땅히 10분의 1을 거두는 제도를 시행해 농토 1부(負)에 조 3되를 내게 하라"라고 하시고는 마침내 백성들에게 3년 동안의 조(租)를 면제하셨습니다.

토지 제도가 문란해지면 민란이 일어나는 것이 역사의 법칙이다. 신라가 망한 것도 이 때문이었다. 왕건이 농지세를 10분의 1로 낮추고 또 3년간 국가에 내는 조를 면제해준 것은 이 문제의 심각성을 잘 알았기 때문이다. 조준은 당시 세 나라, 즉 고려, 후백제, 신라가 대치하던 상황이지만 왕건은 "전공(戰功)을 뒤로 돌리고 백성의 구휼을 앞세운" 요·순·문·무왕 같은 어진 정치를 펼쳤다고 강조했다.

(태조께서는) 삼한을 통일하신 후 토지 제도를 정하셔서 신민들에게 토지를 나누어주셨습니다. 백관에게는 그 품계에 따라 토지를 지급했다가 죽으면 회수했고, 부병(府兵: 농사지으면서 병역 의무를 수행하는 백성)은 20세에 토지를 받고 60세에 반환했습니다. 토지를 받은 사대부가 죄를 지으면 토지를 회수하니, 사람마다 자중하여 감히 법을 어기지 못했으며 예의가 일어나고 풍속이 아름다워졌습니다.

태조 왕건이 삼한을 통일할 수 있었던 것이나 고려가 강하고 아름다운 나라가 될 수 있었던 것은 모두 토지 제도가 제대로 되었기 때문이라는 주장이다.

비록 요·금(遼金)이 호시탐탐 천하를 노리면서 우리나라와 영토를 접하였지만 감히 삼킬 수 없었던 것은 우리 태조께서 삼한의 토지를 나누어주셔서 신민들이 그 녹봉을 누리면서 그들의 생활을 풍족토록 하셨고 그들의 마음을 결속시켜 국가로 하여금 천만세(千萬世)의 원기가 되게 하셨기 때문입니다.

그런데 이런 토지 제도가 무너지고 구가세족들이 힘없는 백성들의 토지를 빼앗아 겸병하면서 위기가 닥쳤다는 것이다.

조종께서 만드신 토지를 주고 회수하는 법이 무너져 한번 겸병의 문이 열리자, 재상이 되어 마땅히 토지 300결을 받아야 할 사람이 일찍이 송곳 꽂을 땅도 못 받고, 재상이 되어 360석을 받아야 할 사람이 20석도 채우지 못하게 되었습니다.

재상도 받아야 할 토지나 녹봉을 받지 못하니 다른 백성들이야 말할 것도 없었다. 가장 큰 문제는 군전의 붕괴였다. 군사들에게 토지를 나누어주고 그 대가로 나라를 지키게 한 것이 고려의 기본적인 국방 정책인데, 이것이 무너진 것이다.

고려는 백성들에게 농지를 나누어주고 그 대가로 병역의 의무를 수

행하게 하는 나라였다. 이런 토지 제도로 42도호부의 10만 갑사를 보유했는데, 토지 제도가 무너졌으니 이는 곧 군대가 해체된 것이나 마찬가지였다. 이후 외적이 쳐들어오면 농부들을 군사로 둔갑시켜 싸우게 하니 적의 먹이가 되는 것은 당연한 결과였다. 단 하루도 나라를 위해서 일하지 않은 자와 단 하루도 군역에 종사하지 않은 자들이 나라의 토지를 죄다 차지했다. 소수 권세가들이 남의 토지를 빼앗는 겸병은 점점 심해졌다.

> 근년에 겸병이 더욱 심해져서 간악하고 흉악한 무리가 주를 넘고 군을 아우르며 산천을 표지로 삼는 땅을 차지해서는 조상 대대로 물려받은 토지라면서 서로 싸워 힘 센 자가 차지하니 한 무(畝: 토지 면적 단위)의 주인이 5~6명이 넘고 1년에 거두는 것이 8~9차례에 이릅니다. 슬프고 무고한 우리 백성들은 사방으로 흩어져서 구렁을 메우고 있습니다. 조종께서 토지를 나누어주신 것은 신민들의 생활을 후하게 하기 위함인데, 도리어 신민들을 해치고 있으니 이는 사전이 혼란의 가장 큰 원인이라고 하는 까닭입니다.

권세가들이 백성들의 토지를 빼앗아 만든 농장의 크기가 주군(州郡)보다 넓어서 산천을 표지로 삼을 정도였다. 고려가 겪는 모든 혼란은 바로 사전 때문이었다. 원래 공전(公田)의 세금은 10분의 1에 불과하지만 사전은 그 열 배 이상 달했다. 가난한 백성들이 낼 수 있을 리 만무했다.

백성들이 사전의 세금을 내려면 다른 사람에게 꾸어도 채울 수 없습니다. 빌린 것은 아내를 팔고 자식을 팔아도 갚을 수 없습니다. 부모가 굶주리고 추위에 떨어도 봉양할 수 없어 원통하게 부르짖는 소리가 위로는 하늘까지 닿아서 화기(和氣)를 손상시켜 홍수와 가뭄을 부릅니다. 호구(戶口: 백성들의 집)는 이 때문에 모두 텅 비고, 왜노(倭奴)들은 이를 틈 타 깊게 들어오니 천리 땅에 시체는 널려 있건만 막는 자가 없습니다.

조준은 이런 상태로는 전쟁을 치를 수 없다고 주장했다.

옛 사람이 말하기를, "나라에 3년의 저축이 없으면, 그 나라는 나라가 아니다"라고 했습니다. 근래에 서북으로 군대가 간 것이 겨우 몇 개월이었을 뿐인데, 공사(公私)가 지탱하지 못해서 상하가 함께 곤궁해졌습니다. 만일 2~3년 동안 홍수나 가뭄 같은 재앙이 있다면 무엇으로 진휼할 것이며, 천만 군대의 군량 비용은 무엇으로 감당하겠습니까? 하물며 지금 중외(中外: 수도와 지방)가 일시에 함께 비었으니, 군국(軍國)의 비용이 나올 곳이 없습니다. 변방에 갑자기 경보의 우려가 있으면 창졸간에 가호(家戶)에서 거두기도 어렵습니다.

국가에는 3년 동안의 저축이 있어야 하는데 지금은 불과 몇 개월간 '서북으로 간 것(요동 정벌)' 때문에 상하, 중외가 함께 곤궁해졌다는 것이다. 이런 상태라 요동 정벌이 불가능했다는 변명이다.

창왕 또한 즉위 직후 토지 겸병을 중지하라는 교서를 내렸다. 우왕도 전민변정도감을 만들어 이 문제를 해결하는 데 나섰으나 모두 실패했다. 바로 이 부분이 조준의 토지 개혁 상소문이 과거의 토지 개혁 조치들과 다른 점이다.

모든 백성에게 토지를 나누어주소서

조준은 이 상소에서 "토지 제도를 바로잡는 방법까지" 조목별로 올렸다. 토지 개혁의 당위성뿐만 아니라 구체적인 방법론까지 제시했다는 점에서 기존 대책과는 달랐다.

녹과전시(祿科田柴): 시중(侍中)부터 서인(庶人)에 이르기까지 관직에 있는 자는 각각 그 품계에 따라 토지를 계산해 나누어주는데, 아문(衙門)에 소속되어 직무를 담당할 때만 받아먹게 합니다.
군전(軍田): 그 재예(才藝)를 시험해서 20세에 받고 60세에 반납합니다.
투화전(投化田): 우리나라에 귀순한 사람은 종신토록 먹게 하고, 죽으면 국가에 반납하게 합니다.
백정대전(白丁代田): 백성으로서 적(籍: 문서)에 올라 역(役)을 담당하는 자는 호(戶)마다 토지 1결(結)을 지급하되 조(租: 토지세)는 바치지 않게 합니다. 공사천인(公私賤人)으로서 역을 담당하는 자도 이 토지를 지급하되, 문서에 분명히 기록합니다.

시중부터 서인까지 벼슬에 있는 자에게는 녹과전을 주고, 모든 군인에게는 군전을 준다. 여진·몽골족 중 귀순한 사람들에게는 투화전을 주고, 백성들에게는 백정대전을 준다. 이 외에도 남편이 죽은 후 아내가 수절하면 구분전(口分田)을 주고, 향리에게는 외역전(外役田)을, 사찰에는 사사전(寺社田)을 준다. 무엇보다 "공사천인으로서 역을 담당하는 자"에게도 백정대전을 지급하겠다는 것은 모든 백성에게 토지를 나누어주겠다는 뜻이었다.

문제는 모든 백성들에게 나누어줄 토지가 어디에 있느냐는 것이었다. 바로 이 때문에 조준의 토지 개혁 상소문은 조아에 큰 충격을 주었고, 정국을 일거에 토지 개혁 정국으로 끌고 갔다. 현재의 모든 토지 제도를 혁파하자고 주장했기 때문이다.

> 무릇 토지를 편제할 때는 공전과 사전을 모두 혁파해서 혹은 20결, 혹은 15결, 혹은 10결로 만듭니다. 모든 고을마다 정호(丁號: 토지를 받는 가구)는 천자문으로 표시하고 사람의 성명은 쓰지 않아서 뒤에 조상으로부터 물려받았다고 거짓으로 칭하는 폐단을 근절시킵니다.

조준은 이렇게 나누어준 토지의 세금도 명확하게 규정했다.

> 양전(量田: 토지 측량)을 끝낸 다음에 법에 따라 토지를 나누어 받습니다. 공전과 사전의 조는 1결마다 쌀 20두(斗)로 하여 민생을 후하게 해야 합니다. 《고려사》, 〈식화지〉, 녹과전)

1결에 쌀 20두의 세금이라면 소출의 10분의 1 정도다. 왕건이 실시한 10분의 1 세금 제도를 부활시키자는 뜻이었다. 조준의 상소문은 선언적인 의미가 아니었다. 토지를 나누어주는 관원이 부패를 저질렀을 경우의 처벌 조항까지 마련했다.

> 토지를 지급하면서 1결을 더 지급한 자, 1결을 더 받은 자, 토지를 회수하면서 1결을 빼먹은 자, 토지를 반납하면서 1결을 감춘 자, 부자(父子)가 관청에 신고하지 않고 사적으로 주고받은 자, 아버지가 죽었는데도 그 토지를 반납하지 않은 자, 다른 사람의 토지를 1결 이상 빼앗은 자, 공전 1결을 감춘 자는 모두 사형에 처해야 합니다.

이 외에도 조를 받을 때 관청에서 규정한 말(斗)을 사용하지 않고 더 받은 자는 장형 100대에 처하고, 토지에 대한 금지 사항을 어긴 자는 대사면령 때도 용서하지 않고 그 이름을 기록해 그 자손들은 탄핵권이 있는 부서나 인사권이 있는 부서에 나가지 못하게 해야 한다고 규정했다.

조준의 토지 개혁 상소문에 조야는 크게 충격을 받았다. 이색과 조민수도 마찬가지였다. 일개 서생의 당위론적 주장이 아니라 언론권과 백관의 탄핵권을 가진 대사헌의 상소였다. 무엇보다 그의 뒤에는 이성계와 책사(策士) 정도전이 있었다. 조준의 상소는 단순한 '주장'이 아니라 앞으로 이성계 일파가 이런 방향으로 갈 것이라는 선언이었다. 정도전은 훗날 《조선경국전(朝鮮經國典)》에서 이성계가 사전 혁파를 정국의 목표로 삼았다고 고백했다.

전하(이성계)께서는 잠저에 계실 때 친히 그 폐단을 보고 개탄스럽게 여기어 사전 혁파를 자기의 소임으로 정하였다.

이성계가 사전 혁파를 새 왕조 개창의 명분으로 삼았다는 뜻이다. 이런 구상이 조준의 상소로 가시화된 것이다. 조야는 크게 긴장한 채 추이를 지켜보았다. 이런 분위기 속에서 우왕 폐위를 둘러싼 시비는 자연스레 수면 아래로 가라앉았다.

조민수, 제거되다

창왕을 옹립하는 데 성공했을 때만 해도 조민수는 자신감에 차 있었다. 그의 배후에는 조정을 장악한 유학자들의 대부인 이색이 있었다. 조민수는 자신이 무관들을 통솔하고, 이색이 문관들을 통솔하면서 창왕을 보좌하려 했다. 그렇게 고려 왕실을 보호하겠다고 마음먹었다. 그러나 조준의 상소는 이런 정국 구도를 일거에 흐트려버렸다.

조준의 뒤를 이어 간관(諫官) 이행(李行)이 토지 개혁을 주장하는 상소를 올렸다.

전(傳)에 이르기를, "고쳐서 새롭게 하면 나라를 잘 다스릴 수 있다"고 했습니다. 또 이르기를, "어진 정치는 반드시 토지의 경계를 바로잡는 데서

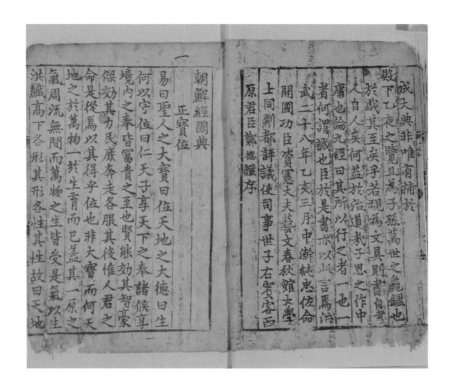

조선경국전. 수원화성박물관.

정도전이 태조에게 지어 올린 법전으로, 훗날 조선의 기본법
전인 《경국대전》 편찬의 모체가 됐다. 《삼봉집》 7권과 8권에
도 수록되어 있다. 보물 제1924호.

시작된다"고 했습니다. 지금 전하께서 즉위하신 초기에 사전을 혁파하여 조종(祖宗)의 아름다운 뜻을 따르지 않는다면, 무엇으로 어진 정치를 시행하는 정령(政令)을 반포하고, 무엇으로 만세까지 계속될 태평성대의 기틀을 열겠습니까? 엎드려 바라옵건대, 전하께서는 거행하여주시옵소서.

사전을 모두 혁파하라는 상소였다. 이행의 뒤를 이어 판도판서(版圖判書) 황순상(黃順常)도 같은 내용의 상소를 올렸다.

오늘을 위한 계책은 사전을 일거에 혁파해서 풍속을 바로잡고 백성들의 삶을 넉넉하게 하고, 저축을 늘려서 나라 살림을 온전히 하고 더할 나위 없게 만드는 것입니다. 그렇게 된다면 정말 다행이겠습니다.

뿐만 아니었다. 전법판서(典法判書) 조인옥이 황순상의 뒤를 이어 상소를 올렸다.

전법(田法: 토지법)이 바르게 되면 사직이 안정되고, 전법이 바르지 않게 되면 사직의 안전함과 위태로움을 알 수 없게 됩니다.

잘 계획된 공세였다. 대사헌 조준의 뒤를 이어 이행, 황순상, 조인옥 등이 잇따라 토지 개혁 상소를 올린 것은 배후가 있다는 뜻이었다. 삽시간에 시중부터 서인, 천민들까지 모두 토지 개혁 열풍에 휩쓸려 들어갔다. 광대한 토지를 몰수당할 수도 있는 상황에서 위화도 회군에 대해 시비나, 우왕 폐위와 창왕 즉위에 대한 시비를 논하는 것은 사치였다. 이색과 조민수는 눈앞의 토지 개혁을 저지하는 데 총력을 기울일 수밖에 없었다.

그제야 이들은 5년 전인 우왕 9년(1383) 동북면 병마사 이성계가 올린 토지 개혁 상소문이 우연이 아니란 사실을 깨달았다. 여기에 더해 이 일에 조준이 앞장선 것은 더욱 충격이었다. 조준은 문하시중 조인규(趙仁規)의 증손이자 판도판서 조덕유(趙德裕)의 아들로, 구가세족 출신이었기 때문이다. 구가세족 출신이 사전의 전면 몰수를 들고 나온 것이다.

도당에서 이 문제가 논의되었을 때, 이색은 전면적 토지 개혁에 반대했다.

"옛 법을 가볍게 고칠 수는 없습니다."

이 주장에 이림(李琳), 우현보, 변안열, 권근, 유백유(柳伯濡) 등 다수가 가세했다. 사전을 몰수하자는 주장에 동조한 인물은 정도전과 윤소종(尹紹宗)뿐이었다. 정몽주는 자신의 견해를 드러내지 않았다. 창왕의 명으로 논의에 참여한 53명의 신하들 중 조준의 주장에 찬성하는 자는 18~19명에 불과했다. 조정은 대부분 구가세족의 자제들이 차지하고 있었으니 어떻게 보면 당연한 결과였다.

그러나 중요한 것은 명분이고, 이 명분을 실현시킬 힘이었다. 정도전은 조정의 이런 역학 관계를 잘 알고 있었다. 이런 역학 관계를 뒤집기 위해서는 조민수를 제거해야 했다. 조준의 상소문은 조민수를 직접 겨냥한 것인데, 조민수나 이색은 이런 사실을 눈치채지 못했다.

한편, 회군한 후 조민수는 이인임을 복권시키려고 계획했다. 친원파의 거두 이인임은 요동 정벌군이 북상하기 몇 달 전인 우왕 14년

(1388) 1월, 최영과 이성계가 손잡고 숙청한 임견미·염흥방 일당의 배후였다. 우왕이 즉위하는 데 1등공신인 이인임이 배후에 있었기에 임견미·염흥방 일당이 그토록 기세등등할 수 있었던 것이다.

최영이 체포하자 임견미는 이렇게 한탄했다.

"광평부원군(廣平府院君: 이인임)이 나를 그르쳤다."

최영이 기병을 동원해 임견미를 체포한 후에도 반발이 잇따랐다. 우왕은 찬성사 왕복해(王福海)와 최영에게 궁궐을 숙위하게 했는데, 왕복해는 임견미 쪽 사람이었다. 그는 수십 명의 기병을 이끌고 최영에게 달려들었다. 그러나 갑옷을 입은 최영이 호상(胡床)에 걸터앉아 눈도 꿈쩍이지 않고 부하 장수들을 지휘하자 왕복해는 주춤했다. 임견미 일당이 숙청되자 불안해진 이인임이 최영의 집을 찾아갔으나 최영은 만나주지 않았다. 그러나 최영은 사형당해야 했던 이인임을 유배로 낙착시켰다. 그래서 당시 사람들은 최영의 이런 행동을 이렇게 풍자했다.

"정직한 최공이 사사로운 정으로 늙은 도적을 살려주었다."

이인임은 그나마 최영의 호의 덕분에 경산부로 유배를 갔는데, 회군으로 정권을 잡은 조민수가 이인임을 다시 부르자고 주장하면서 크게 의심을 사게 됐다. 이인임이 복권될지도 모른다는 말이 돌자 사람들은 그가 다시 양민을 노비로 만들고, 땅을 빼앗지 않을까 염려했다. 그런데 이인임은 개경으로 돌아오기 전, 옥에서 죽었다. 사람들이 기뻐하면서 이렇게 말했다.

"사람이 죽이지 못하니 하늘이 죽였다."

그러나 조민수는 이인임의 죽음을 애도하는 교서를 내려야 한다고 주청했고, 창왕은 이를 받아들였다.

"평생토록 영예와 아낌을 받았으니 그대는 유감이 없겠지만 나는 이제 누구의 보필을 기대해야 한단 말인가?"

조민수는 이에 그치지 않고 예를 갖추어 장사 지내고 벼슬을 추증해야 한다고 주청했다. 그러자 제문을 써야 할 전의관(典儀官)들이 모두 난색을 표하며 병을 핑계로 출근하지 않았다. 부령(副令) 공부(孔俯)가 홀로 일어나 이인임의 시호를 짓겠다고 나섰다.

"내가 광평부원군의 시호를 짓지 않으면 대체 누가 짓겠는가?"

공부가 지은 이인임의 시호는 '황잡하고 간사하다'는 뜻의 '황무(荒繆)'였다.

우사의대부(右司議大夫) 윤소종(尹紹宗)은 동료들과 함께 이인임을 비판하는 상소를 올렸다.

(이인임은) 벼슬을 팔고 뇌물로 옥사를 처리하니 그의 집 문앞이 마치 물 끓듯 했습니다. 뇌물을 주어 청탁하는 자는 어진 인재가 되고, 절의 있고 염치 있는 사람은 불초한 자가 되었으며, 그가 한 번 웃으면 공신이 나고 그가 한 번 찡그리면 사람이 처형당했습니다. 양부(兩府: 중서문하성과 추밀원)와 모든 관청, 변방 장수와 고을 수령들이 다 그 문에서 났으며, 언관(言官)과 요직에도 그와 사적으로 친한 자들이 늘어섰습니다. 밑바닥을 알 수 없는 탐욕으로 여러 도에 전원(田園: 큰 농장)이 있었고, 늘어선 집에는 금은보화가 가득 찼습니다. 부잣집 늙은이는 봉군(封君: 군의 작호를 줌)시켜 주었고, 친족 어린아이와 공인(工人), 상인(商人), 천한 노예들은 앉아서 나라의 녹을 먹었지만, 임금을 숙위하는 신하들과 백전 전사들은 한 됫박 곡

식도 먹지 못했습니다.

이런 이인임을 복권시키자고 주장한 일로 인해 조민수의 정국 장악력은 급격히 약화됐다. 드디어 대사헌 조준이 조민수를 탄핵하고 나섰다. 조민수가 백성들의 땅을 빼앗아 사전을 늘렸다고 탄핵한 것이다. 결국 창왕 1년 7월, 조민수는 창녕으로 유배를 떠났다. 창왕을 임금으로 옹립한 지 불과 두 달 만에 유배객 신세로 전락한 것이다.

반면 이성계는 다음 달 도총중외제군사(都摠中外諸軍事)가 되었다. '도총'은 모두 총괄한다는 뜻이고, '중외'는 수도와 지방이란 뜻이며, '제군사'란 군사에 관한 모든 일이란 뜻이다. 이전에 존재하지 않던 직책으로, 이성계를 위해 새로운 직책을 만든, 이른바 위인설관(爲人設官)이었다. 조민수와 나누었던 군권을 이성계가 독차지한 것이다.

조민수를 쫓아내자 사전 개혁에 반대할 세력이 없어졌다. 창왕은 6도 관찰사에게 양전(量田: 토지 조사)을 실시해 보고하라고 명령했다. 6도의 토지 중 공전과 사전이 얼마나 되는지, 세금을 내지 않는 은결(隱結)이 얼마나 되는지 조사해 보고하게 한 것이다.

이 소식에 구가세족들은 발칵 뒤집혔다. 사전 몰수, 토지 지급의 전 단계 조치로 보았기 때문이다. 이색은 진퇴양난의 처지에 몰렸다. 그도 한때는 토지 개혁을 주장한 바 있었다.

"백성이 하늘처럼 여기는 것은 오로지 밭에 있을 뿐이다. 몇 무(畝) 밖에 안 되는 밭을 1년 내내 부지런히 갈아봤자 부모와 처자를 먹여 살릴 만큼도 안 되는데 소작료(租)를 걷는 자들은 이미 와 있다. 밭 주인이 한 사람이면 그나마 다행이다. 적은 곳은 서너 명이고, 많은 곳은 일고여덟 명이다. 어찌해보려 해도 어찌 할 수 없으니 누가 기꺼이 소작료를 갖다 바칠 것인가. 밭의 소출로는 소작료도 다 바칠 형편이 못 되는데 어디에서 이자를 낼 것이며, 무엇으로 부모를 봉양하고 무엇으로 처자를 먹여살릴 것인가. 백성들의 곤궁함이 이런 지경이다."

이렇듯 이색도 백성들의 곤궁함을 한탄했다. 그 핵심에 토지 문제가 있다는 사실도 잘 알고 있었다. 이색 역시 토지 제도를 개선해야 한다는 데는 동의했다. 문제는 방법론이었다. 이색은 하나의 땅에 주인이 여러 명인 현실을 개선해야 한다고 생각했다. 땅이 하나면 주인도 하나여야 한다는 생각이었다. 문제는 그 주인이 직접 농사짓는 농민이 아니라 전주(田主: 지주)라는 점이었다. 실제 땅을 경작하는 것은 전호(佃戶: 소작인)였다. 이색의 토지 개혁론은 실제 농사짓는 경작자의 자리가 아니라 전주의 시각에서 본 개혁론이었다. 그러나 당시 고려의 상황은 이런 부분적인 개혁론으로는 해결될 수 없었다.

한편, 정도전은 이색과 달리 모든 백성들에게 농토를 나누어주어야 한다고 주장했다.

"옛날에는 토지를 관에서 소유하여 백성에게 주었으니, 백성이 경작하는 토지는 모두 관에서 준 것이었다. 천하의 백성으로서 토지를 받지 않은 사람이 없었고 경작하지 않은 사람이 없었다. 따라서 백성은 빈부나 강약의 차이가 그다지 심하지 않았으며, 토지에서의 소출이 모두 국가에 들어갔으므로 나라 역시 부유하였다."《조선경국전》

정도전은 모든 백성들에게 토지를 나누어주는 혁명적 토지 개혁론을 주장했다. 그러기 위해서는 사전을 혁파해야 했다. 사전을 몰수해 국가에 귀속시켰다가 모든 백성에게 나누어준다는 것이 정도전과 조준의 토지 개혁 구상이었다. 군권을 가진 이성계 역시 이에 동의했다. 이들은 백성의 숫자대로 토지를 나누어주는 계민수전(計民授田), 또는 인구수대로 땅을 나누어주는 계구수전(計口授田) 방식의 토지 개혁을 주장했다. 정도전은 이렇게 지적했다.

"토지 제도가 무너지면서 호강자(豪强者)가 남의 토지를 겸병하여 부자는 밭두둑이 잇닿을 만큼 토지가 많아진 반면 가난한 사람은 송곳 꽂을 땅도 없게 되었다. 그래서 가난한 사람은 부자의 토지를 빌려 1년 내내 부지런히 고생해도 식량이 부족하고, 부자는 편안히 앉아서 손수 농사를 짓지 않고 용전인(傭佃人: 소작인)을 부리면서도 그 소출의 태반을 먹는다. 국가에서는 팔짱을 끼고 구경만 하고 그 이득을 차지하지 못하니, 백성은 더욱 곤궁해지고 나라는 더욱 가난해졌다."
《조선경국전》

혁명적인 토지 개혁 주장에 이색은 크게 당황했다. 이색에게는 조민수가 필요했다. 이들이 조민수를 석방시키기 위해 백방으로 노력한 결과, 조민수는 두 달도 채 되지 않은 창왕 즉위년(1388) 8월 7일 창왕 생일 특사로 풀려날 수 있었다. 이제 정국의 현안은 사전 혁파냐 유지냐 하는 문제로 귀결되었다. 사전을 혁파하자는 주장에 밀린 세력들은 절충안을 제시했다. 창왕은 같은 달 교서를 내려 이렇게 말했다.

"사전의 세금 일체를 모두 국가(公)에서 거두면 조정 신하들이 반드시 밥 먹기 어려움(艱食)을 걱정할 것이니, 잠시 동안 그 세금의 절반만 거두어 국가 재정에 충당하도록 하라."

사전의 세금을 절반만 국가에서 거두라는 말이었다. 즉, 사전의 절반만 혁파하라는 뜻이었다. 절반의 사전 개혁이었다. 아홉 살 어린 창왕의 머릿속에서 나올 수 있는 절충안이 아니었다. 이색, 조민수를 비롯한 사전 유지론자들이 움직여 사전의 절반을 지켜낸 것이다. 창왕을 옹립한 데 이어 사전 유지론자들이 거둔 두 번째 승리였다. 그러자 창왕 1년(1389) 8월, 대사헌 조준이 다시 강력한 토지 개혁 상소문을 올려 비판에 나섰다.

삼가 생각하건대, 사전은 사문(私門: 개인 집)에는 이익이 되지만 나라에는 이익이 없으며, 공전은 공실(公室: 나라와 관청)에도 이익이 되고 백성들에게도 아주 편리합니다. 사문에 이익이 되기에 겸병이 시작되었으며, 나라에서 써야 될 것이 이 때문에 부족하게 되었습니다. 공실에 이로우면 창고가 가득 차서 나라의 재정이 풍족해지고 땅을 둘러싼 소송이 그쳐서 민생이 안정됩니다. 국가를 가진 자는 마땅히 토지의 경계(經界)를 바로잡는 것을 어진 정치의 시작으로 삼아야 합니다. 《고려사》〈식화지〉녹과전)

개인이 소유한 사전을 모두 혁파하고, 국가 소유의 공전으로 삼아야 한다는 주장이다. 조준은 사전의 절반만 세금으로 걷는 것은 겸병의 문을 여는 것이라고 강력하게 비판했다.

그런데 어찌 겸병의 문을 열어 백성들의 삶을 도탄에 빠지게 하겠습니까? 무릇 토지는 본래 사람을 부양하지만 또한 사람을 해치기에도 충분한데, 사전의 폐해가 이에 이를 정도에 달했습니다. 다행히 하늘이 나라를 도우셔서 전하께서 즉위하시어 세상의 넓은 폐단을 없애서서 그 이해를 회복하신 것을 분명히 볼 수 있습니다. 그러나 세신거실(世臣巨室: 대를 이은 큰 집안)들은 오히려 나쁜 풍조를 좇으면서 '우리나라에 있는 법을 하루 아침에 없앨 순 없다. 만약 이를 없앤다면 선비와 군자들이 살아갈 방도가 날로 쪼그라들어서 공장(工匠)이나 장사치가 되고 말 것이다'라고 말하면 서, 서로 부언(浮言: 유언비어)을 퍼뜨리며 여러 사람의 귀를 현혹시켜서 사전을 부활시켜 부귀를 보전하려고 합니다. 한 집안을 위한 계책이라면 그럴 수도 있지만, 그 사직과 백성들의 삶은 어쩌하겠습니까? 만약 사전 이 회복된다면 이는 삼한 백만 명 민중을 기름불 속에 집어넣는 것이나 마 찬가지입니다. 지금 다스림을 도모한다면서 거꾸로 살아 있는 백성들에 게 우환을 입히는 것은 불가하지 않겠습니까? (《고려사》〈식화지〉녹과전)

이색 등은 아직도 사태의 본질을 파악하지 못하고 있었다. "들판 백 성(丘民)들의 마음"을 얻어 천자가 되는 것이 이성계와 정도전의 기 본 전략이란 사실을 간과하고 토지를 사유하는 데 집착한 것이다. 들 판 백성들의 마음은 사전 몰수와 토지 분배를 주장하는 정치 세력에 게 몰리게 되어 있었다. 게다가 그들은 군권까지 갖고 있었다. 이색 등 이 고려 왕조의 존속을 주장하는 것은 명분이 있었지만 토지의 사유 를 주장하자 백성들이 등을 돌리기 시작했다. 수세에 몰린 이색 등은 전세를 역전시킬 새로운 방안을 모색했다. 바로 명나라를 끌어들이는 것, 바로 창왕의 남경 입조(入朝)였다.

창왕의 입조 기도와 우왕의 반격

창왕 즉위 직후, 고려는 명나라의 수도 남경에 문하찬성사(門下贊成事) 우인열과 정당문학 설장수를 보내 국왕이 교체되었음을 설명하는 표문을 전달했다. 표문의 명의는 창왕이 아닌 쫓겨난 우왕으로 되어 있었다. 물론 우왕이 직접 작성한 표문은 아니었다. 이 표문에서 우왕은 요양을 공격하려 한 것은 자신이 아닌 최영이라고 주장했다.

병마도통사(兵馬都統使) 최영이 제게 매와 개를 바쳐 사냥으로 이끌고 서연을 파하게 했기 때문에 저는 견문이나 지식이 없게 되었습니다. 최영은… 제멋대로 군국의 권한을 휘둘러 사람을 죽이고 제멋대로 군대를 일으켜 요양을 공격하려 하니, 여러 장수들이 모두 불가하다고 하였습니다.

우왕은 이 표문에서 최영이 요양을 공격하려 한 것은 자신의 잘못이라며, 자신은 어릴 때부터 병이 있었다면서 이렇게 말했다.

나랏일이 번다하니 한가하게 거처하면서 휴양하기를 원합니다.

우왕은 충렬왕, 충선왕, 충숙왕 등이 아들에게 왕위를 물려준 고사에 따라 아들에게 왕위를 계승하고자 한다며 "명작(名爵: 명예로운 작위)을 계승할 수 있게 해달라"고 요청했다. 이는 물론 회군 세력이 우왕명의로 작성해 보낸 표문이었다.

회군 세력은 명나라를 중시했다. 명나라에 대한 사대를 명분으로 군사를 돌렸기 때문이었다. 이색은 명나라를 이용하면 고려 왕실을 지킬 수 있을 것이라고 생각했다. 그래서 이색은 창왕을 직접 명나라 수도로 보내 명 태조 주원장을 만나게 하려 했다. 창왕이 명 태조를 직접 만나면 이성계 일파가 창왕을 내쫓지 못할 것으로 판단한 것이다. 즉위년 11월 창왕은 밀직사(密直使) 강회백(姜淮伯)과 부사(副使) 이방우를 남경에 보내 자신이 직접 남경에 가서 주원장을 만나겠다고 요청했다.

예로써 천자를 직접 알현하는 것보다 중요한 것은 없습니다. …다만 나라가 멀리 떨어져 있고, 변고가 많았기 때문에 때맞춰 진공(進貢)은 부지런했지만 천자를 직접 뵙지는 못했습니다.

정사 강회백은 창왕에게 충성하는 인물이었다. 그래서 이성계 일파는 장남 이방우를 부사로 보내 강회백을 견제하게 했다. 이방우는 위화도 회군 당시 우왕과 성주에 있다가 방과 등과 탈출해서 이성계의 군영에 합류했지만 고려를 무너뜨리는 것에는 반대했던 인물이다. 태조 2년(1393) 12월, 〈이방우졸기〉에 따르면 "임금의 맏아들인데, 술을 좋아해서 날마다 통음(痛飮)하는 것을 일삼더니 소주(燒酒)를 마시고 병이 나서 죽었다"라고 쓰여 있다. 이방우는 부왕이 고려를 무너뜨린 것을 부정적으로 봤다.

이색은 창왕의 입조만 실현시킨다면 고려 왕실을 지킬 수 있을 거라고 판단하고 총력을 기울였다. 이성계가 "작은 나라가 큰 나라를 칠 수 없다"는 사대 논리를 요동 정벌 불가론의 가장 큰 명분으로 든 만큼, 창왕이 주원장을 만나면 이성계가 창왕의 지위를 흔들 수 없을 것이라고 본 것이다. 이색은 창왕이 지금은 어리지만 나이를 먹으면 상황이 달라질 것이라고 생각했다. 그래서 이색은 강회백, 이방우를 뒤따라 자신이 직접 사신이 되어 남경으로 갔다.

강회백이 사신으로 갈 때 방우를 따라 보낸 것처럼, 이색이 사신으로 갈 때 이성계 측은 방원(芳遠)을 따라 보냈다. 이색을 감시하려고 딸려 보낸 것이다. 그러나 이색은 걱정하지 않았다. 이색은 예순둘의 노인이 되기까지 국내외에서 수많은 경험을 쌓았다. 국내에서만 살아온 스물셋 청년 정도는 얼마든지 통제할 수 있다고 자신했다.

이색은 직접 명 태조를 만나면 창왕의 입조를 관철시킬 자신이 있었다. 주원장은 이색을 직접 만나주었다. 그러나 주원장은 이색의 예상과는 다른 인물이었다. 주원장은 이색이 원나라 조정에서 벼슬을 했던 사실을 알고 있었다. 주원장이 이색에게 물었다.

"그대는 원 조정에 출사해서 한림이 되었으니 당연히 한어(漢語)를 알겠지?"

이색은 중국어로 자신 있게 대답했다.

"우리 임금께서 친히 조회할 것을 청합니다."

창왕이 직접 남경에 와서 명 태조를 알현하겠다는 요청이었다. 그러나 주원장은 알아듣지 못하는 척했다. 그래서 예부의 관원이 이색의 말을 대신 아뢰었다. 주원장은 웃으면서 말했다.

"그대의 한어는 정말 나하추와 같구나."

이색의 중국어 실력이 몽골족 나하추와 같다고 놀린 것이다. 그러면서 이색이 요청한 창왕의 친조 요청은 끝내 못 들은 척했다. 이색은 크게 실망한 채 빈손으로 귀국할 수밖에 없었다. 발해에서 객선(客船) 두 척에 나누어 타고 귀국하는데, 반양산에 도착할 무렵 태풍을 만나 두 척의 배가 모두 침몰했다. 이색은 죽을 뻔하다가 겨우 살아 돌아왔다. 귀국한 후 이색은 사람들을 만날 때마다 주원장을 낮게 평했다.

"지금 이 황제는 마음에 일정한 주인이 없는 군주다. 내 생각에 황제가 반드시 이 일을 물어볼 것이라고 생각했던 것은 묻지 않았다. 황제가 묻는 것은 모두 내가 생각하지 않은 것들이었다."

이색은 주원장이 창왕이 왜 입조하려고 하는지, 또 고려와 북원의 관계가 어떤지, 또 고려 내부의 국정 상황이 어떤지 물어볼 것이라고 생각했다. 그러나 주원장은 창왕이 친조하겠다는 요청을 못 들은 척하면서 이색의 중국어 실력이 나하추처럼 형편없다고 빈정댔을 뿐이다. 주원장은 아무리 유학자라 해도 고려인을 믿지 않았다. 게다가 이색은 원나라 조정에서 벼슬을 한 사실도 있었다. 사대주의 유학자의 짝사랑일 뿐이었다.

이색은 창왕 1년(1389) 4월 귀국했는데, 주원장은 한 달 전에 귀국한 강회백에게 이미 창왕의 친조 문제에 대해 답변한 터였다. 그래서 이색이 이 문제를 언급하자 못 들은 체한 것이다. 주원장은 국서에서 이렇게 말했다.

고려는 중국과 산과 바다로 떨어져 있어 풍속이 다르니 비록 우리와 서로 통하더라도 떨어지고 합치는 것이 일정하지 않다. 지금 신하들이 그 아비

를 내쫓고 그 아들을 세우고서 내조(來朝)할 것을 청하니, 이는 대개 인륜
이 크게 무너진 것이지만 (전왕에게) 임금의 도가 전혀 없어서 신하가 할
수 없는 대역(大逆)이 크게 일어난 것이다. 사신은 돌아가서, 어린아이가
내조할 필요 없다고 전하게 하라. 세운 것도 저쪽이고, 폐한 것도 저쪽이
니 중국은 상관하지 않겠다. 《고려사》, 창왕 원년 3월)

주원장은 창왕의 즉위를 아들이 아버지를 내쫓고 즉위한 패역으
로 보았다. 그런데 그 아버지가 내쫓긴 이유는 명나라를 정벌하려 했
기 때문이었다. 주원장은 명나라를 침범하려 했던 우왕이나 그 친아
들 모두 탐탁지 않았다. 그래서 한 나라의 임금을 "어린아이"라고 비
하하면서 오지 말라고 한 것이다. 그는 요동 정벌파고 회군파고 고려
인들 자체를 믿지 않았다. 그의 눈에 고려인은 모두 동이족일 뿐이었
다. 그래서 창왕의 입조를 거절했지만 고려를 계속 외면할 수는 없다
고 판단했다. 그래서 이색에게 귀국 선물을 주었다. 자신의 아들과 고
려의 명가 출신 딸을 혼인시키자는 제의였다.

"나(주원장)에게 몇 명의 남자 아이가 있으니, 고려에도 근본이 좋은
집안의 여자 아이가 있으면 장차 혼인을 하도록 하자."

창왕의 친조 요청은 못 들은 척하고 자신의 아들과 고려 여인을 혼
인시키자니, 이색으로선 주원장의 속내를 도무지 알 수 없었다.

이색이 귀국한 후 주원장을 폄하하자 사람들은 오히려 이색을 비웃
었다.

"큰 성인(聖人: 주원장)의 도량을 속유(俗儒: 이색)가 어찌 알아서 의논
할 수 있겠는가."

주원장은 "큰 성인"이라고 한 것은 사대주의적 발언이지만 이색이 주원장의 속내를 모른다고 한 것은 옳은 말이다. 그 이유는 사실 간단하다. 고려의 유학자들은 중화 사대주의의 관점에서 명나라를 바라봤지만 주원장은 철저하게 자국의 이익이란 관점에서 고려를 바라봤다. 바로 이 점을 착각했기 때문에 주원장을 이용해 창왕의 지위를 튼튼하게 만들려던 이색의 계획이 수포로 돌아간 것이다.

한편, 강화도로 쫓겨간 우왕은 희망을 버리지 않았다. 언젠가 다시 기회가 와서 복위할 수 있을 거라고 생각했다. 그때가 되면 이성계를 찢어 죽일 것이라고 벼르고 별렀다. 다행히 조정에는 아직도 자신을 임금으로 여기는 신하가 많이 있었다. 쫓겨난 지 두 달 후인 창왕 즉위년(1388) 8월 추석, 도당에서 지밀직(知密直) 이빈(李彬) 등을 보내 의복과 술과 과일 등 추석 예물을 바친 것도 이런 이유에서였다. 다음 달에도 왕안덕을 강화도로 보내 우왕을 대접했다. 이때 왕안덕이 우왕에게 중요한 정보를 주었다.

"곧 폐하를 여흥(驪興: 여주)으로 옮길 것입니다."

우왕은 크게 기뻐하며 왕안덕에게 말 한 필을 하사했다. 일단 내륙으로 나가면 다른 수를 낼 수 있을 것으로 판단한 것이다. 도당은 다시 우왕에게 의복과 말을 바치고, 우왕을 모시는 시녀와 환관들에게도 겨울옷을 지급했다.

왕안덕의 말대로 창왕 즉위년 9월, 우왕의 유배지는 강화에서 여흥으로 옮겨졌다. 삼사좌사 조인벽, 찬성사 지용기(池湧奇), 동지밀직 우홍수(禹洪壽), 밀직부사 유준(柳濬) 등이 통진까지 가서 우왕을 영접했다. 이중에는 이성계 지지 세력도 있었지만 우왕에게 충성을 바치는 세력도 있었다. 여흥군 군사에게 우왕의 숙소를 숙위하게 하고, 여흥군의 세금으로 우왕을 대접하게 했다. 고려 군민들의 마음속에 우왕은 여전히 살아 있었다.

이성계 일파는 우왕의 우익(羽翼)을 끊지 않으면 무슨 일이 발생할지 모른다고 생각했다. 우왕의 우익은 바로 최영이었다. 최영이 살아 있는 한, 우왕도 살아 있는 것이었다. 위화도 회군 직후, 최영은 고봉(高峰: 경기도 고양)현으로 귀양 갔다가 합포를 거쳐 충주로 다시 옮겨졌다. 한곳에 오래 두면 우왕 지지 세력을 모아 반격할 우려가 있었기 때문이다. 그래서 자주 유배지를 옮겼지만 최영이 살아 있다는 것 자체가 이성계 일파에게는 큰 부담이었다. 우왕의 유배지가 내륙으로 옮겨진 터에 최영까지 살아 있으니 어떤 일이 발생할지 알 수 없었다. 최영이 역적 타도의 기치를 내걸면 호응할 고려 사람이 한둘이 아니었다. 그래서 이성계 일파는 그해 12월 최영의 목을 베었다.

최영의 아버지 최원직(崔元直)은 임종할 때 열여섯 살인 아들에게 유언을 남겼다.

"황금 보기를 돌같이 하라."

최영은 한순간도 부친의 유언을 잊지 않았다. 그의 집은 비좁았고, 입는 것과 먹는 것은 검소했다. 살찐 말을 타고 가벼운 옷을 입은 자를 경멸하니 오랫동안 장상(將相)의 자리에 있었지만 그에게만은 그 누구도 뇌물을 바치거나 청탁을 하지 못했다. 그런데 명나라에서 고려 땅에 철령위를 설치하려는 것에 격분해 요동 정벌군을 일으켰다가 불행한 말년을 맞이한 것이다. 위화도 회군에 찬성했던 간대부(諫大夫) 윤소종은 최영에 대해 이렇게 평가했다.

"공은 한 나라를 덮었으나 죄는 온 천하에 가득하다."

《고려사절요》〈최영졸기〉는 세상 사람들이 이 말을 명언이라 여겼다고 말한다. 그러나 이는 세상 사람들이 아니라 친명사대주의 유학자들에게만 명언일 뿐이다. 고려를 위해 많은 공을 세웠지만 요동 정벌군을 일으켜 명나라에 죄를 지었다고 비난한 것에 불과하다. 이처럼 자신을 고려의 신하가 아니라 명나라의 신하라고 생각하는 사대주의자들이 조정에 가득 차 있었다.

윤소종은 이성계가 위화도에서 회군해 개경에 들어올 때 동문 밖에 나가 영접하면서 《곽광전(霍光傳)》을 바쳤다. 한나라 곽거병(霍去病)의 이복동생인 곽광은 정권을 장악한 후 소제(昭帝)의 뒤를 이은 창읍왕(昌邑王) 유하(劉賀)를 내쫓고 선제(宣帝) 유순(劉詢)을 옹립한 인물이다. 윤소종이 《곽광전》을 바친 이유는 곽광처럼 우왕을 내쫓고 다른 임금을 추대하라고 권한 것이었다. 명 태조 주원장에게 죄를 지었다는 뜻이다.

고구려 기마무사의 혼을 이은 고려 무장 최영은 형을 받을 때도 말과 안색이 태연자약했다. 최영은 죽음을 앞두고 이렇게 말했다.

"내가 조금이라도 남에게 해가 되는 일을 했다면 내 무덤에 풀이 날 것이고, 그렇지 않다면 풀이 나지 않을 것이다."

실제로 그의 무덤에는 풀이 나지 않았다고 전한다.

최영은 대제국 고구려의 부활을 꿈꿨다. 친원, 친명, 그 모든 사대주의는 그의 길이 아니었다. 그에게 모든 사고의 중심은 고려 왕실이었다. 홍건적 출신의 주원장이 명나라를 세우자 고려의 유학자들이 천자(天子) 운운하며 떠받드는 사대(事大)는 그의 길이 아니었다. 그에게 천자는 고구려 왕실이고, 그 뒤를 이은 고려 왕실이었다. 그래서 요동 정벌군을 일으킨 것이다. 다만 자신이 직접 정벌군을 이끌고 북상하지 않아서 이 같은 사태를 불러왔다. 죽으면서도 그는 고려 왕실의 미래를 걱정했다. 그 없는 고려 왕실은 미래가 보이지 않았다.

최영이 죽던 날, 개성 사람들은 장시를 파했다. 먼 곳에서나 가까운 곳에서나 최영의 죽음에 대해 들은 사람들은 길거리의 아이들이나 골목의 부녀자들까지 모두 눈물을 흘렸다. 그의 시신을 길에 던지자 지나가던 자들이 모두 말에서 내렸다. 도당에서는 부의(賻儀)로 쌀과 콩 150석과 포 250필을 내렸다. 그야말로 추모 물결이 고려 전역을 뒤덮었다.

회군 세력은 이런 반응에 놀라지 않을 수 없었다. 사전을 개혁하자는 주장에 박수를 치던 백성들이 최영의 죽음에는 반발했던 것이다. 사전을 개혁하는 것도 옳지만, 최영이 추진한 요동 정벌도 옳다는 것이었다. 백성들은 최영을 죽인 이성계 일파를 크게 비난했다.

창왕 1년(1389) 11월, 전 대호군 김저(金佇)와 전 부령 정득후(鄭得厚)가 여흥으로 이배된 우왕을 몰래 찾아갔다. 김저는 최영의 조카로 최영을 오래 따라다닌 인물이고, 정득후는 최영의 친족이다. 몰래 찾아온 옛 신하들을 본 우왕은 눈물을 흘렸다.

"답답하게 이곳에 갇혀 손이 묶인 채 앉아서 죽을 순 없다. 역사(力士) 한 사람을 얻어 이 시중(李侍中: 이성계)만 제거한다면 내 뜻을 성취할 수 있을 것이다. 내가 평소에 예의판서 곽충보와 잘 지냈으니 너희들은 가서 그와 함께 일을 도모하라."

우왕은 곽충보에게 전하라면서 칼 한 자루를 주며 팔관일에 거사하라고 날짜까지 지정해주었다.

　"일이 이루어지면 왕비의 동생을 처로 삼게 하고 함께 부귀를 누릴
것이다."

　김저가 곽충보에게 알리자 곽충보는 선뜻 동의하는 척했다. 그러나
곽충보는 팔각전에서 최영을 체포한 장본인이었다. 곽충보는 이성계
에게 즉시 이 사실을 알렸다. 또 한 차례 회오리바람이 불면서 관련자
들이 속속 체포되었다. 문초한 결과, 이들 외에도 이임, 우현보 등 여
러 벼슬아치가 관련된 행적이 드러났다. 우왕 지지 세력이 이성계 타
도를 목표로 결집한 흔적이 드러난 것이다. 자칫하면 삽시간에 불길

최영 장군 묘.
경기도 고양시에 위치한 최영 장군의 묘. 경기도 기념물 제23호로 지정되었다. 부인 유씨와 함께 묻힌
합장묘로 화강암 장대석에 2단 호석을 두른 전형적인 고려 양식이다. "내 무덤에는 풀이 나지 않을 것
이다"라는 최영 장군의 유언이 전해지는데, 실제로 오랫동안 그의 무덤에는 풀이 나지 않았다고 한다.

이 번질 수도 있었다.

　이성계 일파는 우왕을 오지인 강릉으로 이배시켰다. 김저와 정득후
는 밤중에 이성계의 사저에 갔다가 문객에게 붙잡혔는데, 정득후는
스스로 목을 찔러 자결했다. 개경의 인심은 다시 뒤숭숭해졌다.

개국, 냉혹한 길

흥국사에서 우·창왕을 신돈의 후예로 몰다

창왕 1년(1389) 11월 14일, 팔관회 날이었다. 팔관회는 하늘 및 오악 (伍嶽), 명산(名山), 대천(大川)과 용(龍)의 신을 섬기는 행사로 호국적인 성격이 짙었다. 하늘에 제사를 지낸다는 것은 고려가 천자국임을 나타내는 것이다. 팔관회에는 왕이 직접 참석해서 백관에게 술과 음식을 하사하는 것이 관례였다.

이날 이성계는 대궐에서 열리는 팔관소회(八關小會)에 참석하는 것을 거부했다. 대신 흥국사로 향했다. 흥국사 주위는 군사들이 삼엄하게 에워싸고 있었고, 내부는 이성계의 추종 세력으로 가득 차 있었다. 이날이 바로 고려를 멸망시키기로 공포할 거사일이었다. 명분은 우왕이 팔관일에 이성계를 죽이라고 사주했다는 것이었다.

이성계의 책사인 밀직부사 정도전을 필두로 판삼사사 심덕부, 찬성사 지용기 · 정몽주, 정당문학 설장수, 평리 성석린(成石璘), 지문하부사 조준, 판자혜부사(判慈惠府事) 박위(朴葳) 등이 결집했다. 심덕부는 좌군도통사 조민수 산하의 서경도원수(西京都元帥)였는데, 위화도 회군에 찬성해 이성계의 측근이 되었다. 그의 아들 심온(沈溫)은 이방원의 셋째 아들 충녕대군(세종)의 장인이 된다.

공민왕 5년(1356) 이성계가 스무 살 젊은 나이에 처음 찾았던 흥국사였다. 동북면 출신의 한 청년이 서른세 해 뒤 고려 왕조의 숨통을 끊으려 하고 있었다. 이성계는 우왕이 자신의 암살을 지시한 것을 빌미로 비로소 자신의 속내를 드러냈다.

"우와 창은 본래 왕씨가 아니니 종묘와 사직을 받들 수 없소."

우왕과 창왕은 공민왕의 핏줄이 아니라는 '우창비왕설(禑昌非王說)'은 정도전의 머릿속에서 나온 논리였다. 우창비왕설이 마침내 이성계의 입을 통해서 흘러나오자 흥국사 경내에는 팽팽한 긴장감이 감돌았다. 대놓고 왕조 교체를 선언한 것이었기 때문이다. 우왕과 창왕은 본래부터 왕씨가 아니라 신돈과 반야 사이에 태어난 신씨라는 논리였다. 가짜 왕을 폐하고 진짜 왕을 세워야 한다는 '폐가입진' 논리였다. 조선에서 편찬한 《고려사》나 《고려사절요》에 우왕과 창왕이 반드시 '신우(辛禑)', '신창(辛昌)'이라고 적혀 있는 것은 바로 이 때문이다. 이 말이 이성계의 입에서 나왔다는 것은 고려를 폐하겠다는 뜻이나 마찬가지였다.

이성계가 계속 말을 이었다.

"또한 천자(주원장)의 명이 있었으니 마땅히 가짜를 폐하고 진짜를 세워야 하오. 정창군 왕요는 신왕(神王: 신종)의 7대손으로 가장 가까운 족속이니 세울 만하오."

창왕을 폐위하고 신종의 7대손인 정창군을 추대하자는 주장이었다. 신종(재위 1197~1204)은 1197년 최충헌이 명종을 폐위시키고 추대한 고려 제20대 임금이다.

정창군을 추대하자는 주장에 조준이 반대하고 나섰다.

"정창군은 부귀한 집에서 생장해 자기 재산만 다스릴 줄 알고 나라를 다스릴 줄은 모릅니다."

창왕 폐위에 반대한 것이 아니라 정창군이 임금이 되는 것이 적절

흥국사지 석탑. 국립중앙박물관.
현재 흥국사는 개성 만월동에 절터만 남아 있고, 석탑은 개성박물관 앞뜰로 옮겨졌다. 거란군을 물리친 기념으로 강감찬이 세운 탑이다. 창왕 1년(1389) 팔관회 날 이성계 일파는 흥국사에 모여 창왕 폐위를 도모했다.

하지 않다고 반대한 것이다. 정창군이 아니라 다른 왕씨가 임금이 되더라도 실제로 나라를 다스릴 것은 아니었다.

성석린 역시 정창군을 옹립하는 데 반대했다.

"임금을 세우는데 현명한 사람을 택해야지, 그 족속의 가깝고 먼 것을 논할 필요는 없습니다."

신종의 7대손을 가까운 사람이라고 볼 순 없다. 이는 역설적으로 정창군에 대한 이성계 일파의 두려움을 보여주는 것이다. 정창군 옹립에 대한 반대 의견이 거듭 제기되자 이성계로선 무작정 강행할 수 없었다. 이성계는 여러 왕씨들의 이름을 써서 조준, 심덕부, 성석린을 태조 왕건의 어진을 봉안한 계명전(啓明殿)으로 보냈다. 셋은 태조 왕건의 진영(眞影)에 절하고 왕위에 적당한 인물을 점지해달라고 빈 다음 제비를 뽑았다. 우연인지 필연인지 역시 정창군의 이름이 뽑혔다.

이튿날 새벽, 이성계는 심덕부 등 여덟 명의 측근을 거느리고 공민왕의 후비인 정비(定妃)의 궁으로 갔다. 정비의 교서를 받드는 형식으로 창왕을 내쫓으려는 것이었다. 군사들의 삼엄한 호위 속에서 종친과 백관들이 모두 뒤를 따랐다. 창왕을 강화로 내쫓고 정창군을 새 왕으로 세워야 한다는 주장이었다. 정비 안씨는 공민왕 15년(1366) 12월 익비(益妃) 한씨와 함께 왕비로 책봉되었다. 정비는 자신에게 이들의 요구를 거부할 힘이 없다는 사실을 잘 알고 있었다.

우리 태조(왕건)부터 공민왕에 이르기까지 자손들이 종묘와 사직을 서로 이어 받들어왔는데, 불행히도 공민왕이 후사 없이 훙서하셨다. 당시 종실과 여러 신하들이 종실 중에서 현명한 자를 세워야 한다고 의논했는데, 권

신(權臣) 이인임이 나라의 정권을 오랫동안 잡고서 불의한 일을 많이 행하
며 사람들에게 은혜를 팔아서 자신의 죄를 면하려고 엿보았다. 역적 신돈
의 아들 우(禑)를 공민왕의 후손이라고 모칭(冒稱: 거짓으로 꾸며댐)하고 생
모를 죽여 그 입을 막고 조카딸을 시집보내 그 총애를 굳건히 하니, 신과
사람들이 분노를 쌓여온 지 15년이나 되었다. 《고려사》〈공양왕총서〉

**"공민왕이 후사 없이 훙서하셨다"는 말은 우·창왕이 공민왕의 아
들이 아니란 이야기다.**

우왕은 무고한 사람들을 많이 죽여 나라 사람들의 원망을 얻었고, 군사를
일으켜 중국을 어지럽혀 천자에게 죄를 얻었으니, 이때야말로 왕씨가 종
사를 회복할 바로 좋은 시기였다. 그러나 대장(大將) 조민수가 이인임의
친척으로서 상상(上相)이 되어 이인임의 사악한 계책을 계승하여 우의 아
들 창을 세웠다. 악으로써 악을 계승하여 권세가 그에게 돌아가 형세가 한
번에 제거하기 어렵게 되었다.

**여기에도 요동 정벌에 대해 "천자에게 죄"를 얻은 것이라는 사대주
의 논리가 가세했다.**

이에 여러 국론을 자문하니 종실과 대소 신료들이 모두 "종친 정창부원군
왕요가 태조의 바른 계통(正派)이고 신종의 7대손으로서 가장 가까운 족
속이니 공민왕의 후사가 되는 것이 마땅합니다"라고 말하니, 왕요는 왕위
에 나아가 종묘사직을 받들고, 우왕과 창왕은 폐하여 서인으로 삼으라.

그해(1389) 11월 15일, 정창군 왕요는 개경 수창궁에서 고려의 제34
대 국왕으로 즉위했다. 정창군이 어떤 뜻을 가지고 있는지는 아무런
상관도 없었다. 신종의 7대손으로 왕위를 이을 생각은 전혀 해보지도
않았던 정창군이었다. 그러나 그 잔이 자신에게 왔다. 정창군 왕요, 즉
공양왕은 이 잔에 든 것이 독주라는 사실을 잘 알고 있었다.

고 려 구 신 들 의 반 발

공양왕은 즉위한 직후 신하들에게 자주 자신의 심정을 토로했다.

"내 평생에 입을 것, 먹을 것이나 일해줄 사람들이 모두 풍족했는
데, 이제 무거운 짐을 지게 되었으니, 어찌 할 바를 모르겠다."

공양왕은 신하들 앞에서 자주 눈물을 보였고, 신하들은 그를 측은
하게 여겼다. 닷새 뒤인 11월 20일, 공양왕은 왕건을 모신 태묘에서
강신제(祼)를 지내고 즉위를 고했다. 그러나 궁에 돌아와서도 왕위를
사양하면서 남면해서 앉지 않았다. 북쪽을 등지고 앉는 남면은 임금
의 자리다.

이색이 나아가 아뢰었다.

"주상께서 이미 즉위를 고하셨는데, 지금 또 남면하지 않으시면 신
민(臣民)들의 여망에 답하시는 것이 아닙니다."

이색의 권고에 공양왕은 마지못한 것처럼 왕위에 나아갔다. 그리고

이성계와 심덕부에게 당부했다.

"내가 원래 덕이 없어 재삼 사양했는데도 부득이하게 대위(大位)에 오르게 되었으니, 경들이 잘 도모해주시오."

공양왕은 다시 눈물을 줄줄 흘렸다. 그러나 이는 공양왕의 겉모습일 뿐이었다. 조준과 성석린이 정창군 옹립에 반대한 데는 그럴 만한 이유가 있었다. 막상 왕위에 오른 공양왕이 그리 만만한 인물이 아니라는 사실을 알게 되는 데는 오랜 시간이 필요하지 않았다.

공양왕은 즉위 다음 날인 11월 16일, 대대적인 인사를 단행해 심덕부를 문하시중으로, 이성계를 수문하시중으로 삼았다. 또한 정몽주와 지용기를 문하찬성사로, 조인벽을 판의덕부사(判懿德府事)로, 설장수를 정당문학으로, 성석린을 문하평리로, 조준을 지문하부사 겸 사헌부 대사헌으로 삼았다. 모두 이성계의 측근이었다. 뿐만 아니라 위화도 회군을 지지한 박위를 판자혜부사로, 정도전을 삼사우사로 삼았다. 이로써 조정은 이성계 일파가 장악한 것처럼 보였다.

그러나 공양왕의 본심은 다른 곳에 있었다. 이색을 심덕부나 이성계보다 앞자리인 판문하부사로 삼고, 바로 그 아랫자리인 영삼사사로 변안열을 삼은 것이다. 문관 이색과 무관 변안열은 모두 이성계의 사람이 아니었다. 무장 변안열은 홍건적과 왜구를 물리치는데 큰 공을 세워 1등공신에 책봉된 용장이다. 그는 심양후(沈陽侯) 변량(邊諒)의 둘째 아들로 본래 심양에 살던 중국인인데, 공민왕과 노국대장공주를 따라 고려에 들어와서 원주를 본관으로 받았다. 공양왕은 최고위직 두 자리를 모두 이성계의 반대파 사람들로 채웠다. 그것도 문관 이색과 무관 변안열로 문무반의 구색을 맞추었다.

이색, 변안열과 이성계 일파 사이에 팽팽한 긴장감이 감돌 수밖에 없는 인사였다. 이 와중에 김저가 순군옥(巡軍獄)에서 급서하는 사건이 발생했다. 김저는 이성계를 제거하라는 우왕의 밀명을 받았던 무장이다. 이성계 일파는 김저의 시신을 저자로 끌어내 다시 베었지만 급서의 배후를 의심하는 사람이 많았다. 우왕 복위를 기도한 사건에 순군부(巡軍府) 사람들이 많이 관련되어 있어서 입막음한 것 아니냐는 의심이었다.

개경의 민심은 다시 흉흉해졌다. 이성계 일파는 이색과 변안열에게서 의심의 눈초리를 거두지 않았다. 이색은 다시 한 번 공양왕의 입조(入朝)를 추진했다. 명나라 조정에 순안군(順安君) 왕방(王昉)과 동지밀직사사(同知密直司事) 조반(趙胖)을 사신으로 보내 공양왕의 즉위 사실을 전하면서 공양왕이 명나라 조정에 직접 입조하겠다고 요청한 것이었다.

"원하건대 제가 직접 조회하여 황제를 대면함으로써 나라 백성들을 편안하게 하려고 합니다."

그러나 창왕 때 실패했던 전략을 다시 써봤자 별 효과가 없었다. 게다가 이성계 일파가 이 전략을 이미 꿰뚫고 있었다. 이성계 일파는 이색을 제거하지 않으면 자신들의 계획이 순조롭게 흘러가지 않을 수도 있다고 판단했다. 다행인 것은 이성계가 군권뿐만 아니라 대간까지 장악하고 있었다는 점이다. 바로 조준이 사헌부 대사헌이었다. 대간은 이색을 겨냥했다. 대간 오사충(嗚思忠)과 사인(舍人) 조박(趙璞) 등이 함께 상소해서 이색이 공민왕의 핏줄이 아닌 우왕이 즉위하는 것을 방관하고 창왕을 옹립하는 데 앞장섰다고 공격했다.

지금 이색은 마음속으로 그릇됨을 알면서도 이인임이 신씨(辛氏: 우왕)를 옹립했을 때 일찍이 한마디 말도 없었고, 조민수가 창을 세울 때는 앞장서서 제창하여 계책을 정했고, 올해 또다시 신우(우왕)를 세우고자 하였으니, 그 죄는 앞서 올린 상소에서 미처 다 말씀드리지 못했습니다.

표면적으로는 이색이 우·창왕을 옹립하는 데 앞장섰다는 비판이지만 그 속내는 이색이 명나라를 끌어들여 공양왕의 지위를 보장받으려 기도한 데 대한 반격이었다. 대간은 이색뿐만 아니라 이색의 아들 이종학까지 공격했다.

이제 전하께서 이미 정통을 이으셨는데, 이종학은 홀로 사람들에게 선창하여 말하기를, "현릉(玄陵: 공민왕)께서 이미 우를 강녕군(江寧君)으로 봉해서 부(府)를 세워주셨고, 또한 천자(주원장)께서도 우에게 작위를 주셨다. 이(李: 이성계)가 어떤 사람이기에 감히 현릉의 명을 어기고 우리 여흥왕(驪興王: 우왕)을 폐하였는가"라고 했습니다. 지금 전하께서 신우 부자의 죄를 바로잡아 태묘(太廟: 종묘)에 고함으로써 백성들의 뜻을 안정시키지 않고, 또 이색 부자가 신우·신창에게 붙었던 죄를 바로잡아 군소배들의 음모를 끊지 않으신다면, 전하 역시 하루도 천위(天位: 왕위)에서 편안하지 못할 것입니다. (《고려사》〈오사충열전〉)

이색·이종학 부자를 제거하려는 의도가 노골화된 것이다. 범세동의 《화동인물총기》는 창왕이 즉위할 당시 이종학이 이렇게 말했다고 전한다.

머나먼 개국의 길

"우리 아버지가 금왕(今王)을 세우기로 대책(大策)을 정한 것은 국사를 살핀 데 따른 것으로, 화가 전 대왕에게 미칠 것을 우려했기 때문이다. 재앙이 일어나는 것을 늦추어 뒤에 주선할 계획이다. 나의 아버지는 실로 나라에 공헌할 기둥으로서 대책을 짊어졌다. 이에 왕을 복위하려는 것은 정충(貞忠)의 대절(大節)인데, 흉도들은 오히려 적(賊)이라고 하느냐? 현릉묘(玄陵廟: 공민왕)께서 이미 전왕(우왕)에게 강녕군의 작위를 명하셨는데 누가 감히 현릉의 명을 어기고 여흥왕(驪興王: 우왕)을 폐한 것인가? 지금 전하가 비록 어리고 범상하지만 부왕이 쫓겨남을 보시고 조사(朝事)를 보지 않고 우리를 꾸짖으니 나는 마땅히 충량(忠良: 충성스럽고 선량함)들과 주선해서 상왕을 복위하겠노라."

이 말이 개경 안팎에 전해지면서 화가 경각에 달했다는 것이 《화동인물총기》의 내용이다.

오사충 등은 이인임의 무덤을 파서 부관참시하고 그의 집을 연못으로 만들고 가산을 몰수해야 한다고 주장했다. 대간의 공세에 이색 등은 속수무책이었다. 우·창왕이 공민왕의 핏줄이라고 주장해야 하는데, 이런 말을 공개적으로 할 수 없게 된 것이다. 오사충 등의 주장대로 이인임의 집은 파서 연못으로 만들고 이색과 아들 이종학은 유배보내고, 조민수도 서인으로 강등시켰다. 12월 1일의 일이다.

5일, 간관은 극단적인 주장을 내놓았다.

"신우와 신창을 죽여야 합니다."

신하들이 왕으로 모셨던 임금들을 죽여야 한다고 공개적으로 주장하는 판국이었다. 우·창왕을 죽여야 한다는 주장이 나오면서 조민수의 유배지는 삼척으로 옮겨졌다.

이때 또다시 우·창왕에 대한 주원장의 의중이 논란이 되었다. 논란의 발단은 권근이 창왕 1년(1389) 윤승순(尹承順)과 함께 남경에 가서 주원장의 국서를 받아온 것이었다. 권근이 귀국 도중 이 국서를 미리 뜯어보면서 사건이 시작되었다.

명 태조 주원장의 말은 이랬다.

고려국 안에는 많은 일들이 있는데, 배신(陪臣)된 자들은 충역(忠逆)이 뒤섞여 있다. 그러나 다른 성씨를 가짜 왕으로 삼는 것 또한 삼한이 대대로 지켜갈 좋은 계책은 아니다.

주원장이 창왕을 왕씨가 아닌 다른 성씨라고 말한 것이다. 주원장 또한 우창비왕설에 동의했다고 볼 수 있다. 이때만 해도 권근은 고려 왕조를 유지해야 한다는 쪽이었다. 그는 국서를 보고 고민에 빠졌다. 권근은 먼저 창왕의 외할아버지인 이림의 집으로 가서 국서를 보여주었다. 그 후 이를 성지통(聖旨筒: 명나라 황제의 국서를 담는 통)에 넣어 자기 집에 보관했다. 주원장이 창왕을 왕씨가 아니라고 말했으니 이성계 일파가 창왕까지 죽이는 것을 주저하지 않을 것으로 보았기 때문이다. 권근은 며칠간 고민하다가 이를 도평의사사에 보냈다.

사헌부는 이를 두고 국서를 먼저 뜯어보고 자기 집에 보관한 것은 다른 음모가 있는 것이라고 비난했다.

공양왕은 권근을 따로 국문하지 않고 영해로 유배를 보냈다. 그러나 윤소종 등이 계속 법에 따라 엄단해야 한다고 주청하자 장 100대를 쳐서 흥해로 유배지를 옮겼다. 이색 부자가 공격 당하면서 대간에서 다시 논박이 벌어지자 유배지를 김해로 옮겼다. 그런데 권근이 주원장의 말이 담긴 국서 내용을 누설한 사람 중에 영삼사사 변안열이 있었다. 변안열은 고려 왕실을 지키려는 사람들이 믿는 최후의 무장이었다.

이성계 일파로선 주원장의 의중까지 확인되었으니 더 이상 거칠 것이 없었다. 12월 8일 우왕 모친의 무덤인 의릉(懿陵)을 파헤치고, 13일 오사충 등이 우·창왕을 죽일 것을 다시 요청했다.

"춘추(春秋)의 법에 난신적자(亂臣賊子)는 사람마다 죽일 수 있다고 했으니, 먼저 죽이고 나중에 아뢰도 괜찮습니다. 천자(주원장)의 재판관을 기다릴 필요 없습니다."

우왕이 요동 정벌군을 북상시킨 것을 두고 "난신적자"라고 한 것이다. 이처럼 위화도 회군 후 자국의 임금이 아니라 명나라 군주를 임금으로 여기는 극도의 사대주의가 조정을 뒤덮고 있었다. 사재부령(司宰副令) 윤회종(尹會宗)이 이에 가세했다.

"두 흉악한 인간은 조종의 죄인이고, 왕씨의 신하로선 불공대천(不共戴天)의 원수이니 같은 하늘을 질 수 없습니다. 하루라도 왕씨의 땅에 둘 수 없습니다."

우·창왕을 죽이자는 이 상소에 대해 공양왕이 여러 재상들에게 차례로 물었다. 모두 말없이 앉아 있었다. 비록 신씨라고 몰아붙였지만 한때 임금으로 섬겼던 군주들을 죽이자는 데 동조하는 것은 쉬운 일이 아니었다. 역사에 두고 두고 오욕으로 남을 것이 분명했다. 공양왕은 이성계에게 물었다. 이성계가 입을 열었다.

"이 일은 바꿀 수 없습니다. 우(禑)는 이미 강릉에 안치했고, 이 사실을 이미 명나라 조정에도 알렸으니 중간에 바꿀 순 없습니다. 또한 신등이 있으니 우가 비록 난을 일으키려 한들 어찌 걱정할 것이 있겠습니까?"

죽이지 말자는 뜻이었다. 공양왕은 이 말이 이성계의 본심이 아님을 알고 있었다. 공양왕으로선 다른 선택이 없었다.《고려사》는 공양왕이 결단을 내려서 우·창왕을 죽였다고 전한다.

"우가 죄 없는 사람들을 많이 죽였으니 그도 마찬가지로 당해야 마땅하다."

공양왕이 그날로 지신사(知申事) 이행에게 교지를 내려, 정당문학 서균형(徐鈞衡)을 강릉으로 보내 우왕을 죽이고, 예문관 대제학(藝文館 大提學) 유구(柳玽)를 강화로 보내 창왕을 죽였다. 29일에는 효사관(孝思觀)에 나가 우·창왕을 죽였음을 태조 왕건의 영전에 고했다.

"하늘에 계신 영(靈: 왕건)께 바라옵건대 신(臣: 공양왕)의 정성을 살펴보시고 신의 뜻을 도와 실패하지 않게 하시고, 홍업(鴻業)을 계승하여 만세를 열어가게 해주소서."

16일에는 왕의 친척들인 종실이 공양왕을 위해 잔치를 열고, 두 신씨를 죽인 것을 축하했다. 그러나 범세동의《화동인물총기》는 이때의 상황을 달리 말한다. 이때 정몽주는 흉적들이 보낸 약술을 잘못 먹고 주야로 5~7일 동안 피를 토했다고 한다. 정몽주가 조정에 나오지 못하는 틈을 타서 적신(賊臣) 오사충과 윤회종 등이 흉도의 사주를 받고 두 대왕을 살해하자는 상소를 지었다는 것이다.

두 대왕이 변을 당했다는 소식을 듣고 공양왕이 상하(床下)에서 실성통곡하는데 누군가 이르러 말했다.

"전 대왕의 신하입니다. 금일의 전하께서는 울지 말고 눈물을 거두시오."

공양왕이 머리를 들고 보니 정몽주였다. 공양왕이 이렇게 말했다.

"공은 어찌 이런 말을 하는가? 공을 보았으니 죽어도 한이 없소."

공양왕이 자신의 목을 베려 하니 정몽주가 말렸다.

"일이 이미 이렇게 되었는데 왕께서 어찌 이러십니까? 만약 왕께서 죽으시면 왕씨의 종묘사직은 어느 땅에 둘 것입니까?"

정몽주의 눈가에 피눈물이 실같이 배어 나왔다. 그날 밤, 정몽주가 담을 넘어와 다시 공양왕에게 일렀다.

"왕께서 만약 죽으려 하시면 신 또한 따라서 죽겠습니다. 그러나 사직은 물론이고 왕씨의 종묘는 어찌하오리까? 누가 장차 다시 전왕의 선성(璇姓: 임금 집안의 아름다운 성씨)을 회복하며 전왕께서 입으신 악을 씻어주겠습니까? 전하와 신이 죄를 무릅쓰고 함께 살면서 천천히 주선해서 왕씨의 종사가 끊이지 않도록 하고, 전 왕께서 흉(凶)을 입으신 것을 신설(伸雪: 억울함을 푸는 것)하는 것 또한 충성 아니겠습니까? …원컨대 왕께서는 무겁게 할 것은 무겁게 하시고 가볍게 할 것은 가볍게 하셔서 대의(大義)를 영구히 하시고, 양조(兩朝: 우·창왕)의 원수를 갚으소서."

위화도 회군에 찬성할 때까지만 해도 정몽주는 이성계가 왕위까지 꿈꾸고 있는 줄은 전혀 생각지 못했다. 정몽주는 친명 유학자로서 상국을 범하는 것이 옳지 않다는 생각에 위화도 회군에 찬성한 것이다. 그러나 이성계 일파가 창왕을 내쫓았을 뿐만 아니라 심지어 우·창왕을 죽이려 하는 것을 보고 고려 왕조의 역적이라는 확신이 들었다. 그래서 자신의 목숨을 걸고 이성계 일파를 타도하고 고려 왕조를 지키기로 결심한 것이다.

정몽주는 공양왕에게 "공자께서 '하늘에 죄를 얻으면 빌 곳이 없다'고 하셨습니다"라면서 매일 밤 하늘과 땅과 성신(星辰)과 산천에 빌었다고 말했다. 이 말을 들은 공양왕이 두 대왕의 영전에 빌었다.

"엎디어 원하옵건대 양조(兩朝) 대왕께서는 비록 천대(泉臺: 저승)에 계신다 할지라도 또 주선하시고 치령(致靈: 영혼을 부름)하셔서 마땅히 도와주셔서 설욕을 도모해주소서."

이상이 《화동인물총기》의 내용이다. 필사본 《화동인물총기》가 실제로 고려 때부터 몰래 전해 내려온 사료인지는 더 검토해봐야겠지만 고려 왕조의 자리에서 쓰인 것은 분명하고, 구전으로라도 이런 내용이 전해졌을 것이기에 충분히 신빙성이 있다 하겠다.

실제로 공양왕은 이날 이후 신중하게 처신했다. 지금 당장 이성계 일파와 맞서 싸울 순 없다고 생각한 공양왕은 우회책을 고안했다. 그것이 이성계를 비롯해서 흥왕사 회합에 참석한 아홉 명을 공신으로 봉하는 것이었다. 자신을 왕으로 옹립한 공을 치하한 것이다. 시중 이성계를 필두로 심덕부, 정몽주, 지용기, 설장수, 성석린, 박위, 조준, 정도전 등이 아홉 공신이었다. 공양왕은 자신의 즉위를 도운 이 공신들이 개국공신보다 아래 반열에 있지 않다면서 이렇게 칭송했다.

"이성계 등이 이름을 바로잡아 다시 일으켜서 왕실을 재조(再造: 다시 만듦)했으니 그 공은 실로 태조 때의 개국공신 아래 있지 않고 영원히 잊을 수 없다. 벽에 초상화를 그리고, 그 부모와 처를 봉작하며 자손에게는 음직을 내리고, 영원히 대대로 그들의 죄를 사면해줄 것이

다."(《고려사》 공양왕 1년 12월)

공양왕은 자신이 목숨을 건 줄타기를 하고 있다는 사실을 잘 알고 있었다. 우·창왕 부자의 운명은 남의 일이 아니었다. 그래서 즉위 당일 눈물을 흘린 것이다. 공양왕은 이성계가 무신정권에서 최충헌이 차지했던 지위에 머물지 않을 것임을 확실히 알고 있었다. 공양왕의 7대조 신종은 최충헌이 정중부 등이 옹립했던 명종을 폐한 뒤 옹립한 임금이다. 모든 국정은 최충헌이 주도했지만 명목상 국왕은 신종이었다. 신종은 7년간 왕위에 있다가 재위 7년(1204) 아들 희종에게 왕위를 물려주었다. 그러나 이성계는 최충헌의 지위에 만족하지 않을 게 분명했다. 양자의 공존은 불가능하다는 사실이 명백해졌다. 이성계를 죽이든 고려 왕조가 망하든 둘 중 하나의 길이 있을 뿐이었다. 그러나 공양왕은 이성계 일파가 끈질기게 사전 개혁을 주창하는 것이 새 왕조 건설의 길을 닦는 것이란 사실을 알지 못했다.

다 시 토 지 개 혁 의 길 로

공양왕 1년(1389) 12월, 정국은 뒤숭숭했다. 한때 임금의 자리에 있었던 우·창왕이 사형당하고 이색과 조민수까지 귀양을 갔다. 이 사태의 끝이 어디일지 알 수 없었다. 개경의 민심이 흉흉한 가운데 대사헌 조준이 다시 사전 개혁을 강력히 주장하는 상소를 올렸다.

하늘이 다시 화를 내리지 않도록 군흉(群兇: 흉악한 무리)을 이미 멸망시키
셨고, 신씨(辛氏: 우·창왕)가 이미 제거되었으니, 마땅히 사전을 모두 없애
이 나라 백성이 부유하게 오래 살 수 있는 강역을 열어야 하는데, 지금이
그 기회입니다. 그러나 세신거실(世臣巨室)들은 사직의 대계를 생각하지
않고 오히려 나쁜 풍조를 좇고 서로 유언(流言)을 주고받으면서 인심을 선
동해서 사전을 회복하려고 합니다. 《고려사》〈식화지〉 녹과전)

고려 왕실의 비극은 고려 왕실을 지키려는 세력이 사전을 지키려는
세력과 일치한다는 데 있었다. 들판 백성들의 마음을 얻어 천자가 되
려는 정도전의 전략을 고려 왕실 수호 세력은 읽지 못했다.

우·창왕을 죽인 이성계 일파는 전국의 토지 면적을 조사하기 시작
했다. 사전 혁파의 전 단계로 전국의 농지 상황 조사에 나선 것이다.
동계와 북계를 제외한 6도의 관찰사들에게 경작지의 면적을 보고하
게 했는데, 경작지가 모두 50만 결에도 미치지 못했다.

이성계 일파는 이 중 10만 결을 나라에서 쓰는 비용을 담당하는 우
창(右倉)에 소속시키고, 10만 결은 백관의 녹봉을 담당하는 좌창(左倉)
에 소속시켰다. 또한 조정의 벼슬아치들에게 경기 지역 토지 10만 결
을 소속시켜 녹봉 등으로 사용하게 했다. 그리고 일종의 장학재단인
양현고(養賢庫)를 비롯한 사고(四庫)에 3만 결을 배정하니 여기에만 모
두 33만 결이 소요되어 남은 것은 17만 결에 불과했다.

이 17만 결을 가지고 6도 군사들에게 군전을 주고, 각종 진(津)·원
(院)·역(驛)·절(寺)에도 토지를 주어 맡은 바 임무를 감당하게 해야
했다. 또 사객(使客: 사신)의 접대나 향리의 비용으로도 사용해야 했다.

그러다 보니 비상시에 대비한 식량을 비축하는 것 등 군수(軍需)가 나올 땅이 없었다.

그런데 경기 지역 10만 결을 받은 조정의 벼슬아치들이 반발했다. 그것으로는 부족하다는 것이었다. 그래서 공양왕은 경기 이외 지방에선 사전을 허용하려 했다. 경기 지역에서만 사전을 금지시키고 지방의 농지는 조정 벼슬아치들이 갖는 것을 허용하려 했던 것이다. 또다시 들판 백성들의 가슴에 못을 박으려는 것이었다. 이에 조준이 강하게 항의했다. 사전 소유를 허용하면 겸병의 문이 다시 열릴 것이라는 비판이었다.

경기에서 토지를 받았지만 그 액수가 아직 차지 않았다는 이유로 지방에서 지급하려고 하시니 이는 전하께서 겸병의 문을 다시 열고 삼한의 억조(億兆)에 달하는 백성들을 끓는 물과 타는 불 속에 두시는 것이나 다름없습니다. 전하께서는 중흥의 융성함을 이룩하시겠다고 하셨는데, 토지 제도를 바르게 하지 않고 중흥의 다스림을 이루고자 하시니 신 등은 이를 감히 알 수 없습니다.

지방의 사전을 허용하려 함으로써 공양왕은 들판 백성들의 마음을 잃은 반면 이성계는 이들의 마음을 얻었다.

조준은 공양왕에게 이렇게 따졌다.

전하께서는… 거실(巨室)의 유언(流言)을 꺼리시어 백성들에게 큰 해를 주는 것은 생각하지 않으시고, 지방에 사전을 회복시켜서 간사하고 교활한 겸병의 문을 여시고, 3군(軍)을 굶주리게 해서 6도에 변방 도적들이 일어나게 하시고, 녹봉을 박하게 해서 백관들의 염치를 떨어뜨리게 하시고, 국용(國用)을 부족하게 해서 제사와 빈객을 대접하지 못하게 하신다면, 이를 어찌 경국제민(經國濟民: 나라를 다스리고 백성들을 구제함)의 정치라고 하겠습니까?

조준의 상소는 이성계의 뜻에 다름 아니었다. 다른 문제는 몰라도 토지 소유 문제만큼은 모든 백성들이 눈을 부라리고 바라보는 초미의 관심사였다. 공양왕은 이 사실을 몰랐다. 하지만 이성계는 정확하게 이 사실을 알고 있었다.

조준의 상소는 이렇게 끝을 맺었다.

전하께 원하기를, 무릇 수도에 거주하는 자에게는 단지 경기 안의 토지만을 지급하고 지방에서는 주는 것을 허락하지 마시고, 이를 성헌(成憲: 법)으로 만드셔서 백성들과 더불어 다시 시작하소서. 이로써 국용을 넉넉하게 하고, 백성들의 삶을 후하게 하시고, 조사(朝士)들을 우대하고, 군량을 넉넉하게 하십시오.

지방에 사전을 금지하는 것을 법으로 만들라는 주장이었다. 이것이 백성들의 민생을 후하게 해서 다시 시작할 수 있게 하는 길이라는 주장이었다. 조준의 강력한 상소에 사전 개혁에 대한 반발은 주춤해졌다. 백성들의 민심은 다시 이성계에게 쏠렸다. 이성계는 사전 개혁이 새 왕조 개창의 첩경이란 사실을 잘 알고 있었다. 또한 사전 개혁은 고려 왕조를 존속시키려는 구가세족들의 물적 기반을 허물어뜨리는 양수겸장(兩手兼將)의 묘수였다. 그래서 공양왕 2년(1390) 3월, 사헌부가 우·창왕 때 농민들의 토지를 빼앗고 양민들을 노비로 만든 자들을 처벌해야 한다고 요청한 것이다.

"위조(僞朝: 우·창왕 때) 때 탐오한 무리가 토지와 장획(臧獲: 노비)을 권세가에게 바쳐서 악한 소리가 상국에까지 들렸으니, 징계하지 않을 수 없습니다. 그 관직을 삭탈하고 토지 지급을 불허하셔서 뒷날의 경계로 삼으소서."

이 주청에 공양왕은 답하지 않았다. 답하지 않는 것으로 거부한 것이다. 공양왕에게 그들은 우군이었기 때문이다.

이에 항의하는 뜻으로 이성계는 병을 빙자해 사직했다. 당황한 공양왕은 중관(中官: 환관)을 이성계의 집으로 병문안 보내 억지로 조정에 나오게 했다. 그리고 자신을 추대한 아홉 공신에게 각각 다시 말 한 필, 백금 50냥, 비단과 명주 다섯 단씩 하사하고, 이성계와 심덕부에게는 따로 금대(金帶: 금 허리띠)를 한 벌씩 하사했다.

이런 행보는 모두 고려 백성들의 민심을 이성계에게 쏠리게 했다. 들판 백성들의 마음은 시간이 흐를수록 이성계 측으로 기울었다. 반면 고려 왕조를 유지하려는 구가세족들은 이런 민심의 흐름을 제대로 읽지 못하고, 사전 개혁으로 빼앗긴 토지를 되찾을 기회만 노리고 있었다.

고려 무장 변안열을 처형하다

재위 1년(1390) 6월 25일, 공양왕은 적경원(積慶園)으로 행차했다. 공양왕의 4대 조상을 추봉하고 제사를 지내는 사당이었다. 그해 1월 9일, 예조에서 공양왕의 선조들을 모시는 원(園)을 세우고 사관(祠官)을 두도록 청하면서 공사가 시작됐다. 1월에 시작한 공사가 마무리되어 적경원에 행차한 것이다.

4대 조상을 추증한 것은 후한을 다시 세운 광무제(光武帝)와 송나라 영종(英宗)의 고사에 따른 것이다. 광무제 유수(劉秀)는 유씨 왕조를 무너뜨린 왕망(王莽)의 신(新)나라를 무너뜨리고 한나라를 재건해서 고조 유방을 비롯한 전한(前漢) 유씨 임금들의 제사를 이은 군주다. 송 영종은 송 태종의 넷째 아들 조윤분(趙元份)의 후예로, 인종의 뒤를 이어 황제가 된 인물이다. 이들 역시 공양왕처럼 부친, 조부, 증조부가 임금이 아니었다. 적경원은 공양왕의 동모제(同母弟) 왕우에게 제사를 주관해서 초하루, 보름과 1·4·7·10월을 뜻하는 4맹월(孟月)에 제사를 지내게 했다. 공양왕에게 이는 왕위를 튼튼하게 하는 일이었다. 4대 조상들을 모시는 사당까지 세웠으니 이성계 일파가 함부로 내쫓지 못할 것으로 여긴 것이다.

이성계는 적경원을 설치하는 것을 막지 않았다. 그러나 적경원 설치를 추진하던 공양왕 2년(1390) 1월, 이성계는 8도 군사의 지휘권을 장악했다. 이성계는 군사권이 핵심이란 사실을 잘 알고 있었다. 그래서 무장 변안열을 노렸다. 공양왕이 문신으로는 이색, 무신으로는 변안열을 양축으로 삼아 자신을 견제하고 있다는 사실을 알고 있었기 때문이다. 이들을 중심으로 고려 왕조 수호 세력이 결집하고 있었다.

변안열 등을 제거하기 위해 김저 사건이 다시 이용되었다. 우왕의 밀명으로 이성계를 제거하려 했던 사건이다. 김저에게 혹독한 고문을 가한 이유 역시 변안열 등을 연루시키기 위함이었다. 그러나 김저는 연루자들의 이름을 대는 것을 거부했다. 날카로운 칼로 김저의 발바닥을 몇 치가량 째고 불로 지지면서 묻자 고통을 견디지 못한 김저는 드디어 연루자들을 대기 시작했는데, 그중에는 변안열도 들어 있었다. 이에 윤소종 등이 공양왕에게 요청했다.

"변안열, 홍영통(洪永通), 우현보, 우인열, 왕안덕 등은 역모에 참여하였습니다. 왕씨의 신하는 같은 하늘을 이고 살 수 없는 원수입니다. 원하건대 극형에 처하십시오."

공양왕은 당연히 이를 거부했다. 자신의 우익을 제거하려는 것이었기 때문이다. 윤소종 등은 다시 상소를 올려 이들의 목을 베어야 한다고 주청했다. 공양왕이 다시 거부하자 간관들은 대궐 문앞에 엎드려 한낮이 되도록 물러가지 않았다.

"변안열이 신우(辛禑)를 옹립해서 왕씨의 제사를 영원히 끊고자 했음은 김저가 명백하게 자백했으며 국인들도 모두 아는 바입니다."

우왕을 다시 세우려 한 것이 왕씨의 제사를 끊으려 한 죄라는 억지였다. 공양왕으로선 왕우가 공민왕의 적자라고 반박할 수 없었다. 그래서 변안열을 삭탈관직하고 한양으로 유배 보냈다. 그리고 이성계를 불러 설득했다.

"변안열은 이미 관직을 삭탈해서 유배 보냈소. 나머지 인물들은 모두 김저 사건과 관련이 없으니 파직만 시키겠소."

이성계는 공양왕의 말에 반박하지 않았다. 반박은 대간들이 하면 되기 때문이었다. 공양왕은 밀직부사 유용생을 홍영통 등에게 몰래 보내어 말을 전하게 했다.

"내가 있으니 경들은 두려워하지 마라."

그러나 상황은 공양왕의 생각대로 흘러가지 않았다. 이날 여우가 수창궁 서문에서 나와 효사관 서쪽 언덕으로 달려 들어갔다. 낭사(郎舍)가 이를 핑계로 다시 상소를 올렸다.

성벽은 권세가를 비유한 것이며, 여우는 소인을 비유한 것입니다. 지금 신 등이 대궐 문앞에 엎드려 소인들을 제거할 것을 청하고 있는데 요망한 여우가 나타났으니, 이는 소인들이 모두 제거되지 못했음을 나타내는 징표로, 하늘이 책망하여 보내는 경고임이 명백합니다.

여우가 출현한 것을 핑계로 대간들은 다시 변안열 등의 목을 베어야 한다고 주청했다. 어쩌면 여우가 출현한 것 자체가 이들의 정치공작일 가능성이 높다.

공양왕이 듣지 않자 대사헌 성석린이 다시 상소를 올려 변안열의 처형을 요청했다. 공양왕이 여전히 듣지 않자 물러나와 다시 상소를 올렸다.

신 등이 전에 변안열의 대역죄에 대해 다섯 차례나 상소하여 치죄할 것을 청했습니다. 전하께서 관용을 베풀어 다만 한양 별업(別業: 병장)에 안치하게 하시니 백성들이 실망했습니다.

이성계 일파가 이색보다 더 두려워한 인물이 변안열이었다. 양광, 전라 도지휘사를 역임한 무장이었기 때문이다. 공양왕은 더 이상 변안열을 보호해줄 자신이 없었다. 그래서 윤소종의 상소문을 사헌부에 내렸다.

"유배지에 가서 국문할 필요 없이 그냥 처형하라."

사헌부는 밤중에 녹사(錄事) 손원식(孫元湜)을 보내면서 한양부윤(漢陽府尹) 김백흥(金伯興)에게 따로 공문을 전했다. 변안열을 처형하라는 명이었다. 뒤늦게 소식을 들은 도평의사사에서 공양왕에게 따졌다.

"그 죄를 묻지 않고 대신을 갑자기 극형에 처할 수는 없습니다."

대신이 그 죄를 자복하지도 않았는데, 무작정 죽일 수는 없다는 뜻이었다. 공양왕은 좌사의(左司議) 오사충과 집의(執義) 남재(南在)를 한양으로 보내 변안열의 죄를 국문하게 했다. 오사충 등은 한양으로 가는 도중 벽제역에서 손원식을 만났다. 그는 한양에서 되돌아오는 길이었다.

"이미 처형했습니다."

윤소종은 손원식에게 변안열을 처형할 때의 상황을 물었다.

"변안열이 처형에 임해 탄식하면서 '우왕을 다시 맞이하려고 모의한 사람이 어찌 나뿐이겠는가?'라고 말하고 또 무슨 말인가 하려는데, 한양부윤 김백흥이 형리를 시켜 밖으로 끌고 나가 죽여버렸습니다."

손원식의 이 말에 이성계 일파는 발끈했다. 한양부윤 김백흥이 변안열의 입을 막기 위해 서둘러 죽여버렸다고 의심한 것이다. 변안열을 성급하게 죽였다는 혐의로 김백흥이 순군옥에 갇혀서 심문을 받는 가운데, 변안열의 우군에 대한 대대적인 수사가 개시되었다. 그중에는 변안열의 처가 쪽 친척인 원상(元庠)도 있었다. 원상은 순군옥에 갇혀서 국문을 받자 이렇게 말했다.

"다만 사전을 없애려는 것을 원망해서 우왕을 맞아 세워 그 일을 저지하려 했을 뿐입니다."

고려 왕조의 비극이 여기에 있었다. 백성들에게 큰 원망을 받는 사전 개혁에 반대하는 세력이 고려 왕실 수호 세력의 주축이었다. 무장 변안열이 처형당한 것은 고려 왕조를 지탱할 거의 모든 무장 세력이 제거되었다는 것을 의미했다.

변안열 묘표비.
경기도 남양주 변안열 묘역에 위치한 묘표비. 변안열은 고려 말의 무신이자 고려 사직을 지키고자 한 충신으로 이성계가 가장 두려워한 인물이었다. 고려에 대한 충성심을 노래한 〈불굴가〉가 전해진다.

변안열의 호는 '크게 숨는다'는 뜻의 대은(大隱)이다. 그는 고려를 지키겠다는 의지를 담은 〈불굴가(不屈歌)〉를 남겼다.

내 가슴 말(斗)처럼 구멍 뚫어

새끼줄에 길고 또 길게 꿰어

앞에서 끌고 뒤에서 당겨 찢기더라도

너희들이 하는 것을 내 사양치 않겠지만

내 임금 빼앗는 이 일만은 내가 따르지 않으리.

잇따르는 정치공작

공양왕 1년(1389) 11월, 고려는 순안군 왕방과 조반을 남경으로 보내 공양왕의 즉위 사실을 알렸다. 그리고 공양왕이 직접 남경으로 가서 명 태조를 만나겠다고 요청했다. 주원장은 공양왕의 입조 요청을 거부했다.

조반 등은 공양왕 2년(1390) 5월 귀국했는데, 느닷없이 명나라 예부에서 자신들에게 했다는 이야기를 전하면서 큰 파장이 일었다. 명나라 예부에서 조반 등을 불러 고려의 파평군 윤이(尹彝)와 중랑장 이초(李初)가 이성계를 고발했음을 알려주었다는 것이다. 이들을 이렇게 고했다고 했다.

"고려의 이 시중(이성계)이 왕요(王瑤: 공양왕)를 왕으로 세웠지만 요는 종실이 아니고 이성계의 인친(姻親)일 뿐입니다. 왕요가 이 시중과 함께 병마를 움직여 장차 상국(上國: 명나라)을 범하려고 하는데 재상 이색 등이 옳지 않다고 하자, 이색 등 열 명을 살해하고 우현보 등 아홉 명을 귀양 보냈습니다. 귀양 가 있는 재상들이 몰래 우리를 보내 천자에게 고하는 것입니다. 친왕(親王: 황제의 동생이나 아들)이 천군(天軍)을 거느리고 토벌해주기를 청합니다."

이 사건은 처음부터 의혹투성이였다. 윤이, 이초라는 인물이 실존 인물인지부터 불분명하다. 이 사건을 알린 조반이 나중에 조선 개국 2등공신이 된다는 점에서 의혹은 더해진다.

조반은 자신이 남경에서 윤이를 만나 따졌다고 말했다.

"네 지위가 봉군(封君)이라는데 나를 알겠느냐?"

그러자 윤이가 깜짝 놀라 얼굴빛이 변했다고 했다.

윤이, 이초 등이 이성계가 자신의 친척을 왕으로 세워서 명나라를 공격하려 한다고 명 태조 주원장에게 고발했다는 것이니 사실이라면 큰 사건이었다. 조반은 명나라 예부에서 윤이, 이초가 기록했다는 이색 등이 나열된 이름을 보여주면서 이렇게 말했다고 주장했다.

"네가 빨리 본국으로 돌아가서 왕과 재상에게 말해 윤이가 기록한 사람들을 조사해 보고하라."

공양왕의 태도는 모호했다. 대간에서 윤이, 이초가 기록했다는 사람들을 국문하자고 요청했지만 공양왕은 그 글을 관계기관에 내려보내지 않았다. 윤이, 이초라는 인물이 실제 인물인지 불분명하고, 멀쩡하게 살아 있는 이색, 이숭인, 권근 등이 이미 살해당했다고 쓰여 있어

신빙성에 문제가 있다고 본 것이다.

윤이의 본래 이름은 사강(思康)인데, 한때 승려가 되었다가 장죄(贓罪: 뇌물죄)를 범하고 명나라로 도망가서 이름을 이(彝)라고 바꾸고, 고려의 파평군이라고 사칭했으며, 이초는 명나라에 가서 중랑장이라고 사칭했다고 했다.

사건의 실체가 모호했으므로 처리 또한 지지부진했다. 그런데 무장 김종연이 연루되면서 사건은 엉뚱한 방향으로 흘러갔다. 김종연은 신돈에게 죽은 밀직부사 김정의 아들로, 여러 차례 왜구 토벌에 나서 큰 공을 세운 장수다. 그는 같은 장수인 지용기와 사이가 좋았는데, 하루는 지용기가 김종연에게 몰래 귀띔해주었다.

"공의 이름이 윤이와 이초의 글 속에 있어서 위태롭게 되었습니다!"

이성계 일파가 자신을 과녁으로 삼고 있다고 생각한 김종연은 김백균(金伯鈞) 등 세 아들 및 노비 여러 명과 함께 밤중에 도주했다. 개경 성내를 샅샅이 수색했지만 사흘 동안 김종연 일가를 찾지 못했다. 이성계 일파는 당직했던 영사(令史)의 목을 베고 진무(鎭撫) 이사영(李士穎)을 순군옥에 가둘 정도로 강경하게 대응했다.

사건은 김종연이 윤이, 이초, 왕익부(王益富) 등과 함께 이성계를 제거하고 창왕을 세워서 우왕을 맞이하려 했던 것으로 변질되어갔다. 김종연이 도주하자 공양왕도 사건 조사를 무작정 거부할 수 없었다. 그래서 우현보, 권중화(權仲和), 경보(慶補), 장하(張夏), 홍인계, 윤유린(尹有麟), 최공철(崔公哲) 등이 순군옥에 하옥되어 연일 심문을 받았다. 이 중 윤유린은 윤이의 사촌이라는 이유로 투옥당했는데, 억울한 감정과 분한 감정이 뒤섞여 식사를 거부하다가 죽고 말았다. 이성계 일파는 윤유린의 시신을 저자에 끌어내 목을 베고 집안의 재산을 적몰했다. 최공철은 고문을 이기지 못하고 윤이, 이초 등과 공모했다고 자백했지만, 이 역시 신빙성에 문제가 있었다.

이색, 이림, 우인열, 이인민(李仁敏), 정지(鄭地), 이숭인, 권근, 이종학, 이귀생(李貴生) 등은 청주옥에 가두고 문하평리 윤호(尹虎) 등을 보내 심문하게 했다. 윤호 등이 이색 등을 심문했지만 모두 강하게 혐의를 부인했다.

이 사건에 대한 원성이 자자한 가운데 청주성에 갑자기 천둥이 치고 큰 비가 내렸다. 관아 앞의 개천이 크게 넘쳐 청주성 남문이 부서지고 곧바로 북문까지 물이 밀려들었다. 성 안이 모두 침수되어 관사는 물론 민가도 모두 물에 잠겼으며, 옥관(獄官)은 나무 위로 올라가 겨우 목숨을 건졌다. 늙은이들이 서로 바라보며 일렀다.

"청주가 생긴 이래 이런 물난리는 없었다."

이색 등을 가두어 죽이려 해서 하늘이 노한 것이라는 말이 횡행했다. 공양왕은 수재를 핑계로 이색 등을 석방할 수밖에 없었다. 그러나 개경에서는 사건이 계속 확대되었다. 봉주에서 체포되어 순군옥에 갇힌 김종연이 변소 구멍으로 도망갔다. 이 사건으로 민심이 다시 흉흉해졌는데, 좌사의 김진양(金震陽)이 동료에게 이렇게 말했다.

"윤이·이초 사건은 세 살 난 아이라도 조반의 무고임을 알 것이다."

김진양이 이런 말을 한 사실이 알려지자 사헌부에서 김진양의 삭탈관직과 유배를 요청했고, 김진양은 유배형에 처해졌다.

도망간 김종연의 행방이 오리무중인 가운데, 서경에서 또 다른 사건이 발생했다. 서경천호(西京千戶) 윤귀택(尹龜澤)이 천호 양백지(楊百之)와 술을 마시다가 "너는 재상을 하고 싶지 않느냐?"고 물은 것이 계기였다.

"누가 그런 마음이 없겠습니까만 하기가 어렵지 않습니까?"

"김종연이 판사 조유(趙裕)와 모의해 이 시중을 해치려고 하는데, 네가 만일 강한 군사를 거느리고 우리와 함께한다면 재상이 될 수도 있을 것이다. 시중 심덕부도 이 모의를 알고 있다."

양백지는 좋다고 응답했다. 그러나 윤귀택은 양백지가 거짓으로 응답했다고 생각하고는 먼저 개경으로 달려와 이성계에게 고했다.

"김종연이 제가 있는 서경으로 도망쳐서 함께 군사를 일으켜 시중(이성계)을 해치자고 약속했습니다."

윤귀택의 고변까지 더해지자 개경은 더욱 뒤숭숭해졌다. 윤귀택은 많은 사람들을 끌어들였다.

"김종연은 이미 개경으로 잠입해서 시중 심덕부를 비롯해 많은 사람들과 함께하기로 모의했습니다. 조유도 내게 '심 시중(심덕부)이 휘하 군사를 시켜 이 시중을 치려고 한다'고 말했습니다."

이성계는 시중 심덕부에게 비밀리에 이 사실을 알렸다. 자신의 결백을 밝히는 일은 철저한 조사밖에 없다고 생각한 심덕부는 판사 조유를 옥에 가두었다. 뿐만 아니라 김종연의 아내와 종, 박가흥(朴可興) 등 여러 친척도 순군옥에 가두고 심문했다. 고문에 못 이긴 김종연의 종이 자백했다.

"주인 김종연이 상복(喪服)으로 변장하고 박가흥의 집으로 가서 '윤귀택이 군사를 거느리고 개경으로 오면 일이 성취될 것이다'고 말했습니다."

사헌부에서 윤귀택과 조유를 대질심문할 것을 청했다. 평리 박위와 사헌부 집의 유정현(柳廷顯)이 국문을 맡았다. 박위가 먼저 윤귀택을 고문하려고 하자 유정현이 반발했다.

"관련자 조유는 가만히 두고 고발자 윤귀택을 먼저 국문하려는 것은 무슨 뜻이냐?"

조유를 감싸는 것 아니냐는 비난이었는데 얼굴빛이 변한 박위는 아무 말도 못 했다. 그래서 조유를 먼저 신문하기로 변경되었다. 먼저 신문을 받은 조유는 모든 게 사실이라고 자백했다. 조유는 참형에 처해지고 가산(家産)이 적몰되었다.

문제는 시중 심덕부가 연관됐는지 여부였다. 심덕부는 위화도 회군의 중심인물 중 하나로 이성계의 신임이 두터웠다. 그래서 사건이 일어난 초기에 이성계가 먼저 공양왕에게 심덕부는 죄가 없다고 변호하기도 했다.

"신은 심덕부와 마음을 같이하여 나라를 받들었으며, 본래 시기와 의심이 없었습니다. 청컨대 조유를 심문하지 말아서 우리 두 신하의 정의(情誼)를 끝까지 보존하게 하소서."

조유를 심문하면 심덕부의 이름이 나올 수도 있다는 뜻이었다. 그러자 심덕부가 놀라서 아뢰었다.

"조유의 공사(供辭)에 이미 신의 이름이 나왔는데, 지금 신문하지 않으면 신이 어찌 변명하겠습니까?"

심덕부는 스스로 순군옥에 나아갔는데, 공양왕이 두 번이나 들어오라고 명하자 대궐로 나아와 사례했다. 이는 겉과 속이 다른 이성계의 복선이었다. 대간들은 날마다 대궐 문앞에 엎드려 나머지 관련자들을 처벌해야 한다고 요청했다. 나머지 관련자란 박위와 심덕부를 뜻했다. 결국 박위는 풍주에 유배되고, 심덕부는 토산으로 귀양 갔다.

한편 김종연은 안협현(安峽縣: 강원도 이천)의 민가에 숨어 있었다. 이 정보를 입수한 관아에서 체포하려 하자 김종연은 석굴로 도망갔다. 군사를 동원해 포위하자 김종연은 칼을 빼어 군졸들을 베고 포위망을 뚫은 후 서경으로 도주해 전 판사 권충(權忠)의 집에 숨었는데, 권충의 아들인 진사(進士) 권격(權格)과 친했기 때문이다. 그러나 이 정보도 곧 관아에 유출되었다. 김종연은 또 도망갔지만 권격은 체포되어 심한 매질을 당했다. 심한 고문을 당한 권격은 지용기, 정희계(鄭熙啓), 박위, 윤사덕(尹師德), 이빈 등을 지목했다.

김종연이 서해도로 도주했다는 정보가 있자 순군진무(巡軍鎭撫) 임순례(任純禮)를 보내 체포하게 했다. 임순례는 김종연이 지나간 곳마다 대대적인 수색을 벌여 사람들을 체포하고 고문해서 수감자가 수백 명에 이르렀다. 이에 고발자가 잇따라 중외의 소란이 그치지 않았다. 한편 김종연은 곡주(谷州: 황해도 곡산) 숲 속에 숨어 굶주림을 참고 있었다. 그러다 한 사람을 만나 말했다.

"내가 굶어 죽을 지경이니 구해주기 바라오."

그는 김종연을 안심시키고 말했다.

"여기 있으면 내가 곧 죽을 끓여오겠소."

그러고는 관에 고해 김종연을 사로잡게 했다. 임순례는 하루 밤낮 동안 300리를 달려 김종연을 개경으로 끌고 왔다. 그러곤 대간에서

심문하게 했다. 이성계를 제거하고 창왕을 세워서 우왕을 맞이하려
한 혐의였다.

김종연은 오랫동안 굶주린 데다 피곤까지 겹쳐 대답하지 못했다.
옥관(獄官)이 꾸짖었다.

"지금의 국문은 군왕의 명으로 하는 것인데 어찌 말하지 않는가?"

김종연은 귀를 기울여야 간신히 들릴 만한 소리로 대답했다.

"내가 차마 죽지 못하고 또 처지가 박복해서 이 지경에 이르렀을
뿐, 그런 일은 꾸민 바 없소."

옥관이 다시 물었다.

"권격 등이 이미 함께 모사했다고 자백했는데, 어찌 숨기는가?"

"권격 등과 도모해서 어떤 일을 이룰 수 있겠소? 내가 모의한 적이
없다는 것은 이로써도 알 수 있소."

실제로 진사에 불과한 권격 등과 나라의 운명을 바꾸는 대사를 논
의했다고 보기는 어려웠다. 김종연은 허기와 피로가 겹쳐 도저히 더
이상 심문받을 수 없었다. 그래서 죽을 먹이고 따뜻한 방에 들어가게
했더니 곧 죽고 말았다. 이에 김종연의 사지를 잘라 각 도에 조리를
돌리고, 권격 등 그와 모의했다는 인물들의 목을 베거나 유배 보냈다.
공양왕 2년(1390) 12월의 일이다.

이보다 앞선 공양왕 2년(1390) 7월, 유원정(柳爰廷)이 명의 수도 남경
에서 돌아와 윤이·이초 사건에 대한 명 태조의 조치를 전했다.

"황제께서 윤이·이초의 무고가 망령된 것을 아시고 율수현으로
유배 보내셨습니다."

율수현은 명의 수도 남경 인근 지역이다. 사건의 실체가 여전히 모

호한 가운데 김종연 등 여러 사람이 목숨을 잃고 만 것이다.

그런데 이 사건은 회군 9공신 중 정몽주가 회군 세력과 다른 길을 걷기 시작하는 단초가 되었다. 정몽주가 사건을 확대하는 데 반대한 것이다. 정몽주는 공양왕 2년(1390) 7월 다른 재상들과 함께 김종연, 윤이, 이초, 왕익부 등을 창왕을 세우고 우왕을 맞이하려 했다는 혐의로 다스려야 한다고 요청했다. 그런데 정몽주의 생각과 달리 이 다섯 사람 외에 무수히 많은 사람이 연루되자 사건이 확대되는 데 반대한 것이다.

공양왕 2년(1390) 8월, 사헌부 대사헌 김사형(金士衡) 등은 윤이·이초 사건의 다른 연루자들은 모두 유배되었는데, 우현보, 권중화, 장하, 경보 등은 아직 도성에 있다면서 이들도 모두 유배 보내야 한다고 주장했다. 공양왕은 이들이 윤이·이초 사건에 연루되었는지 분명하지 않다면서 윤허하지 않았다. 대간에서 다시 주청했지만 공양왕은 또 거절했다. 그러자 김사형 등 대간이 일제히 병을 핑계로 조정에 나오지 않았다. 이런 상황에서 형조가 상소를 올려 다시 우현보 등의 죄를 청하자 공양왕은 이를 도평의사사에 내렸다. 이성계 일파가 이미 장악하고 있던 도평의사사는 모두 대간 및 형조의 주장을 따라야 한다고 말했다.

"마땅히 헌부(憲府: 사헌부)와 형조의 청을 따라야 합니다."

이때 찬성사 정몽주만이 홀로 반대하고 나섰다.

"윤이·이초의 무리는 죄가 진실로 명백하지 않습니다. 또 이미 사면을 받았으니 다시 논할 수 없습니다."

공양왕은 도평의사사의 손을 들어서 우현보, 권중화, 장하, 경보 등을 유배 보내고 사헌부의 김사형 등에게 다시 나와 직무를 보라고 명했다. 김사형 등은 형조를 시켜서 정몽주를 탄핵하게 했다.

"정몽주가 윤이·이초의 당을 도와서 대간을 음해했습니다."

공양왕은 정몽주를 탄핵한 판서 안경공(安景恭) 등을 좌천시키고, 이근(李懃)으로 대신시켰다. 그러나 이근이 다시 정몽주를 탄핵하고 나서자 공양왕은 이근을 파면시켰다. 정몽주의 태도를 둘러싸고 대간은 둘로 갈라졌다. 정몽주를 옹호하는 정우(鄭寓), 최운사(崔云嗣) 등과 정몽주가 윤이·이초의 당을 옹호했다고 비판하는 이근, 이반 등으로 나뉜 것이다. 사헌부와 형조가 맞서면서 서로 탄핵해 사헌부와 형조가 텅 비게 되자 칭병하고 집에 있던 대사헌 김사형이 수레를 타고 급히 나와 정몽주를 다시 비판했다.

"이반 등은 간관이면서도 정몽주에게 붙어 윤이·이초의 당을 논죄하지 않고 거꾸로 사헌부와 형조를 공격했으니 그 죄를 다스려야 합니다."

공양왕은 정몽주를 옹호한 정우와 최운사는 물론, 비판한 이반과 이근까지 모두 파직시켰다. 사건이 이렇게 진행되는 가운데, 정몽주가 이성계 일파에게 등을 돌리기 시작한 것이 공양왕에게는 큰 힘이 되었다.

공양왕은 커다란 위기의식을 느끼고 있었다. 이성계 일파가 우·창왕을 죽인 것을 보면서 자신도 자칫하면 같은 신세가 될 수 있다고 생각한 것이다. 공양왕은 이성계 일파가 왕씨 왕조를 폐하고 이씨 왕조를 세우려는 것은 아닌가 의심했다. 공양왕은 왕조가 이 지경까지 추락한 이유를 깊게 숙고했다. 그때 천문을 관장하는 서운관에서 상소를 올렸다. 공양왕 2년(1390) 7월의 일이다.

> 《도선밀기(道詵密記)》에 지리가 쇠하고 성하는 것에 대한 설이 있습니다.
> 마땅히 한양으로 행차하셔서 송도의 지덕(地德)을 쉬게 해야 합니다.

개경은 지덕이 다 쇠했으니 한양으로 천도해야 한다는 뜻이었다. 공양왕이 박의중에게 물었다.

"경은 도읍을 옮기는 것에 대해 어떻게 생각하는가?"

명 태조 주원장에게 철령위 설치가 부당하다고 역설했던 박의중이 답했다.

"일찍이 군주가 참위술수(讖緯術數)로써 나라를 보존했다는 말은 아직 듣지 못하였습니다. 또 많은 사람이 움직이면 백성들이 소요스러워하는 폐단이 있고 수많은 비용이 드는데 이루 다 말할 수 있겠습니까. 《서경(書經)》에 '필부필부(匹夫匹婦)가 스스로 다함을 얻지 못한다면 군주가 그 공(功)을 이룰 수 없다'라고 했습니다. 원하건대 전하께서는 살피소서."

한양 천도에 반대한다는 뜻이었다. 그러나 공양왕은 쉽게 뜻을 꺾지 않았다.

"내가 그 폐해를 알지 못하는 것은 아니지만 음양의 설 또한 어찌 거짓이겠는가?"

지금은 비상 시기였다. 공민왕의 핏줄인 우·창왕이 목숨을 잃은 터였다. 공양왕은 배극렴을 한양으로 보내 궁궐을 수축하게 했다. 그러자 좌헌납(左獻納) 이실(李室)이 참위설을 비판하는 상소를 올렸다.

"추수를 다 하지 못했는데, 사람과 말이 곡식을 밟으면 백성들이 원망할 것입니다."

공양왕은 이실을 힐난했다.

"《비록(秘錄)》에 '만약 천도하지 않으면 임금과 신하를 폐하게 될 것이다'라고 하였다. 네가 어찌 홀로 안 된다고 고집하는가."

공양왕이 말한 《비록》은 《해동비록(海東秘錄)》일 것이다. 예종이 재위 1년(1106) 유신(儒臣: 유학에 밝은 신하) 김연(金緣), 최선(崔璿) 등과 태사관(太史官)들에게 음양과 풍수에 대한 여러 학설을 한 권으로 정리해 바치게 한 책이다. 여기에 개경의 지덕이 쇠했으니 한양으로 천도해야 한다는 말이 있었다. 공양왕은 윤이·이초의 옥사가 계속되는 가운데 한양에 도성을 짓는 역사를 밀어붙였고, 재위 2년(1391) 9월 17일 한양 천도를 단행했다.

어가가 한양에 이르자 한양을 관할하는 양광도 관찰사(楊廣道 觀察使) 유구가 채붕(彩棚)을 설치하고 백희(百戱: 여러 광대놀이)를 진설해놓고 공양왕을 기다렸다. 새 도성에 입성하는 공양왕을 성대하게 맞이하기 위한 것이었다. 그러나 공양왕은 사람을 보내서 환영 행사를 모두 취소하게 했다. 성대한 잔치까지 해가면서 입성할 한양은 아니었다. 더구나 유구는 공양왕 1년(1389) 12월 예문관 대제학으로 강화에 가서 창왕을 죽인 인물이었다. 그의 환영을 받으면서 입성할 한양은 더더욱 아니었다. 아니나 다를까, 대간에서 유구가 공양왕 영접 잔치를 한다면서 백성들로부터 세금을 많이 거두었다고 탄핵했다. 공양왕은 유구를 파면하고 서균형을 양광도 관찰사로 삼았다. 공양왕의 한양 천도는 처음부터 순조롭지 못했던 것이다.

머나먼 개국의 길

문제는 유구가 아니었다. 한양 천도도, 풍수도 문제가 아니었다. 진정한 문제는 풍수가 아니라 땅에 있었고, 그 땅에 사는 백성들에게 있었다. 공양왕이 한양 천도를 단행한 그때, 이성계 일파는 공양왕의 한양 천도를 단번에 무력화하는 조치를 단행했다. 기존의 모든 토지 문서(公私田籍)를 시가에 쌓은 후 불을 지른 것이다. 그 불이 여러 날 동안 꺼지지 않았다.(《고려사》, 〈식화지〉, 녹과전) 공양왕이 한양 천도를 단행한 공양왕 2년(1390) 9월의 일이다.

　　공양왕은 토지 문서가 불타는 것을 애석해하면서 눈물을 흘렸다.

　　"조종(祖宗)께서 만드신 사전의 법이 과인의 대에 이르러 갑자기 혁파되었으니 애석하도다."

　　시가에서 타오르는 토지 문서의 불길이 한 시대를 태우는 불길이라는 사실을 공양왕은 알지 못했다. 한 줌의 재로 사라진 토지 문서는 곧 닥칠 고려 왕조의 운명일 수도 있다는 사실을 공양왕은 미처 알지 못했다.

공양왕의 마지막 저항

치악산에 모인 고려 충신들

기사년(1389, 창왕 1년) 11월, 길재(吉再)는 문하주서(門下注書)로서 창왕이 쫓겨나는 것을 목격했다. 창왕을 신씨라 하면서 끌어내려 하자 창왕이 울면서 옷을 벗고 왼쪽 겨드랑이를 들어 보였다. 그곳에 금 비늘이 셋 있었다.

"왕씨로 왕통을 계승한 자는 모두 이 금 비늘이 있다. 우리 부왕(우왕) 또한 이 금 비늘이 있었는데, 왜 신돈의 자식이라면서 쫓아내려 하느냐?"

그러자 신하들이 흰 솜으로 입을 틀어막았다. 창왕을 죽이려 할 때도 이 금 비늘을 보이니 백성들이 보고 울지 않는 자가 없었다. 이듬

해 봄 길재는 늙은 어머니를 봉양하겠다면서 벼슬을 그만두었다. 이
후 우·창왕이 변을 당했다는 말을 듣고는 스스로 3년상을 치르면서
과일, 술, 고기를 입에 대지 않았다.

고려를 지키려던 신하들은 우·창왕이 이성계 일파에게 죽임을 당
한 것을 '기사년의 대변(大變)'이라고 부르면서 두 임금을 애도했다.
이들은 치악산에 모여 두 임금 및 고려를 지키려다 죽임을 당한 사람
들의 제사를 지냈는데, 제사의 이름이 변사(變祀)였다. 복애(伏崖) 범세
동, 음촌(陰村) 김약시(金若時), 석탄(石灘) 이양중(李養中), 관가정(觀稼亭)
최청(崔淸), 죽송오(竹松塢) 서견(徐甄), 죽정(竹亭) 탁신(卓愼), 덕곡(德谷)

고양 공양왕릉.
경기도 고양시에 위치한 공양왕과 그의 부인 순비 노씨의 무덤으로 사적 제191호로 지정되었다. 태조 3
년(1394) 삼척에서 처형당했고, 태종 16년(1416) 공양왕으로 봉해지며 고양에 무덤이 마련되었다. 삼척에
도 공양왕릉이 있는데, 이는 민간에서 전해져 온 것이다.

조영숙(趙永肅), 천곡(泉谷) 최원도(崔元道), 처용(處容) 조유(趙瑜), 이원외인(李園外人) 공계성(孔繼聖), 목옹(木翁) 하자종(河自宗), 유려산인(惟麗散人) 우성유(牛星維), 우복재(尤伏齋) 방직범(方直範) 등과 만육당(晩六堂), 도동자(蹈東子), 문산(文山) 등이 참석자였다.

제사를 마치고 눈물을 닦으며 서로 손을 모아 읍한 후에 범세동이 말했다.

"우리들은 1년에 두 번 모이기로 했는데, 시인(時人: 이성계 일파)들이 알게 되어 고려 왕실의 제사가 끊어질까 두렵소."

이들은 치악산에 일주일 혹은 열흘 정도 머물다 고향으로 돌아갔다. 치악산을 떠나기 전에 이들은 고려 왕조의 시각에서 쓴 사초(史草)를 저술해 감추어두기로 했다. 현실을 포기하는 대신 후세인들에게 이 시대의 진실을 알리기로 한 것이다.

그러나 이색은 달랐다. 이색은 결코 현실을 포기하지 않았다. 의외로 공양왕에게 고려 왕실을 지키려는 의지가 있고, 능력도 있는 데다, 정몽주까지 새로 가세했으니 기회가 올 수도 있다고 본 것이다. 이색과 정몽주의 결합은 이성계 일파로서도 범상하게 넘길 일이 아니었다. 이들은 먼저 군권을 완전히 장악하는 데 나섰다. 공양왕 3년(1391) 1월, 삼군도총제부(三軍都摠制府)를 설치해서 기존 5군을 중군(中軍)·좌군(左軍)·우군(右軍) 3군으로 통합해 모든 중앙군과 지방군을 소속시켰다. 이성계가 도총제사가 되고, 배극렴이 중군총제사, 조준이 좌군총제사, 정도전이 우군총제사가 되었다. 도총제부를 설치한 데 대해 조야에서 비난이 들끓었다. 도총제부가 설치된 것은 정도전이 귀국한 직후였다. 그래서 정도전에게 비난의 화살이 쏠렸다.

"정도전이 중원에서 돌아온 뒤 갑자기 삼군도총제부를 설치했으니 구가세족은 이제부터 모두 천역(賤役)에 복무하게 될 것이다."

우·창왕을 죽인 후 이성계 일파가 새 왕조를 세우려고 한다는 의심은 커져갔다. 이를 저지하려는 세력의 중심에 이색과 정몽주가 있었다. 정도전은 둘의 결합을 끊지 않으면 새 왕조 개창이 무산될 수도 있다고 생각했다. 그래서 공양왕 3년(1391) 4월, 왕의 구언(求言)에 응하는 형식으로 상소를 올려 이색을 공격했다.

이색은 회군한 뒤에… 왕씨를 세우려는 의논을 저해하여 마침내 신씨인 창(昌)을 세워서 왕씨를 부흥하지 못하게 한 자가 있었고, 신우를 맞아다가 길이 왕씨를 끊어버리려 한 자도 있었습니다. 이는 난적(亂賊)의 무리로 왕법에 용납되지 못할 바입니다.

"신우를 맞아다가 왕씨를 끊어버리려 한 자"는 변안열 등이고, "창을 세워서 왕씨를 부흥하지 못하게 한 자"는 목은 이색을 가리킨다. 같은 해 5월, 정도전은 도당에 글을 올려 이색과 우현보의 목을 베야 한다고 주장해서 조야를 깜짝 놀라게 했다. 이색은 정도전의 스승이었다. 군사부일체(君師父一體)를 추구하는 유학자가 스승의 목을 베라는 상소를 올린 것이다.

공양왕은 이색을 처벌하라는 요청을 거부했다. 그러나 이성계 일파가 대간을 장악한 상황이었다. 사헌부에서는 계속 이색과 우현보를 처벌할 것을 주창했다. 결국 정도전은 이색을 함창(咸昌: 경상도 상주)으로 유배 보내는 데 성공했다. 공양왕은 우현보만은 그의 손자 우성범

(禹成範)이 자신의 사위라는 이유로 처벌하기를 거부했다. 공양왕은 이성계 일파의 계속되는 공세를 겨우 막아내면서 역전의 기회를 노리고 있었다.

과전법 공포되다

이성계는 모든 권력이 궁극적으로 칼에서 나온다는 사실을 몸으로 체득한 인물이다. 그래서 공사 토지 문서를 불 지른 지 석 달 후인 공양왕 2년(1390) 12월, 전 좌군도통사 조민수를 유배지 창녕에서 죽였다. 토지 문서를 불사르자 백성들은 환호했지만 구가세족들은 이를 갈았다. 드넓은 토지를 빼앗겼다고 생각한 구가세족들은 이판사판의 심정이었다. 이런 상황에서 제거된 최영을 대신해 조민수가 그 중심이 될 수도 있었다. 그래서 조민수를 전격적으로 죽인 것이다. 최영처럼 요동 정벌의 대의도, 고려 왕실에 대한 무조건적인 충성심도 부족했던 무장의 최후였다. 또한 이성계처럼 고려의 토지 문제를 새 왕조 개창의 정당성으로 삼을 만한 이념적 사고도 부족했다. 권력을 토지 획득의 수단으로만 생각했다. 최영이 죽자 고려 백성들 사이에서 애도의 물결이 일었지만 그의 죽음으로는 그런 움직임이 없었던 것은 이 때문이다.

공양왕 3년(1391) 5월 과전법(科田法)이 반포되었다. 이색까지 쫓겨난 상황에서 과전법 제정을 막을 세력은 없었다. 과전(科田)이란 국가에서 벼슬아치들에게 조세를 거둘 권리를 준 땅을 의미한다. 전년 9월, 공사 토지 문서를 모두 불태워버린 것은 바로 과전법을 실시하기 위한 준비 작업이었다. 그러나 과전법은 새로 만든 토지 제도가 아니라 문종 때 실시한 경정전시과(更定田柴科)를 다시 실시한 것이나 마찬가지였다.

이성계 일파는 전국의 농지 면적을 다시 조사했는데, 경기도에서만 실제로 경작하는 토지인 실전(實田)이 13만 1755결이었다. 불과 2년 전인 창왕 1년(1389), 1년간 조사한 결과 경기도의 토지가 10만 결이었던 것에 비하면 3만여 결이나 늘어난 것이다. 그만큼 토지조사에서 누락된 토지가 많았다는 뜻이다. 경기도에는 실전 외에 황원전(荒遠田)이 8387결 있었는데, 황원전은 아직 개간되지 않았거나 개간되었어도 경작이 중단된 토지를 말한다.

나머지 여섯 도의 농토를 조사해보니 실전은 49만 1342결, 황원전은 16만 6643결 정도였다. 실전만 따져도 2년 전의 40만 결에 비해 10만 결을 더 얻은 것이고, 황원전까지 합치면 26만여 결을 더 얻은 것이다. 여러 방법으로 과세에서 빠져나간 토지가 그만큼 많았던 것이다. 실전과 황원전을 모두 포함하면 79만 8127결로 80만 결에 가까웠다. 실전만 따져도 62만 3097결인데, 동계와 북계의 토지는 예전대로 군수(軍需) 및 사신 접대에 충당하는 비용으로 삼아야 했기에 포함시키지 않았다.

새로 조사한 토지를 토대로 만든 새로운 토지 제도가 바로 과전법이다. 과전법에 따라 수도에 거주하면서 왕실을 시위하는 사대부들에게 경기도에 한해서 과전을 나누어준 것을 필두로 나라 일을 하는 모든 사람에게 토지를 나누어주었다. 현재 벼슬에 있는 시직(時職), 실직(實職)은 물론 직함만 있고 실제 벼슬자리는 없는 산직(散職)에게도 토지를 나누어주었다. 왕실 인사들과 관료들 모두에게 직급에 따라 과전을 주었는데, 예를 들면 국왕의 아들인 왕실의 재내대군(在內大君)과 관료의 으뜸인 문하시중은 제1과로 150결을 주고, 왕실의 재내부원군(在內府院君)과 검교시중(檢校侍中)은 제2과로 130결을 주고, 찬성사는 제3과로 125결의 토지를 주었다. 하위직의 경우 제15과는 동반(東班)·서반(西班) 7품으로서 25결, 제16과는 동반(東班)·서반(西班) 8품으로서 20결, 제17과는 동반(東班)·서반(西班) 9품으로서 15결, 제18과는 권무(權務)와 산직(散職)으로서 10결의 토지를 주었다.

중요한 것은 과전이 토지 소유권이 아니라 세금을 거둘 수 있는 권리인 수조권(收租權)을 준다는 것이다. 국가에 내야 할 10분의 1 정도의 토지세를 대신 거두어 녹봉으로 갖게 했다. 수조권을 가진 벼슬아치는 그중 10분의 1 정도를 세로 나라에 내야 했다. 과전을 실제로 경작하는 농민들에게는 농사를 지을 권리인 경작권이 있었는데, 경작권은 사실상 소유권이었다.

지방에는 군전을 설치해 군사들에게 토지를 나누어주었다. 군전은 본인이 죽으면 반납해야 하지만 아내가 수절할 경우 남편이 받던 군전을 계속 주었다. 자식이 있으면 전부 주었고, 자식이 없으면 반을 주었다. 다른 남자에게 시집가면 토지를 돌려주어야 했다. 부모가 모두 사망하고 어린 자식만 남아도 부모의 토지를 주었는데, 20세가 되면 아들은 본인의 과(科)에 따른 토지를 받고, 딸은 남편의 과에 따른 토지를 받았다. 부모가 세상을 떠났어도 자식들의 생활을 보장한 것으로, 지금보다 훨씬 나은 사회보장제도였다.

과전법하에서도 공전과 사전이 있었다. 공전이나 사전이나 경작권을 가진 농민들에게 소유권이 있었다. 수조권이 관에 있으면 공전이고, 개인에게 있으면 사전일 뿐이었다.

그 조(租), 즉 세금은 수전(水田: 논)이면 1결당 조미(糙米: 한 번 빻은 쌀) 30두, 한전(旱田: 밭)이면 잡곡 30두로, 소출량의 10분의 1 정도였다. 이보다 더 거두는 자는 뇌물죄인 장죄(贓罪)로 처벌하고, 당사자는 물론 자손들의 벼슬길까지 막았다. 한 농토의 주인이 5~6명이 넘고, 소출의 90%까지 내야 했던 사전의 폐단에 비하면 농민들에게 대단히 유리한 제도였다.

비록 사전의 폐단과는 비교할 수 없지만, 이때의 과전법도 이성계나 정도전, 조준 등이 처음 계획했던 구상에서는 후퇴한 것이었다. 이성계 일파의 당초 구상은 천민을 포함한 모든 백성에게 토지를 나누어주는 계구수전(計口授田), 또는 계민수전(計民授田) 방식의 토지 개혁이었다. 그러나 모든 백성에게 나누어주는 데까지는 가지 못했다.

공사천구(公私賤口), 공인, 상인, 점쟁이, 맹인, 무당, 기생, 승려 등은 본인과 자손 모두 토지를 받는 것을 허락하지 않는다.

'공사천구(公私賤口)'란 공노비와 사노비를 뜻하는데, 조준은 창왕이 즉위한 직후 올린 상소문에서 "공사천인으로서 역을 담당하는 자에게도 이 토지를 지급하되, 문서에 분명히 기록한다"라고 명시했다. 당초 구상에서 후퇴한 이유를 정도전은 구가세족들의 반대 때문이라고 설명했다.

> 전하께서는 잠저에 계실 때 친히 그 폐단을 보시고 개탄스럽게 여기시어 사전 혁파를 자기의 소임으로 정하였다. 그것은 대개 경내의 토지를 모두 몰수하여 국가에 귀속시키고, 인구를 헤아려 토지를 나누어주어서 옛날의 올바른 전제(田制: 토지 제도)를 회복시키려고 한 것인데, 당시의 구가세족들이 자기들에게 불리하다는 이유로 입을 모아 비방하고 원망하면서 여러 가지로 방해하여, 백성들로 하여금 지극한 정치의 혜택을 입지 못하게 하였으니, 어찌 한탄스러운 일이 아니겠는가? 《조선경국전》,〈부전〉, 경리)

정도전이 생각한 지극한 정치란 "모든 백성들에게 토지를 나누어 주는 정치"였다. 이 지극한 정치가 구가세족들의 반대 때문에 무산되었다는 것이다. 그러나 정도전은 과전법에 대해 고려 말기의 문란했던 제도에 비교하면 만 배나 나은 제도라고 자부했다.

> 백성에게 토지를 주는 일이 비록 옛사람에게는 미치지 못하였으나, 토지 제도를 정제하여 일대(一代)의 전법으로 삼았으니, 전조의 문란한 제도에 비하면 어찌 만 배나 나은 게 아니겠는가? 《조선경국전》,〈부전〉, 경리)

개경의 지덕이 쇠했기 때문이 아니라 토지 제도가 무너진 것이 고려가 망한 핵심적인 이유였다. 정도전을 비롯한 이성계 일파는 이를 정확하게 간파하고 있었다.

토지 제도가 심하게 문란해지면서 세력가들이 서로 토지를 겸병하여 한 사람이 경작하는 토지의 주인이 더러는 7~8명에 이르는 경우도 있었다. 전조(田租)를 바칠 때는 인마(人馬)의 접대며, 청을 들어 강제로 사는 물건이며, 노자로 쓰이는 돈이며, 조운(漕運)에 드는 비용들이 또한 조세 자체보다 배 또는 다섯 배 이상이나 되었다. 아래위가 서로 이익을 다투어 일어나 힘을 겨루어 빼앗으니, 이에 따라 화란(禍亂)이 일어나고 마침내 나라가 망하고야 말았다. 《조선경국전》, 〈부전〉 경리)

《고려사》도 고려가 망한 이유를 토지 제도의 문란 때문이라고 지적했다.

고려 말기에는 덕(德)을 잃고 호구와 토지에 대한 기록이 불분명해져서 양민(良民: 자유민)은 모두 힘센 집안(巨室)으로 편입되고 전시과는 무너져서 사전이 되었다. 권력이 있거나 힘 있는 자들의 토지는 밭두둑이 이어져서 산천으로 표지를 삼고, 한 해에 세금을 두세 번씩 거두었다. 조종의 법이 모두 무너져 나라 또한 망하게 되었다. 《고려사》, 〈식화지 서문〉)

고려 초기에 국왕들이 세운 토지 제도가 무너지면서 나라가 망했다는 것이다. 고려가 망한 것은 위화도 회군 때문이 아니라는 주장이기도 하다. 그러나 공양왕의 생각은 달랐다. 공양왕은 과전법을 고려 왕조 지지 세력들의 물적 기반을 무너뜨리기 위한 이성계 일파의 책략으로 보았다. 충선왕부터 창왕에 이르기까지 고려 왕실도 꾸준히 토지 개혁을 추진했다. 이를 빌미로 고려 왕실을 무너뜨리려는 것은 이성계 일파의 핑계일 뿐이라고 공양왕은 생각했다. 공양왕은 500년 왕업을 이성계에게 고스란히 넘겨줄 생각이 없었다.

공양왕의 반격과 이방원의 재반격

공양왕이 우현보의 손자 우성범이 자신의 사위라는 이유로 우현보에 대한 논쟁을 불문에 부치자 정도전은 정사를 거부했다. 공양왕이 대언(代言) 안원(安瑗)을 보내 등청을 권유하자 조정에 나온 정도전은 공양왕과 설전을 벌였다. 공양왕은 계속 우현보를 옹호했다.

"이색의 죄상은 조금 드러났지만 우현보의 죄는 아직 명백하지 않다."

정도전은 바로 반격했다.

"이색의 죄는 이미 드러났으니 마땅히 극형에 처해 불충한 죄를 보여야 할 것이며, 우현보는 죄상이 명백하지 않기 때문에 대간이 번갈아 글을 올려 먼 지방으로 귀양 보내기를 청한 것입니다."

공양왕은 정도전을 직접 비판했다.

"이색과 우현보의 일은 불문에 부친 지 오래인데도 지금도 상소를 올리는 자가 있는 것은 반드시 경의 상소를 따라 하는 것이다."

정도전도 지지 않았다.

"군신의 의리는 부자의 정과 같습니다. 주상께서 지금은 비록 신을 꾸짖지만 훗날 신에게 직임을 맡겨주시면 어찌 감히 진심을 다해 분발하지 않겠습니까."

이때 정몽주가 양비론을 들고 나왔다.

"공도(公道)로 볼 때 양쪽 모두 잘못인 것 같습니다."

양비론은 사실상 한쪽 편을 드는 것으로, 정몽주의 양비론 또한 이색·우현보의 편을 드는 것이었다. 정몽주는 이성계가 왕위까지 꿈꾸고 있는 줄은 몰랐다. 정도전이 스승 이색을 죽여야 한다고 나서자 비로소 이들이 새 왕조 개창을 꿈꾸고 있다고 확신하게 되었다. 그래서 공양왕과 이색 측에 가담한 것이다. 정몽주가 공양왕 측에 가담하자 그간 숨죽이고 있던 고려 왕조 존속 세력이 고개를 들기 시작했다.

드디어 공양왕 3년(1391) 9월, 대사헌 김주(金湊)와 형조에서 정도전을 공격하고 나섰다. 사헌부에서 사헌부 규정(糾正) 박자량(朴子良) 등이 사헌부 집의 우홍득(禹洪得)을 영접하지 않았다고 탄핵한 것이 사건의 시작이었다. 사헌부는 내부 기강이 엄격해서 하급자는 반드시 상급자를 영접해야 하는데 그렇게 하지 않았다는 것이다. 이들을 하옥하고 국문했는데, 그 결과 정도전이 박자량 등을 꾀어 우홍득을 비난하게 했다는 사실이 드러났다. 그러자 대사헌 김주와 형조에서 정도전을 탄핵한 것이다.

"정도전을 극형에 처해야 합니다."

첫 공격이 정도전을 사형에 처해야 한다는 것일 정도로 이들의 정도전에 대한 원한은 사무쳤다. 우왕은 재위 10년(1384) 5월 김주의 집에 직접 방문했을 정도로 김주를 총애했다. 이들이 볼 때 임금으로 모셨던 우왕을 죽인 정도전은 역적이었다. 공양왕은 정도전을 지방관인 평양부윤(平壤府尹)으로 좌천시켰다. 일종의 타협책이었다. 그러나 사헌부와 형조에서는 정도전을 계속 공격했다.

"정도전은 외람되게 공신의 반열에 있으면서 안으로 간악함을 품고 겉으로는 충직한 척하며 국정을 더럽혔으니 죄를 더해야 합니다."

공양왕은 정도전을 고향인 봉화현으로 돌려보냈는데, 이는 사실상 유배였다. 이 뿐만 아니라 김주는 정도전의 아들 전농정(典農正), 정진(鄭津)과 종부부령(宗簿副令) 정담(鄭澹)도 공격했다.

공양왕은 정도전의 두 아들을 서인으로 강등시켰다. 동시에 공양왕은 세자 석(奭)을 명나라 남경에 사신으로 보냈다. 명나라에서 차기 국왕의 지위를 보장받으려는 의도였다. 정몽주는 창왕을 추대한 것은 조민수의 잘못이지 이색의 잘못이 아니라는 논리로 이색을 옹호했다. 공양왕에게 이색을 보호하는 것은 절체절명의 과제였다. 공양왕은 더 이상 이색에 대해 논의하는 것 자체를 금지시켰다.

"다시 이 일을 논핵하면 무고죄로 다스리겠다."

잇단 승리에 힘을 얻은 사헌부는 정도전을 계속 공격했다.

"정도전은 가풍이 바르지 못하고 파계(派系)가 명백하지 못한데도 외람되게 높은 관직을 받고 조정에 섞여 있으니, 고신(告身)과 녹권(錄券)을 회수하고 그 죄를 밝게 다스리기를 청합니다."

공양왕은 정도전의 직첩과 녹권을 회수하고 귀양지를 고향에서 나주로 옮겼다. 반면 이색은 한산부원군(韓山府院君), 우현보는 단산부원군(丹山府院君)으로 복권시켰다. 순식간에 사태가 역전된 것이다.

이런 상황에서 공양왕 4년(1392)이 시작되었다. 그해 정월 공양왕은 김종연 사건에 관련된 왕안덕, 우인열, 박위 등을 사면해 살고 싶은 곳에 살라고 허용했으며, 박가흥과 지용기 등은 살고 싶은 지방에 살아도 좋다고 허용했다. 왕안덕, 우인열, 박위 등은 개경에서 살아도 좋다고 석방한 것이고, 박가흥과 지용기 등은 살고 싶은 지방 어디나 가서 살게 한 것으로 사실상 고향으로 돌아가게 한 것이다. 자신이 살고 싶은 곳에서 사는 종편부처(從便付處)는 유배에서 풀려나는 해배(解配)와 같은 수준의 처분이다. 같은 해 2월, 공양왕에 대한 왕권 강화 조치가 취해졌다. 예조에서 공양왕에 대한 예의를 강화하도록 권한 것이다.

"매양 조회 때 예를 마치면 전하께서 이 전(殿)에 앉아 계신데도 백관이 먼저 나가니 예가 아닙니다. 청컨대 지금부터는 예를 마치고 전하께서 일어나 내전으로 들어가시면 군신들은 몸을 굽혀 공손히 보내시고 난 후에 차례로 나가도록 할 것입니다."

공양왕이 허수아비가 아닌 군부(君父)라는 뜻이었다. 이성계는 난감했다. 자신들이 세운 공양왕을 또 내쫓을 수는 없었다.

그런데 다음 달 3월, 아무도 예상하지 못했던 사태가 발생했다. 이성계가 남경에서 돌아오는 세자를 맞이하러 황해도로 갔다가 말에서 낙상한 것이다. 이성계는 황주에서 세자를 맞이하고 해주에서 사냥을 했는데 이때 말에서 떨어져 부상을 입었다. 공양왕과 정몽주는 하늘에서 선왕들의 영혼이 돕는 것으로 여겼다.

공양왕은 이성계에게 의원을 보내 치료하게 했다. 경연에서 강독관(講讀官) 이확(李擴)이 이성계를 칭송하며 걱정했다.

"제군사(諸軍事: 이성계)는 나라의 장성(長城)인데, 말을 달려 사냥하다가 만일 부상을 입었다면 나라의 복이 아닙니다."

이 말에 공양왕은 책을 덮고 답하지 않았다. 정몽주는 이를 듣고 기뻐하는 기색이 있었다. 정몽주는 이를 하늘이 준 기회로 여겼다. 게다가 명나라에서 세자 왕석을 크게 우대했다는 소식이 더해졌다. 주원장은 고려 세자 왕석을 크게 반겼다. 요동 정벌군을 일으킨 우왕이나 그 아들 창왕과는 다른 핏줄이기에 크게 우대한 것이다. 세자를 공후(公侯) 바로 다음 서열에 서게 하고, 내전에서 다섯 번이나 잔치를 베풀어주었다. 이처럼 명나라에서 세자를 크게 후대했다는 소식은 공양왕과 정몽주를 동시에 고무시켰다. 이런 상황에서 이성계가 낙상해 드러누운 것이다. 공양왕과 정몽주, 이색 등은 하늘이 준 마지막 기회라 생각했다.

공양왕은 도당에 명해 남경에서 돌아오는 세자를 금교(金郊)에서 맞이하게 했다. 백관 또한 반열(班列)을 지어 선의문 밖에서 세자를 맞이했다. 이 순간만큼은 공양왕과 세자 왕석이 고려의 진짜 주인이었다.

이 소식은 병석의 이성계에게도 그대로 전해졌다. 사대를 명목으로 회군한 이성계로선 세자의 당당한 환국이 신경 쓰이지 않을 리 없었다. 이성계 반대 세력은 총공세에 나섰다. 이 기회를 놓치면 왕조가 망할 것이라는 초조함이 널리 퍼졌다. 정몽주, 이색, 우현보는 이숭인을 간관 김진양에게 보내 탄핵할 것을 권유했다.

"이성계가 공을 믿고 마음대로 권세를 부리다가 지금 말에서 떨어져 병이 위독하니 먼저 그를 보좌하는 조준 등을 제거하고 나중에 이성계를 제거해야 할 것입니다."

조준 등을 먼저 제거해서 그 우익을 자른 다음, 마지막으로 이성계까지 제거하겠다는 계획이었다. 그해 4월 간관(諫官) 김진양, 이확, 이래(李來), 이감(李敢) 등이 조준, 정도전, 남은(南誾), 윤소종, 남재, 조박 등 이성계 일파의 주요 인사들 거의 전원을 탄핵하고 나섰다.

"삼가 바라옵건대, 해당 관사(官司)로 하여금 조준, 남은, 남재, 윤소종, 조박 등의 직첩과 공신녹권을 회수해서 그 죄를 밝게 다스리고 정도전은 귀양 간 곳에서 처단하여 뒷사람이 경계하게 할 것입니다."

이성계 일파를 모두 제거하려는 계획이었다. 지신사 이첨(李詹)이 다시 상소문을 올려 조준 등을 공격했다. 공양왕은 주저하지 않았다. 이성계가 낙상해 누워 있는 이 기회를 놓치면 다시는 기회가 없을 것이 분명했다.

"조준은 귀양 보내고 남은, 윤소종, 남재, 조박은 관작을 삭탈하고 귀양 보내라."

그런데 이첨은 탄핵 대상에 이미 귀양 가 있던 정도전을 언급하는 것을 빠뜨렸다. 실수였는지 고의였는지 알 수 없지만 '정도전은 귀양 간 곳에서 처단해야 한다'는 내용을 빠뜨린 것이다. 만약 이첨이 정도전에 대해 "죄를 가해야 합니다"라고 탄핵하고 "아뢴 대로 하라"라는 명이 내려졌다면 정도전은 죽었을 것이다. 간관 김진양은 "아뢴 대로 하라"라는 명에 준해 정도전도 처리할 수 있다고 판단하고, 관원을 봉화로 보내 정도전을 보주(甫州: 경북 예천)로 끌고 갔다.

이색, 정몽주 등의 계획대로 이성계의 우익들을 먼저 처벌하고, 이성계의 삼군도총제사 자리를 빼앗으면 이성계 일파를 무력화시킬 수 있었다. 이성계 일파는 풍전등화 상태였다. 이때 이방원이 벽란도로 말을 달려 드러누워 있던 이성계에게 말했다.

"정몽주가 반드시 우리 집안을 해칠 것입니다."

이성계는 대답이 없었다.

"이곳에서 머물러서는 안 됩니다. 개경으로 돌아가야 합니다."

이성계는 허락하지 않았다. 이방원은 이성계가 벽란도에 계속 누워 있다가는 어떤 일이 생길지 알 수 없다고 생각했다. 그래서 이성계를 견여(肩輿)에 태워 밤새 개경의 집으로 옮겼다. 이성계의 귀경 소식에 공양왕과 정몽주, 이색 등은 혼란에 빠졌다. 사헌부에서는 정도전과 조준, 남은 등 이성계 우익들의 목을 베어야 한다고 연일 상소를 올리고 있었다. 이들은 대부분 귀양에 처해진 상태였다. 공양왕이 모른 체 "아뢴 대로 하라"라고 추인하면 이들은 모두 목숨을 잃을 것이었다. 이것이 정해진 수순이었다. 이 모두는 이성계가 벽란도에 누워 있다는 사실을 전제로 진행된 계획이었다. 그런데 이성계가 밤새 집으로 돌아왔으니 혼란에 빠질 수밖에 없었다.

정몽주는 문신답지 않게 겁이 없었다. 이성계의 낙상을 하늘이 준 기회라고 생각했다. 거동도 하지 못하는 이성계를 이방원이 업고 왔다는 소문을 눈으로 직접 확인하고 싶어 했다. 정몽주가 이성계의 사저를 방문하려 하자 모두가 말렸다. 이성계의 형 이원계의 사위 변중량(卞仲良)이 중요한 정보를 제공했기 때문이다. 이방원이 이성계의 동생 이화(李和)와 이성계의 사위 이제(李濟) 등과 모의해 정몽주를 죽이려 한다는 정보였다. 그러나 정몽주는 방문을 강행했다. 밥을 굶으며 사태를 걱정한 지 사흘 만이었다. 이성계가 설마 나라까지 빼앗으려 할 줄은 몰랐다. 게다가 이성계가 낙상한 것은 사실이지만 목숨이 위험할 정도는 아니었다. 이성계는 정몽주를 전과 같이 대했다.

왕조의 존망이 경각에 달린 비상 시기였다. 이방원은 재역전의 기회라고 생각했다. 집 안으로 들어온 호랑이를 그냥 돌려보내서는 안 된다고 생각했다. 그는 가신(家臣)인 서얼 출신 조영규(趙英珪) 등 네댓 명을 문병을 마치고 돌아가는 정몽주에게 붙였다. 이들은 선죽교에서 정몽주를 쇠도리깨로 때려 죽였다.

공양왕 4년(1392) 4월 4일, 유학자이자 친명파이자 고려의 마지막 수호자였던 정몽주의 일생이 끝난 것이다. 유학의 관점으로 세상을 바라보자 주원장이 천자로 보였다. 정몽주가 걸었던 모순된 행보의 핵심은 여기에 있었다. 최영에게 고려 임금은 천자였지만 정몽주에게는 제후국의 임금이었다. 그래서 위화도 회군을 찬성했다. 위화도 회군의 끝이 새 왕조 개창이란 사실은 알지 못했다. 뒤늦게 고려 왕실을 붙들려 한 것도 유학자다운 처신이었다. 공자가 제후국 노(魯)나라 군주에게 충성한 것처럼 고려 왕실을 붙들려고 하였다. 그래서 이방원이 "이런들 어떠하리 저런들 어떠하리"라는 〈하여가(何如歌)〉로 회유했을 때 "이 몸이 죽고 죽어 일백 번 고쳐 죽어"라는 〈단심가(丹心歌)〉로 거절한 것이다. 그의 죽음은 고려 왕조를 지키려는 마지막 시도가 실패로 돌아간 것을 뜻했다. 조선 중기 대동법의 경세가 잠곡(潛谷) 김육(金堉)은 당시의 상황에 대해 다음과 같이 노래했다.

한 곡조 단심가가 내 귓가에 맴도니
슬프고 슬픈 저 하늘 나는 눈물 흩뿌리네.

정몽주가 살해되자 곧 돌아서는 자가 나타났다. 정도전, 조준 등을 제거할 때 선봉에 섰던 김진양이었다.

"정몽주, 이색, 우현보가 이숭인, 이종학 등을 보내 이판문하(李判門

下: 이성계)가 세운 공을 믿고 권력을 마음대로 하는데 지금 말에서 떨어져 병이 위독하니, 마땅히 그 우익인 조준 등을 제거한 후에야 도모할 수 있다고 했습니다."

당사자인 김진양의 폭로에 공양왕은 모른다고 할 수 없었다. 공양왕은 이숭인, 이종학 등을 먼 지방으로 유배 보냈다. 이 와중에 이방원은 그 죄상을 적은 종이를 달아 정몽주의 머리를 저자에 매달았다.

사실이 아닌 일을 꾸며서 대간을 꾀어 대신을 모해하고 국가를 요란하게 한 죄인이다.

이방원의 결단으로 사태는 다시 역전되었다. 이방원은 훗날인 태종 5년(1405) 권근의 주청을 받아들이는 형식으로 정몽주에게 대광보국숭록대부 영의정부사 수문전대제학 감예문춘추관사 익양부원군(大匡輔國崇祿大夫 領議政府事 修文殿大提學 監藝文春秋館事 益陽府院君)이란 긴 시호를 추증했다. 자신이 죽인 지 13년 후의 일이다. 한 집안이 사가에서 왕가가 되는 화가위국의 앞길을 막는 정몽주는 제거할 수밖에 없었지만 고려에 대한 충심은 인정한 것이었다.

비록 이색이 살아 있었지만 정몽주의 죽음으로 이미 힘을 상실한 상태였다.

사태가 역전되자 두려워진 것은 김진양뿐만 아니었다. 공양왕도 마찬가지였다. 우·창왕의 전철이 눈앞에 보였다. 이성계를 제거하는 것이 아니라 자신의 목숨을 건지는 일이 급선무가 되었다. 공양왕은 재위 3년(1392) 7월 12일, 이성계의 사저로 거둥했다. 동맹을 맺기 위

청구영언. 국립한글박물관.
영조 4년(1728) 시조작가 김천택
이 엮은 시조집으로 현존하는
가장 오래된 시조집이다. 이방
원의 〈하여가〉, 정몽주의 〈단심
가〉, 변안열의 〈불굴가〉가 모두
이 책에 수록되어 있다.

해서였다. 공양왕은 사예(司藝) 조용(趙庸)에게 〈맹세문〉을 작성해 발
표하게 했다.

경이 있지 않았다면 내가 어찌 이 자리에 이르렀겠는가. 경의 공덕을 내가
어찌 감히 잊겠는가. 하늘이 위에 있고 땅이 곁에 있으니, 대대로 자손들
이 서로 해치지 말 것이다.

이성계는 공양왕의 동맹 제의를 거절하지 않았다. 이성계는 이런
제의를 거절하는 성격이 아니었다. 앞에서는 웃으며 손을 잡고 뒤에
서 공격하는 것은 흔한 병법이다. 이성계는 공양왕이 자신의 와병을
기회 삼아 자신을 제거하려 했음을 잊지 않고 있었다. 공양왕이 이성
계를 찾아와 동맹을 제의한 바로 그 순간, 시중 배극렴 등은 왕대비에

게 공양왕 처리 문제를 아뢰고 있었다.

"지금 왕이 혼암(昏暗)하여 임금의 도리를 잃었고, 인심도 이미 떠나가서 사직과 백성의 주재자가 될 수 없으니 폐하기를 청합니다."

명목뿐인 왕대비로선 이를 막을 방법이 없었다. 공양왕을 쫓아내는 데는 긴 시간이 필요하지 않았다. 같은 날인 공양왕 4년(1392) 7월 12일, 남은은 교지를 가지고 공양왕이 거주하던 북천동의 시좌궁(時坐宮)으로 갔다. 왕대비가 이미 자신을 폐위시켰다는 소식을 들은 공양왕은 땅에 엎드려 남은이 읽는 교지를 들었다.

"내가 본디 임금이 되고 싶지 않았는데 여러 신하들이 나를 강제로 왕으로 세웠습니다. 내가 성품이 불민하여 사기(事機)를 알지 못하니 어찌 신하의 심정을 거스른 일이 없겠습니까?"

공양왕의 뺨으로 눈물이 두서너 줄기 흘러내렸다. 섣불리 이성계를 제거하려 한 것을 후회했지만 이미 때는 늦었다.

왕위에서 쫓겨난 공양왕은 두 아들과 함께 원주로 물러갔다. 더 이상 왕건의 후예를 임금으로 세워야 한다고 생각하는 신하는 아무도 없었다.

3부

——

개국군주라는 자리

태조 어진. 전주 경기전.
국보 제317호. 조선 후기 화가 조중묵과 박기준이 고종 9년(1872)에 모사
한 그림이다. 조선 초의 어진 기법을 그대로 살린 것으로 알려져 있다.

왕씨 왕조, 이씨 임금

개 경 사 저 , 추 동 의 긴 하 루

    같은 해 7월 16일, 개경 수창궁에 모였던 백관들이 일제히 열을 지어 궁 밖으로 나갔다. 이들은 송도(松都: 개경) 추동, 이성계의 집으로 향했다. 조선시대에는 경덕궁(敬德宮)으로 불렸던 곳이다. 나흘 전인 7월 12일 백관들은 공양왕을 쫓아냈다. 나흘 동안 나라에 임금이 없는 상태였다. 백관들이 국새를 왕대비전에 두고 모든 정무를 공민왕의 왕비 중 한 명인 대비 안씨에게 보고하고 결정하는 형식으로 처리했다. 공양왕을 쫓아낸 다음 날, 대비 안씨는 이성계를 감록국사(監錄國事)로 삼았다. 국사 전체를 총괄한다는 뜻의 감록국사는 이전에는 존재하지 않았던, 이성계만을 위한 관직이었다. 그러나 정작 이성계는 조정에 나오지 않았다.

경덕궁. 수원광교박물관.
이성계가 왕위에 오르기 전에 살던 개성의 사저로, 왕위에 오
른 후 경덕궁이라고 이름을 붙였다. 임진왜란 때 불타 없어졌
고, 현재는 대문과 비각만 남아 있다.

　시중 배극렴을 필두로 조준, 정도전 등 모든 대소신료는 물론 벼슬
에서 은퇴한 한량기로(閑良耆老)까지 국새를 받들고 추동으로 향했다.
백관들이 국새를 받들고 수창궁을 나와 개경 시내를 가로질러 이성계
의 집으로 줄지어 가는 모습은 큰 구경거리였다. 궁 밖의 타성바지에
게 고려의 왕이 될 것을 권하러 가는 개국 이래 초유의 모습이기도 했
다. 백관들의 얼굴에는 오늘은 반드시 이성계를 임금으로 받들고 말
리라는 결의가 엿보였다. 오직 한 사람 대사헌 민개(閔開)만이 기쁘지
않은 얼굴빛으로 머리를 숙이고 걸었다. 이를 본 동지밀직사사 남은

이 민개를 쳐서 죽이려고 하자 이방원이 말렸다.

"의리상 죽이면 안 됩니다."

불과 석 달 전인 공양왕 4년 4월 4일, 이방원은 조영규 등과 정몽주를 때려죽였다. 이방원이 남은을 말린 것은 그만큼 여유가 있다는 뜻이었다. 석 달 전 그날 휘하들을 불러 모은 이방원은 한탄했다.

"휘하 사람들이 많은데, 그중에 한 사람도 이씨를 위하여 힘을 쓸 사람이 없는가?"

정몽주를 때려죽일 사람이 없느냐는 말이었다. 조영규가 답했다.

"감히 명령대로 하지 않겠습니까?"

조영규와 고려(高呂) 등 4~5명의 무사가 선죽교에서 정몽주를 기다렸다. 정몽주가 이르자 조영규가 먼저 쳤으나 맞지 않았다. 정몽주는 무사들을 꾸짖으면서 말을 타고 달아났다. 그러나 조영규가 재빨리 뒤따라가 말 머리를 치자 말이 거꾸러지고 정몽주가 땅에 떨어졌다. 뒤이어 고려가 정몽주를 내려쳤다. 정몽주의 죽음으로 고려 구신들의 조직적 반발이 끝나고, 이제는 이방원에게 민개의 죽임을 말릴 정도의 여유까지 생긴 것이다.

이성계의 추동 저택은 골목길까지 사람들이 가득 메우고 있었다. 백관들이 이성계의 사저 문에 밀려들었을 때 이성계는 부인 강씨와 친척의 여러 부인들을 만나고 있었다. 물에 만 밥을 먹고 있던 친척 부인들은 집 밖이 시끌시끌해지자 북문으로 흩어져 가버렸다.

그러나 이성계는 저택 문을 굳게 닫고 백관들을 들이지 않았다. 국새를 들고 왕위에 오르라고 권고하는 백관들과 이들을 문에 들이지 않는 이성계 사이의 대치가 해 질 무렵까지 계속되었다. 드디어 시중

선죽교, 국립중앙박물관.
이방원이 보낸 조영규 등에 의해 정몽주가 피살된 장소. 돌다
리에는 아직 정몽주의 혈흔이 남아 있는 것으로 전해진다. 북
한의 국보 제159호다.

배극렴이 문을 밀치고 집 안으로 들어갔다. 배극렴과 백관들은 바로
내정(內庭)까지 들어가 국새를 청사(廳事: 마루)에 받들어놓고 이성계에
게 나올 것을 청했다. 이성계는 못 들은 척 방 안에서 움직이지 않았
다. 배극렴 등이 계속 청하자 이성계는 조카 이천우(李天祐)의 부축을
받아 일어섰다. 이천우는 이성계의 이복 형 이원계의 아들이다. 이천
우가 이성계를 부축해서 침문(寢門) 밖으로 나오자 배극렴과 백관들이
절하고 북을 치면서 만세를 불렀다. 배극렴이 백관을 대표해 왕위에
오르기를 청했다.

"나라에 임금이 있는 것은 위로는 사직(社稷)을 받들고 아래로는 백성을 편안하게 하기 위해서일 뿐입니다."

배극렴의 권유는 계속되었다.

"고려 시조 왕건이 고려를 건국한 지 거의 500년이 되었는데, 공민왕이 아들 없이 갑자기 세상을 떠나자 요승 신돈의 아들 신우(辛禑)가 공민왕의 후사라 일컬으며 왕위를 도둑질한 지 15년이 되었으니 왕씨의 제사는 이미 없어졌던 것입니다."

우창비왕설의 반복이었다. 배극렴은 위화도 회군도 이성계의 즉위 명분으로 언급했다.

"우(禑: 우왕)가⋯ 군대를 일으켜 요동을 공격하는 지경에 이르렀는데, 공(公: 이성계)이 맨 먼저 대의를 주창하여 천자의 국경을 범할 수 없다고 군사를 돌이켰습니다."

이성계가 명나라의 국경을 범할 수 없다고 요동 정벌군을 돌린 것이 '대의'라는 논리였다. 우왕이 명나라에 대한 사대의 예를 끊고 자주 국가 수립을 시도한 것을 무위로 만든 극도의 사대주의가 대의라는 말로 포장된 것이다.

배극렴은 창왕도 신돈의 핏줄로 몰아붙이고 나서 창왕의 뒤를 이은 정창군(定昌君: 공양왕)은 임금의 도리를 잃어서 백성의 마음이 떠나가자 스스로 왕위에서 물러나 사저로 돌아갔다고 덧붙였다. 그러니 이성계가 즉위해야 한다는 논리였다.

"군정(軍政)과 국정(國政)의 사무는 지극히 번거롭고 지극히 중대하므로 하루라도 통솔하지 않아서는 안 될 것이니, 마땅히 왕위에 올라 신(神)과 사람의 기대에 부응하소서."

이성계는 다시 사양했다.

"예로부터 제왕의 일어남은 천명이 있지 않으면 안 되오. 나는 실로 덕이 없는 사람인데 어찌 감히 이를 감당하겠소?"

백관들과 한량기로 등이 왕위에 오르기를 계속 권고하자 이성계는 마지못한 듯 수창궁으로 거동했다. 앞질러간 백관들이 궐문에서 줄을 지어 영접하자 이성계는 말에서 내려 전(殿)으로 걸어 들어갔다. 이성계는 어좌(御座)를 피해서 양쪽 기둥 사이에 섰다. 여러 신하들이 조하(朝賀)하자 이성계는 육조의 판서 이상 관원에게 전상(殿上)에 오르라고 명했다.

"내가 수상이 되어서도 두려워하는 생각에 항상 직책을 다하지 못할까 염려했는데, 어찌 오늘 이런 일을 보리라 생각했겠는가? 경들은 마땅히 각자 마음과 힘을 합해 덕이 적은 이 사람을 보좌하라."

"이 사람을 보좌하라"라는 말은 임금이 신하에게 하는 말이다. 이성계의 나이 쉰여덟, 개경에 첫 발을 내디딘 지 36년 만의 일이었다. 왕씨 국가 고려에서 이씨가 왕위에 오른 것이다.

그러나 이성계는 임금이 된 첫날 밤을 수창궁에서 보내지 않았다. 다시 궁을 나와 추동 사저로 돌아갔다. 왕건이 개국한 918년부터 공양왕 4년(1392)까지 34대 474년간 존속했던 고려는 이씨 왕의 즉위를 연호하는 백관들의 만세 소리와 함께 역사의 뒤편으로 사라졌다.

그로부터 열이틀 뒤인 28일, 이성계는 즉위 교서를 반포했다.

나라 이름은 그전대로 고려라 하고, 의장(儀章)과 법제(法制)는 한결같이 고려의 고사(故事)에 의거한다.

새 왕조를 개창한 것이 아니라 고려 왕조의 연장이라는 논리였다. 물론 수사에 불과한 말이었다. 이성계 일파는 한 손에 군권을, 한 손에 토지 개혁이란 명분을 들고 이성계를 왕위에 올렸다. 고려 왕조의 존속을 바라는 충신들은 개풍군 광덕면 광덕산 두문동 골짜기로 들어가 '두문불출(杜門不出)'하는 것으로 고려 왕실에 대한 마지막 충성을 표시했다.

이성계는 과전법을 공포한 후 토지 매매 자체를 금지시켰다. 토지 매매를 허용하면 또다시 가진 자와 못 가진 자로 나뉠 것을 우려한 극약 처방이었다. 이성계는 또한 후예들에게 검소함을 왕가의 가풍으로 삼으라고 강조했다. 그래야 이 왕조에 내린 천명이 장구할 것이란 뜻이었다.

개국공신들의 회맹

개국한 지 한 달 남짓한 태조 1년(1392) 8월 11일, 모든 신하들이 땅에 엎드려 움직이지 않았다. 태조 이성계가 몇 차례나 일어나라고 권해도 꼼짝하지 않았다.

"어좌에 앉으소서."

이성계는 즉위한 후에도 늘 서서 신하들의 조회를 받았다. 겸양의 의미였다. 신하들은 임금이 서서 조회를 받는 것이 못내 불편했다. 그래서 이날은 태조가 어좌에 앉기 전까지는 절대 땅에 엎드려서 일어서지 말자고 결의했다. 성화를 이기지 못한 이성계가 비로소 어좌에 앉았다.

이처럼 이성계는 겸양이 몸에 배어 있었다. 비록 그것이 겉과 속이 다른 처세술일지라도 사람들의 눈에 이성계는 겸손하게 보였다. 이것은 그의 성공 비결 중 하나였다. 《동각잡기(東閣雜記)》에는 이성계의 겸손함을 보여주는 여러 이야기가 실려 있다. 이성계가 부하들을 예의로 대접해 아무도 욕하는 자가 없었고, 서로 이성계 부대에 소속되고 싶어 했다는 것이다. 활을 쏠 때도 상대편의 실력을 봐서 비슷하게 맞히다가 권하는 이가 있으면 한 번쯤 더 맞히는 데 지나지 않았다.

이성계는 새 나라의 조짐이 좋다고 생각했다. 7월 18일 억수같이 비가 내렸기 때문이다. 오랫동안 가물다가 자신이 왕위에 오르자마자 비가 내리니 기쁨이 한량없었다.

개국은 인간의 힘으로 이룰 수 있는 일이 아니다. 개국군주 역시 한 인간이 자기 힘만으로 오를 수 있는 자리가 아니다. 사가를 왕가로 만드는 화가위국은 들판 백성들의 마음이 하늘을 움직여 이루는 일이다. 이성계는 손에 숱한 왕씨들의 피를 묻히고 즉위했지만, 이 나라를 요순시대처럼 만들겠다고 맹세했다. 이를 위해서 '사불국유(私佛國儒)'의 원칙으로 나라를 끌어가겠다고 다짐했다. 개인 신앙은 불교이지만 국가는 유교로 나아가겠다는 뜻이었다. 유교 국가의 기본은 트인 언로(言路)다. 이성계는 대간들의 쓴소리를 기꺼이 받아들이겠다고 맹세했다.

7월 20일, 사헌부에서 새 국가의 개국군주로서 해야 할 열 가지를 조목조목 적어서 상소했다. 첫째는 기강을 세우라는 것이고, 둘째는 상 주고 벌주는 일을 분명하게 하라는 것이었다. 셋째는 군자와 친하고 소인은 멀리하라는 것이었고, 넷째는 간쟁을 받아들이라는 것이었다. "신하가 나아가서 간쟁하는 것은 자기의 이익을 위한 것이 아니라 나라를 위한 것"이라는 주장이었다. 다섯째는 참언(讒言), 즉 남을 헐뜯거나 아부하는 말을 근절하라는 것이었다.

여섯째는 안일함과 욕망을 경계하라는 것이었다. 임금이 화려하고 편안한 데 거처하면서 비빈과 잉첩의 시중을 받고, 재미로 사냥하거나 개나 말 등을 기르고, 화초를 완상(玩賞)하는 것 등은 모두 "사람의 천성을 해치고 사람의 정욕을 방탕하게 하는 것으로 삼가야 한다"고 지적했다. 일곱째는 절약과 검소함을 숭상하라는 것이었고, 여덟째는 환관을 가까이하지 말라는 것이었다.

아홉째는 승니(僧尼: 비구와 비구니)를 도태시키라는 것이었다. 승니들을 모아서 그 학문과 덕행을 자세하게 조사해 학문이 정밀하고 덕행이 닦인 사람 외에는 모두 환속시켜 머리를 기르고 직업에 종사하게 해야 한다고 주청했다. 열째는 궁궐의 방비를 엄하게 해서 벼슬이 없는 자들이 궁궐을 드나들면서 청탁 등으로 나라를 어지럽히는 일이 없게 해야 한다는 것이었다. 벼슬이 없는 임금의 친인척들이 궁중에 드나들면서 국사를 어지럽히는 일이 없어야 한다는 뜻이었다.

사헌부는 이 열 가지를 꼭 시행해야 한다면서 이렇게 끝을 맺었다.

위로는 하늘이 돌보아주신 명령을 저버리지 말고, 아래로는 신민들이 추대한 뜻을 배반하지 말아서 억만년 무궁한 경사(慶事)를 열면 매우 다행이

이 상소에 태조는 짤막하게 답했다.

"환관과 승니를 도태시키는 일은 개국 초에 갑자기 시행할 수 없다. 나머지는 모두 시행하겠다."

이성계는 불교를 억압하라는 아홉 번째 주청만 거부하고 나머지는 모두 받아들이겠다고 다짐했다. 이성계는 유학의 원리로 나라의 번영을 기하고, 불교 신앙으로 개인과 집안의 번영을 구했다.

이성계는 새 나라의 기틀을 잡는 일들을 하나하나 추진했다. 7월 28일에는 4대 조상에게 존호를 올리고 임금으로 추대했다. 고조부 이안사는 목조, 증조부 이행리는 익조(翼祖), 조부 이춘은 도조(度祖), 부친 이자춘은 환조(桓祖)로 추존하고 그 부인들도 모두 왕비로 추존했다. 네 조상을 추존한 이성계는 비로소 즉위 조서를 반포했는데, 이 조서는 정도전이 지었다. 사직을 세우는 문제, 왕씨의 제사를 잇는 문제를 비롯해서 과거제도와 수령 선발 제도, 관혼상제와 충신·효자 등을 권장하는 문제, 환과고독(鰥寡孤獨: 홀아비, 과부, 고아, 자손 없는 늙은이)을 진휼하는 문제, 나라의 경비를 출납하는 문제, 배를 타는 군사에게 생선과 소금에서 나는 이익을 취하게 하는 문제, 호포 제도의 정비와 형벌을 공평하게 하는 문제 등 새 나라가 추구해야 할 방향을 열거했다. 같은 날 문무백관의 관제도 제정했다.

이성계는 새 나라는 두 가지 면에서 중심을 잡아야 한다고 생각했다. 하나는 백성들의 민심을 계속 얻는 일이고, 다른 하나는 나라를 세우는 데 공을 세운 개국공신들을 우대해서 새 나라의 골간으로 삼는 일이었다. 민심이 가장 중요하지만, 이는 눈에 보이지 않고, 항상 흩어져 있다. 한 나라를 이끌어가는 중심 세력이 있어야 민심이 흩어지지 않고 기댈 곳이 생긴다. 그 중심 세력이 바로 개국공신 집단이었다. 그래서 이성계는 임금 자신과 공신 집단과 백성들이 솥의 세 발처럼 굳게 서 있어야 새 나라가 번성할 것이라고 생각했다.

그래서 새 나라의 기틀을 만든 직후인 8월 2일 공신도감(功臣都監)을 설치하고, 20일에는 개국공신의 위차(位次: 순서)를 정했다. 그해 9월 배극렴을 필두로 44명의 개국공신을 책록했다. 1등공신은 배극렴, 조준, 김사형, 정도전, 이제, 이화, 정희계, 이지란, 남은, 장사길(張思吉), 정총(鄭摠), 조인옥, 남재, 조박, 오몽을(吳蒙乙), 정탁(鄭擢) 등 16명이었다. 이들은 150~220결의 공신전(功臣田)과 15~30명의 노비를 지급 받았다.

2등공신은 박포(朴苞), 조영규, 조반, 조온(趙溫), 정용수(鄭龍壽) 등 12명인데, 이들에게는 각 100결의 토지와 10명의 노비를 하사했다. 3등공신은 안경공, 조영무(趙英茂), 심효생(沈孝生), 이직(李稷), 함부림(咸傅霖), 김로(金輅), 장지화(張志和) 등 16명인데, 이들에게는 각각 공신전 70결과 노비 7명을 지급했다. 이후 조견(趙狷)과 황희석(黃希碩)이 2등공신에 추록되고 한상경(韓尙敬), 황거정(黃居正), 장사정(張思靖) 등이 3등공신으로 추록되는 등 8명이 추가되어 태조 1년 모두 52명의 개국공신이 책록되었다.

드디어 태조 1년(1392) 9월 28일, 개국공신들이 개경 왕륜동에 모였다. 공신들이 회맹(會盟)하기 위한 자리였다. 공신들이 영원히 변치 말고 임금께 충성하고 서로의 우의를 다지자는 맹세를 하기 위한 자리였다. 이 자리에는 지난 달 20일 세자로 책봉된 신덕왕후 강씨 소생의 막내 방석(芳碩)과 방과, 방간(芳幹), 방원을 비롯한 신의왕후 한씨 소생의 여러 왕자들도 참석했다. 맹약(盟約)을 기록한 맹약문을 신령들 앞에서 읽고 제물로 바친 짐승의 피를 나눠 마셨다.

문하 좌시중 배극렴 등은 감히 황천후토(皇天后土)와 송악(松嶽), 성황(城隍) 등 일체의 신령에게 밝게 고합니다. 삼가 생각하니 우리 주상 전하께서는 하늘에 응하고 사람을 따라서 천명을 받으셨는데, 신 등이 힘을 합하고 마음을 같이해서 함께 큰 대업을 이루었습니다.

개국공신들은 맹약문에서 하늘이 이성계에게 천명을 내렸고, 자신들이 이를 도와 대업을 이룩했다고 천명했다. 조선 왕조는 이성계 혼자의 힘이 아니라 개국공신들과 함께 천명을 실현시킨 공동 왕조라는 뜻이었다.

이미 공을 세워 한몸이 되었으니, 다행함이 이보다 큰 것이 없습니다. 그러나 "처음에 함께하기는 쉽지만 끝까지 함께하는 것은 어렵다"고 옛 사람이 경계했습니다. 무릇 함께 공을 세운 사람들은 각자 마땅히 임금을 성심으로 섬기고, 신의로써 서로 사귈 것입니다. 부귀를 다투어 서로 해치지 않을 것이며, 이익을 다투어 서로 꺼리지 않을 것이며, 다른 사람의 이간하는 말 때문에 마음이 움직이지 않을 것이며, 말과 얼굴빛의 조그만 실수로 마음에 의심을 품지 않을 것이며, 등을 돌리면 미워하면서도 얼굴을 마주하고는 기뻐하지 않을 것이며, 겉으로는 화합하지만 마음은 멀리 하지

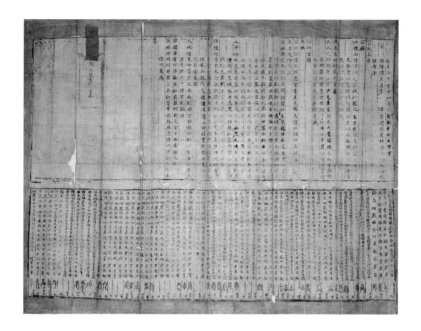

공신회맹문. 국립중앙박물관.
조선 왕조 개국공신들은 태조 1년(1392) 9월 28일 개경 왕륜
동에 모여 왕업을 공고히 보좌할 것임을 결의한 맹세의 글을
작성했다.

않을 것이며, 과실이 있으면 바로잡아주고, 의심이 있으면 물어보고, 질병
이 있으면 서로 부축해주고, 환란이 있으면 서로 구해줄 것입니다.

"처음에 함께하기는 쉽지만 끝까지 함께하는 것은 어렵다"는 말은
의미심장한 말이다. 권력과 부가 있는 곳에는 다툼이 있기 마련이다.
이들은 이런 유혹에 넘어가지 말고 서로 일심동체가 되자고 맹세한
것이다.

우리 자손들에게 이르기까지 대를 이어 이 맹약을 지킬 것이니, 혹시 변함이 있으면 신이 반드시 죽일 것입니다.

하늘의 황천과 땅의 후토 및 여러 신령들에게 기도한 것이기 때문에 '아니면 말고'라고 할 수 있는 맹약이 아니었다. 이날 왕륜동에는 개국공신뿐만 아니라 개국공신의 자손과 동생과 사위들도 모여서 충효계(忠孝契)를 맺고 영원히 변치 말자고 약속했다.

그런데 이 자리는 명목과 실질이 충돌하는 자리였다. 명목상 이 자리의 중심은 공신세력 중에서는 문하좌시중 배극렴이었고, 왕실에서는 세자 방석이었다. 그러나 이 자리의 실질적 중심은 공신 중에서는 정도전이었고, 왕실에서는 태조의 생존 장남 방과(정종)와 5남 방원(태종)이었다. 배극렴은 정도전과 이해가 상충하는 관계가 아니었던 반면, 강씨 소생의 방석과 한씨 소생의 다른 왕자들은 서로 대립하는 사이였다.

게다가 배극렴은 조선을 개국한 지 넉 달 만인 태조 1년(1392) 11월 26일, 예순여덟의 나이로 세상을 떠나고 만다. 태조 이성계는 12월 2일 직접 배극렴의 빈소에 가서 조문할 정도로 개국 1등공신의 죽음을 슬퍼했다. 배극렴은 아들이 없어서 누이의 외손(外孫)인 안순(安純)이 상사를 주관했는데,《태조실록》〈배극렴졸기〉에 따르면 "심지어 세자를 세우는 의논에 있어서도 주상의 뜻에 아첨해서 어린 서자를 세울 것을 청하고 스스로 공으로 삼으니 식자(識者)들이 탄식했다"라고 비판했다. 이는 태종과 세종의 자리에서 쓴 졸기이지만 그가 장성한 한씨 소생 왕자들을 제쳐두고 열한 살 어린 방석을 세자로 세운 것은 왕륜동의 맹약문이 아무리 굳은 맹세로 점철되어 있어도 곧 휴지 조각이 될 것임을 예견한 것이나 마찬가지였다.

세 자 책 봉 에 대 한 반 발

새 왕조를 개창한 직후 이성계가 가장 신경 썼던 것은 왕씨들의 부활이었다. 이성계가 즉위한 지 사흘 후인 7월 20일, 사헌부에서 왕씨들을 지방으로 추방해야 한다고 주청한 것도 이 때문이다. 이성계는 고려 왕실의 제사를 받들어야 한다는 명목으로 순흥군(順興君) 왕승(王昇) 부자와 정양군(定陽君) 왕우 부자 등만 제외하고 나머지는 모두 강화도와 거제도에 안치시켰다.

이성계는 겉으로는 왕씨들에게 유화책을 썼지만 실제로는 많은 왕씨들을 죽였다. 남효온(南孝溫)의 《추강냉화(秋江冷話)》에는 섬으로 보내준다고 하고 왕씨들을 배에 태운 후 뱃사람에게 배에 구멍을 내도록 시켜 수장(水葬)했다는 일화도 전해진다. 우여곡절 끝에 살아남은 왕씨들은 전(全)씨나 전(田)씨, 옥(玉)씨 등으로 성을 바꾸거나 용(龍)씨로 변성(變姓)했다. 그러나 이성계가 정작 걱정해야 할 대상은 왕씨들이 아니라 한씨 소생의 자기 자식들이었다.

이성계는 즉위 당시 이미 그 나이가 쉰여덟이었으므로 후사 문제를 빨리 정리해야 했다. 왕조 국가에서 세자는 국본(國本)이라고 한다. 나라의 근본이란 뜻이다. 세자가 있어야 미래를 예측할 수 있고, 국정을 안정적으로 끌고 갈 수 있기 때문이다. 문제는 이성계에게 배 다른 자식들이 많다는 점이었다. 이성계는 부인을 둘 두었는데, 향처(鄕妻)로 불렸던 첫 번째 부인 신의왕후 한씨는 이성계가 임금이 되기 1년 전인 공양왕 3년(1391) 세상을 떠났다. 한씨 소생의 맏아들 진안대군과 막내 덕안대군은 태조가 즉위하기 전에 죽었으나 방과, 방의(芳毅), 방간, 방원 등의 아들이 남아 있었다. 경처(京妻)로 불린 둘째 부인 신덕왕후 강씨의 소생으로는 방번(芳蕃), 방석이 있었다.

개국한 다음 달인 태조 1년(1392) 8월, 이 문제가 본격적으로 거론되었다. 이성계가 배극렴, 조준, 김사형, 정도전, 남은 등 개국공신들을 불러 세자 문제를 묻자 배극렴이 답했다.

"적장자로 세우는 것이 고금을 통한 의입니다."

적장자는 한씨 소생의 살아 있는 아들 중 맏이인 방과(정종)였다. 이성계는 기뻐하지 않았다. 차비(次妃) 강씨가 개국에 공이 있다고 생각해서 그 소생들을 특별히 사랑했기 때문이다. 그래서 조준에게 다시 물었다.

"경의 뜻은 어떠한가?"

"세상이 태평하면 적장자를 세우고, 세상이 어지러우면 공이 있는 이를 세우니 다시 세 번 생각하시기 바랍니다."

적장자란 방과이고, 공이 있는 자는 방원을 가리킨다. 대화가 한씨 소생들 중심으로 흘러가자 옆방에서 엿듣고 있던 강씨가 울었는데, 그 소리가 바깥까지 들렸다. 이성계는 강씨가 낳은 방번에게 마음이 있었기 때문에 종이와 붓을 가져다 조준에게 주면서 방번의 이름을 쓰게 했다. 그러나 조준은 땅에 엎드려 쓰지 않는 것으로 명을 거부했다. 강씨 소생의 자식이 세자가 된다면 새 왕조가 안정될 수 없다고 본 것이다. 조준은 이 때문에 후일 사병 혁파에 반대했다는 혐의로 국문까지 받았지만 방원의 비호로 살아남게 된다.

이때 이성계는 방번을 세자로 세우려는 계획을 포기했다. 배극렴, 정도전 등 공신들도 타협점을 찾았다. 태조의 뜻이 강비 소생 자식을 세우는 데 있는 만큼, 이 뜻을 꺾기는 어렵다고 판단한 것이다. 그래서 강씨 소생을 세자로 세우되 방번보다는 방석이 낫다고 사적으로 의견을 모았다.

"반드시 강씨가 낳은 아들을 세우려 한다면, 막내 아들이 조금 나을 것입니다."

재위 1년 8월 20일, 태조가 다시 배극렴과 공신들을 불러서 건저(建儲: 세자를 세우는 것) 문제를 의논하자 이번에는 적자를 세워야 한다느니, 공이 있는 사람을 세워야 한다느니 하는 말이 없었다. 수상 배극렴이 공신들의 견해를 대표해서 나섰다.

"막내 아들이 좋을 듯합니다."

강씨 소생을 세우려면 방번이 아니라 막내 방석을 세우자는 주청이었다. 그래서 열한 살 소년 방석이 세자로 결정되었다. 석 달 뒤인 11월 26일, 문하좌시중 배극렴은 67세의 나이로 세상을 떠나는데, 그가 끝까지 방과나 방원을 고집했다면 이후 조선의 행로는 사뭇 달라졌을 것이다.

정도전이 방석을 세자로 받아들인 데는 이유가 있었다. 아직 이성계가 건재하기 때문에 어린 세자에게 왕도 교육을 시키면 된다고 본 것이다. 그래서 방석을 세자로 삼은 후 세자에게 학문과 정사를 가르칠 서연관(書筵官)을 임명했는데, 조준, 정도전, 남재, 정총 등 모두 개국 1등공신이었다. 공신들에게 세자를 보필하게 해서 나이가 어리다는 약점을 보완하게 한 것이다.

방석을 가르친 정도전은 세자에 대해 이렇게 평가했다.

"지금 우리 동궁은 뛰어난 자질과 온화한 성품으로 일찍 일어나고 늦게 자면서 부지런히 서연에 참여하여 강론을 게을리하지 않으니, 앞으로 일취월장하여 그 학문이 광명한 경지에 이르게 될 것으로 기대된다."《조선경국전》

평상시라면 방석도 세자로서 왕도 교육을 받아 훌륭한 임금이 될 수 있었을 것이다. 이성계가 아직 건강했기 때문에 방석이 성년이 될 때까지 왕위에 있을 수도 있었다. 그러나 이는 장성한 왕자들이 이를 받아들인다는 전제가 성립될 때의 일이다. 하지만 당시는 불안하기 그지없는 상황이었다.

474년 동안 존속했던 고려를 무너뜨리고 새 왕조를 세웠지만 이 왕조가 순행할지는 아무도 알 수 없었다. 개국 초에 감찰(監察) 김부(金扶)가 좌정승 조준의 집 앞을 지나다가 이렇게 말했다.

"비록 큰 집을 지었지만 어찌 오래 살게 되겠는가? 뒤에 반드시 다른 사람의 소유가 될 것이다."

이성계는 "이는 조선 사직이 오래가지 못한다는 말"이라며 김부를 사형시켰다. 그러나 김부의 말은 그 혼자만의 생각이 아니었다. 신생 조선의 미래에 대한 불안감과 고려 왕조에 대한 동정론은 계속됐다.

새 왕조가 개창한 지 6개월 남짓한 태조 2년(1393) 1월, 전 예문춘추관(藝文春秋館) 학사(學士) 이행이 고려 왕조의 사초를 쓰면서 이성계가 우왕과 창왕을 죽였다고 기록한 사실이 드러났다. 이 사건은 조준이 자신에 대한 기록을 검토하는 과정에서 밝혀졌다. 이성계는 재위 1년 10월, 우시중 조준과 정도전 등에게 《고려사》를 수찬케 했다. 새로 들어선 왕조가 전 왕조의 역사를 편찬하는 것은 동양 유학 사회의 오랜 전통이다. 조준은 춘추관에서 고려 왕조의 사초(史草)를 보다가 자신이 윤소종의 말을 듣고 이숭인을 해치려 했다고 쓴 것을 발견했다. 조준은 해를 가리키며 맹세했다.

"윤소종의 말을 듣고 이숭인을 해치려고 했는지는 하늘의 해가 증명할 것이다."

조선 개국에 반대했던 이숭인은 나주로 귀양 가 있다가 황거정이 등골에 매질해서 죽고 말았다. 《태조실록》 〈이숭인졸기〉는 조준이 이숭인을 미워하는 것을 알고 정도전이 험담해서 죽게 했다고 기록했다. 조준이 이숭인을 험담하는 말을 들은 정도전이 이 말을 퍼뜨렸고, 황거정이 이숭인을 죽였다는 뜻이다. 조준의 보고를 받은 이성계는 무진년(1388: 위화도 회군) 이후의 사초를 가져오라고 명령했다. 실제로 이행이 우·창왕이 아무런 죄가 없는데 이성계에게 살해당했다고 쓴 사실이 드러났다. 이성계는 이렇게 변명했다.

"우·창 부자는 백관과 나라 사람들이 합사(合辭)하여 목 베자고 청해서 공양왕이 이를 윤허했다. 나는 처음부터 해치려는 마음이 없었는데, 작은 선비(小儒)가 어찌 여기에 이르렀는가?"

이행은 태조를 무함한 혐의로 사형 당할 수도 있었지만 이성계는 국문한 후 가산을 적몰하고 울진에 귀양 보내는 것으로 그쳤다. 혁명적 토지 개혁으로 백성들의 민심을 샀지만 이처럼 우·창왕에 대한 동정론은 여전했다. 상황이 바뀌면 언제든 새 왕조 개창 세력을 역적으로 규탄하며 죽여야 한다고 나설 인물들이 여기저기 숨어 있었다.

태조 3년(1394) 1월에는 동래현감 김가행(金可行) 등이 밀양의 맹인 복자(卜者) 이흥무(李興茂)에게 고려와 조선의 명운에 대해 점친 사건이 발생했다.

"전조(前朝: 고려) 공양왕과 우리 주상 중에 누가 명운이 나은가? 또 왕씨 중에는 누가 명운이 귀한가?"

왕씨 중에 누가 명운이 귀한가라는 말은 왕씨 중에 누가 다시 임금이 될 수 있겠느냐고 물은 것이나 다름없다. 이흥무가 답했다.

"남평군(南平君) 왕화(王和)의 명운이 귀하고, 그 아우 영평군(鈴平君) 왕거(王琚)가 그다음입니다."

개국한 지 벌써 2년이 되어가지만 아직도 고려 왕실이 복원될 것이라고 믿는 사람들이 많았다. 새 왕조의 미래에 대한 불안감이 팽배하다는 증거였다. 이성계는 이흥무가 명운이 귀하다고 말한 왕화와 왕거의 목을 베고 공양왕과 두 아들도 교살(絞殺)했다.

하지만 새 왕조의 미래에 대한 불안함은 좀처럼 가시지 않았다. 이런 상황에서는 장자를 세워 왕실의 화합을 다지든지 공이 있는 왕자를 세워 이성계 이후의 조선이 건재할 것이라는 믿음을 주어야 했다. 따라서 막내 방석은 불안한 후사일 수밖에 없었다. 하지만 정도전과 남은은 일단 방석을 세자로 세웠으니 바꿀 수는 없다고 판단했다. 그래서 태조 이성계에게 비밀스레 주청했다.

"중국에서는 왕자들을 각 지방의 제후로 봉합니다. 우리나라도 이에 따라 왕자들을 각 도에 나누어 보내는 것이 좋겠습니다."

왕자들의 세력을 약화시키기 위해 지방으로 보내자는 제안이었다. 이는 단순하게 왕자들을 지방으로 보내 세력을 약화시키자는 주장이 아니었다. 이성계는 물론 왕자들도 모두 사병을 갖고 있었다. 이 사병들이 조선 개창의 근본 동력이었다. 정도전과 남은은 왕자들을 지방으로 보내서 그들이 갖고 있는 사병들을 국가의 공적 군대 조직으로 편입시키려고 계획한 것이다. 왕자들이 지방으로 가면서 사병을 거느리고 갈 수는 없기에 결과적으로 사병도 혁파하고 어린 세자의 입지도 강화할 수 있는 일거양득의 방안이었다.

하지만 태조는 정도전의 건의에 대답하지 않았다. 세자가 되지 못한 불만을 품은 왕자들을 지방으로 보내면서까지 기를 죽이고 싶지는 않았기 때문이다. 그래서 태조는 방원을 불러 타일렀다.

"너와 네 형들에 대해 우려하는 소리들이 있으니 마땅히 너희 형들에게 일러서 경계하고 조심하라."

이성계는 대신들이 가졌던 군권을 정도전과 조준 같은 문신들에게 주는 것으로 미연의 사태를 방지하고자 했다. 이성계는 개국 두 달 후인 재위 1년 9월, 고려의 군사기구인 삼군총제부(三軍摠制府)를 의흥삼군부(義興三軍府)로 고치고 무신들의 권력 기구인 중방을 폐지했다. 왕자와 공신들에게 분산되어 있던 사병을 국가의 통제 아래 놓기 위한 준비 작업이었다. 정도전과 조준이 의흥삼군부의 수장인 의흥삼군부사(義興三軍府事)를 번갈아 맡아가며 이런 작업을 수행했다.

11월에는 조선(朝鮮)과 화령(和寧) 중에서 새 국호를 선택해달라고 예문관 학사(學士) 한상질(韓尙質)을 명나라에 보냈다. 고려 충숙왕 복위 4년(1335) 10월 11일 이성계가 태어난 곳이 화령이다. 명나라는 태조 2년(1393) 2월 "동이의 국호 중에는 조선이 아름답고 그 유래가 오래되었다"면서 조선을 선택했다. 정도전도《조선경국전》에서 "조선이라고 일컬은 이가 셋이 있었으니 단군(檀君), 기자(箕子), 위만"이라면서 조선을 단군 조선부터 시작하는 유구한 역사를 이은 국호로 생각했다.

이듬해에는 지방군도 개편했다. 정도전이 판삼사사로 경상·전라·양광 삼도도총제사(慶尙全羅楊廣三道都摠制使)를 겸하고, 조준이 좌시중(左侍中)으로서 교주·강릉·서해·경기 좌우 오도도총제사(交州江陵西海京畿左右伍道都摠制使)를 겸했다. 그야말로 두 사람 손에 중앙과 지방의 모든 병권이 쥐어진 것이다.

정도전과 조준은 사병이 없던 문신이었다. 이성계는 이들이 문신이었기에 안심하고 군권을 내어준 것이지만 문신들이 군사권까지 갖는 것에 대한 무신들의 불만이 터져 나왔다. 태조 3년(1394) 11월, 전중경(殿中卿) 변중량이 병조정랑(兵曹正郎) 이회(李薈)에게 불만을 토로했다.

"예로부터 정권(政權: 행정권)과 병권(兵權: 군사권)은 한 사람이 겸임하지 못하는 법입니다. 병권은 종친에게 있어야 하고, 정권은 재상에게 있어야 합니다. 그런데 지금 조준, 정도전, 남은 등이 병권을 장악하고 또 정권을 장악하니 실로 좋지 못합니다."

변중량은 이에 그치지 않고 이성계의 이복동생인 의안백(義安伯) 이화에게도 같은 불만을 털어놨다. 이화는 이를 태조에게 고했고, 태조는 변중량을 불러 물었다. 변중량은 그런 말을 한 것은 사실이라고 말하면서 이렇게 덧붙였다.

"박포도 전하께서 국가의 체통을 잃어서 여러 차례 별자리의 변고(星變)가 일어난 것이라고 말했습니다."

정도전과 조준에게 정권과 군권을 줌으로써 국가의 체통을 잃었고, 이 때문에 상서롭지 못한 별자리의 변고가 나타났다는 말이었다. 이성계는 화가 나서 반문했다.

"이들은 모두 나의 수족 같은 신하들로, 끝끝내 같은 마음을 가진 사람들이다. 이들을 의심한다면 믿을 사람이 누가 있느냐? 이런 말을 하는 자들은 까닭이 있을 것이다."

이성계는 변중량과 이회, 박포를 국문한 후 변중량을 영해로, 이회를 순천으로 유배 보내고, 박포를 죽주에 안치했다. 개국 2등공신 박포를 유배까지 보낸 것은 개국 초 정도전과 조준의 위세가 어느 정도였는지를 잘 말해준다. 이는 개국공신 내부의 분열을 알리는 파열음이기도 했다. 뿐만 아니라 방석의 세자 책봉에 이어 군권까지 빼앗기게 된 왕자 및 다른 공신들이 정도전을 향해 칼을 가는 계기가 되기도 했다.

그러나 정도전은 개의치 않았다. 세자 책봉과 사병 혁파에 대한 반발보다 더 큰 난제에 휩쓸렸기 때문이다. 명나라에서 자신의 압송을 요구하고 나선 것이다.

명나라와 충돌하다

명나라의 횡포는 두려움 때문

태조 3년(1394) 4월 4일, 최연(崔淵), 진한룡(陳漢龍), 김희유(金希裕), 김화(金禾) 등 네 명의 명나라 사신이 개경에 왔다. 이들은 모두 고려 출신 환관이었다. 명나라가 고려 출신 환관들을 사신으로 보낸 것은 조선의 기를 꺾기 위한 하나의 방편이었다. 명나라 사신들은 출신에 관계없이 조선 국왕과 거의 대등한 예우를 받기 때문에 자연히 명나라의 위상이 올라갈 수밖에 없었다.

태조 이성계는 백관을 거느리고 개경의 서대문인 선의문 밖에서 고려 출신 사신들을 맞이했다. 최연이 전하는 명 태조 주원장의 선유(宣諭)를 듣는 이성계의 심기는 불편할 수밖에 없었다.

"말 1만 필과 엄인(閹人 : 환관)과 김완귀(金完貴)의 가족을 데려오라."

말 1만 필과 조선인 환관들을 데려오라는 요구였다. 특이한 점은 김완귀의 가족을 콕 집었다는 점이다. 주원장은 천호 김완귀가 요동에 사는 여진인들을 조선으로 빼갔다고 의심했다. 명나라의 이런 무리한 요구는 위화도 회군에 따른 업보였다. 명나라에 대한 사대를 명분으로 군사를 돌려 자국의 임금을 시해했으니 명나라 임금을 군주로 섬기지 않을 수 없었다.

주원장은 이성계가 제후를 자처하고 있지만 조선이 명나라를 공격하지 않을까 온통 신경을 곤두세우고 있었다. 명 사신 최연 등은 명나라 좌군도독부 양문(楊文)이 작성한 자문(咨文: 외교 문서의 일종)도 조선에 전했다. 이 자문 역시 주원장의 명령에 따라 작성한 것이었다. 자문의 내용은 명나라 절강성 가흥 해렴현 남쪽 항구인 감포에서 호덕(胡德) 등 적인(賊人) 다섯 사람을 체포했는데, 이들이 문초 받다가 이렇게 말했다는 것이다.

"고려에서 수파관(守把官)이 사람을 파견해서 중국의 연해 지방을 겁략하게 했다는 소식을 들었습니다."

고려의 수파관이 사람을 보내서 중국의 연해 지방을 공략하게 했으니 관계자들을 압송해 보내라는 것이었다. 주원장은 같은 달 25일에도 고려 출신 환관 황영기(黃永奇) 등 세 명을 사신으로 보내 같은 요구를 했는데, 이번에는 이성계의 장남이나 혹은 차남을 시켜서 직접 잡아 오라고 구체적으로 적시했다.

한 해 전인 태조 2년(1393) 5월에도 황영기를 보내 조선이 여진족과 손잡고 일을 꾸미는 것이 아니냐고 심하게 질책했다.

"근일에 조선에서 요동으로 사람을 보내 포백(布帛)과 금은으로 우리 변장(邊將)을 꾀었다. …사람을 보내어 여진족을 꾀여 가족 500여 명을 거느리고 압록강을 몰래 건넜으니, 죄가 이보다 큰 것이 없다."

이성계는 주원장이 자신을 계속 압박하는 게 정도전 때문이라는 사실을 이때까지만 해도 잘 알지 못했다. 정도전도 마찬가지였다. 우왕 1년(1375) 친명파로 몰려 장장 9년에 걸친 유배와 유랑 생활을 했던 정도전이다. 그는 우왕 9년(1383) 이성계를 처음 만난 후 자주 명나라를 찾았다. 우왕 10년(1384) 7월 성절사(聖節使) 정몽주의 서장관(書狀官)으로 금릉(남경)을 처음 방문했고, 공양왕 2년(1390) 6월에도 윤이·이초 사건을 해명하러 금릉을 찾았다. 조선을 개창한 지 석 달 후인 태조 1년(1392) 10월에도 계품사(啓稟使) 및 사은사(謝恩使)로 말 60필을 가지고 금릉을 찾았다. 그러나 이때의 정도전은 친명파로 몰려 귀양 갔던 정도전이 아니었다. 사대를 명분으로 위화도 회군을 단행했지만 사대가 진짜 목적이 아니었다. 먼저 국내에서 혁명적 토지 개혁이란 과업을 완수하기 위해 표면적으로 사대한 것이었다. 그래서 정도전은《조선경국전》에서 이렇게 밝혔다.

천자(주원장)의 덕이 주 무왕에게 부끄럽지 않은데, 전하(이성계)의 덕이 어찌 기자에게 부끄럽겠는가? 장차 홍범의 학(學)과 8조의 교(敎)가 금일 다시 시행되는 것을 볼 것이다.

'홍범'은 은나라 기자가 주나라 무왕을 만나서 설파했다는 정치의 큰 요체고, '8조의 교'는《한서(漢書)》〈지리지〉에 따르면 낙랑 조선 사람들은 8조의 금법이 있어서 문을 닫지 않고 살았다는 이상 사회를 말한다. 정도전은《조선경국전》에서 조선의 임금은 차마 하지 못하는 정치(不忍人之政), 즉 인의 정치로 지위를 지킬 것이라고 밝혔다. 그런데 막상 명나라와 사대관계를 맺고 보니 명나라는 정도전이 생각한 이상 국가가 아니었다. 주원장은 조선을 동이족의 국가로 보고 있을 뿐이었다.

그래서 정도전은 태조 1년(1392) 10월 남경에 갔다가 이듬해 3월 돌아오는 길에 요동 지역의 명나라 변장(邊將)들과 여진족 우두머리들을 만났다. 이 사실이 주원장의 정보망에 포착되면서 주원장이 정도전을 크게 의심하게 된 것이다. 주원장으로서는 두려워할 만한 일이었다. 고려의 요동 정벌군이 위화도에서 회군한 것이 불과 4년 전 일이다. 조선군과 여진족이 합세한다면 그 전력은 상상을 초월할 게 분명했다.

요동은 역대로 한족이 실질적으로 지배한 적이 없었다. 지금의 하북성 연산산맥과 그 서쪽 난하는 고대부터 동이족과 한족을 가르는 자연 국경선이었다. 말이 명나라 변장이지 한족이 아니라 만주족, 즉 여진족 장수들이었다. 정도전이 여진족 장수들을 만나 회유했다는 보고를 받은 명나라 주원장은 조선의 의도를 크게 의심했다. 그래서 국서를 보내 이성계를 협박했다.

짐은 장차 칼날을 녹여 농구(農具)를 만들고, 전사들을 어루만져 옛날의 노고를 잊게 하고, …태평을 누리게 하려고 하는데, 어찌 그대의 고려에서 급하게 병화(兵禍)를 일으키는가? …짐은 장수에게 명해서 동방을 정벌할 것이지만, …이미 간 모든 여진 사람을 돌려보낸다면 짐의 군사는 국경에

들어가지 않을 것이다.《태조실록》2년 5월 23일)

이성계는 주원장의 무례한 태도가 불쾌했지만 불과 1년 전 새로 선 나라가 명나라와 전쟁을 치를 수는 없다고 판단했다. 그래서 그해 8월 29일 서북면 각 지방에 사람을 파견해 요동에서 도망친 조선 사람 박용(朴龍) 등 122호와 가족 388명을 요동도사에게 인도하고, 여진 사람 구을토(仇乙吐) 등 25호와 가족 116명을 명나라 우군도독부에서 파견한 천호 왕씨에게 인계했다. 그리고 파절천호(把截千戶) 김완귀도 함께 보냈다. 또한 태조 3년(1394) 5월에는 주원장의 요구대로 김완귀의 가족까지 보내주었지만 주원장은 의심을 풀지 않았다. 아주 작은 사건조차 조선의 침략 기도라고 의심하기 일쑤였다.

이처럼 두 나라 사이에는 긴장이 끊이지 않았다. 이보다 앞선 태조 2년(1393) 11월 20일 명나라 산동반도의 산동도사 산하 영해위에서 고려 숙주 노질동 출신 최독이(崔禿伊)란 인물을 체포한 사건이 발생했다. 영해위는 최독이를 좌군도독부에 인계해 문초했는데, 최독이가 이성계가 요동 정벌을 계획하고 있다고 자백해 큰 논란을 일으켰다. 최독이에 따르면 그해 7월 7일 이성계는 만호(萬戶) 김사언(金寺彦)과 천호 차성부(車成富) 등 다섯 명, 백호(百戶) 정융(鄭隆) 등 세 명에게 배 일곱 척을 거느리고 명나라 산동반도로 향하게 했는데, 배마다 37명의 군사와 2곤(綑)의 베가 실려 있었다는 것이다. 일곱 척의 배에는 모두 259명이 타고 있었는데, 베도 560필 실어 베를 매매하려는 것으로 가장했지만 명나라를 칠 정보를 수집하기 위해서 왔다는 자백이었다. 최독이는 조선에서 "만약 대군이 오지 않는다면 우리가 군사를 일으켜 요동을 공격할 것이다"라고 말했다고 자백했다. 최독이는 그후에도 또 70명의 무장한 사람들을 배 열 척에 실어서 보냈다고 말했다. 최독이가 실제로 어떤 사람인지는 조선에서도 알 수 없었지만, 주원장은 이를 근거로 조선이 요동을 공격할 계획을 갖고 있는 것으로 여겼다. 그래서 태조 2년(1393) 12월 8일, 흠차내사(欽差內史) 김인보(金仁甫)를 이성계에게 보내 협박한 것이다.

어찌해서 고려의 이성계는 스스로 해마다 변방에서 분쟁의 발단을 일으키기를 그치지 않는가? 그 속셈은 바다가 강토를 빙 둘러싸고 있고, 산이 겹친 험지인 것을 믿는데 불과한 것 아닌가? 자주 나쁜 짓을 행하는 것은 나의 조정을 한·당나라 조정같이 여기는 것 아닌가? 비록 한·당나라 장수들은 말 타고 활 쏘는 데 능숙했지만 배를 모는 데 익숙하지 못했으므로 바다를 건너는 데 어려움을 겪었고, 군사를 뜻대로 행진시키지 못했다. 짐은 화하(華夏: 중국)를 평정하고 오랑캐를 물리쳐 뭍과 바다를 두루 정벌했으니 내 수군의 여러 장수들을 어찌 한·당의 장수들과 비교할 수 있겠는가?

명 태조 주원장은 자신이 군사를 파견해 정벌하기 전에 데려간 여진인들을 돌려보내라고 요구했다. 자칫하면 큰 사달로 번질 수도 있었으므로 이성계는 재위 3년(1394) 2월 19일 국서를 보내 그간의 사정을 설명했다. 사신들이 금릉을 오갈 때 반드시 요양을 경유하게 되므로 이때 행례(行禮: 예식을 행하는 것) 차원에서 변방 장수들에게 포백(布帛)을 준 것으로, 이는 인정이지 다른 뜻은 아니라는 설명이었다. 주원장은 조선에서 왜적처럼 배를 흑색으로 꾸며서 매매를 빙자해 정보를 수집한다고 의심했는데, 이 역시 전혀 사실이 아니라고 설명했다.

어찌 감히 소민(小民)에게 배를 태워 보내 거짓으로 왜적이라 꾸미고 금주와 산동 등지까지 가서 언덕에 올라 도둑질을 하며 인명을 살상하겠습니까?

주원장은 또 조선에서 보낸 말이 모두 둔하고 지친 데다 다리가 병들거나 이가 없거나 길들이지 않은 말이 반이나 된다고 지적했다. 이성계는 "길이 매우 멀기 때문에 다리가 병들고 피곤해서 약해진 말도 있을 것"이라면서 명나라를 업신여긴 것이 아니라고 설명했다. 이처럼 주원장이 보낸 국서는 천자라는 위상에 전혀 걸맞지 않은 내용 일색이었다. 그런데 주원장이 이런 국서를 보낸 속셈은 제일 마지막 구절에 담겨 있었다.

국호를 변경한 데 대해 사은하는 표전문(表箋文)에 업신여기는 언사가 섞여 있으니, 소국이 대국을 사대하는 정성이 과연 이럴 수 있는가?

이성계는 새 나라의 국호를 조선과 화령 중에서 결정해달라고 주원장에게 요청했는데, 주원장은 조선이라는 국호를 선정해주었다. 이를 사은하는 표전문에 주원장을 업신여기는 문구가 있었다는 것이다. 바로 표전문 사건이었다. 이성계는 이렇게 답변했다.

작은 나라가 먼 곳에 있어서 언어가 통하지 못하고 견문도 넓지 못하며, 문자를 조금 익혀서 사정을 겨우 말할 정도라 표전문을 작성하는데 체제와 격식에 어두웠던 것이지 감히 고의로 업신여긴 것은 아닙니다.

이성계는 주원장이 표전문의 문구를 문제 삼는 것을 이해할 수 없었다. 빈농에 홍건적 출신인 주원장이 글을 모른다는 사실은 천하가 다 알고 있는데, 굳이 문장을 가지고 시비를 거는 이유를 알 수 없었던 것이다. 그 과녁이 정도전이라는 사실은 더욱 알지 못했다.

조선 출신의 명 사신 황영기가 귀국한 직후인 태조 2년(1393) 8월, 정도전은 이성계에게《사시수수도(四時蒐狩圖)》를 지어 바쳤다. 봄, 여름, 가을, 겨울 네 계절의 사철냥에 관한 책이란 제목이었다. 그해 11월에는 구정(毬庭: 격구장)에 군사들을 모아놓고《진도(陣圖)》에 따라 고각(鼓角), 진퇴(進退) 훈련 등을 실시했다. 진도란 전투 시의 군사 배치도를 뜻한다. 유명한 것으로 제갈량(諸葛亮)이 만든《팔진도(八陣圖)》가 있다. 이를 64진도라고도 하는데, 전투 상황에 따라 다양한 군진을 만들어 적을 격파하는 진법을 서술한 책이다. 명나라는 조선이 행하는 모든 군사훈련을 요동 정벌을 위한 것이라고 의심했다. 두 나라 사이의 긴장은 점점 고조됐다.

태조 3년(1394) 2월 7일, 명나라의 마군(馬軍) 10여 명이 압록강 연안의 마산 아래 이르렀다. 의주 만호 여칭(呂稱)은 이들을 명나라 사신 일행으로 짐작하고 의주 사람 김백안(金伯顏) 등 세 명에게 압록강을 건너 영접하게 했는데, 명나라 군사들은 김백안 등을 잡아갔다. 3월 21일에는 명나라 흠차내사 네 명이 요동 백호(百戶)의 군인 서른 명을 거느리고 파사부 강가에 도착했다. 이때도 의주 만호 여칭이 강을 건너 영접했는데, 명나라 군사들이 통사(通事: 통역관) 김용(金龍)과 진무 김보정(金寶鼎), 천호 이견실(李堅實) 등 세 명을 잡아갔다. 이런 일이 계속되면서 명나라에 대한 이성계의 감정은 점점 악화되어갔고, 두 나라 사이의 긴장도 깊어졌다.

명 나 라 , 정 도 전 압 송 을 요 구 하 다

이성계는 재위 3년(1394) 정월, 정도전을 군부의 최고책임자인 판의흥삼군부사(判義興三軍府事)로 임명했다. 이성계의 친위군인 의흥친군위(義興親軍衛)도 여기에 포함시켰다. 정도전에게 군권을 준 것이다. 그해 1월 27일, 이성계는 정도전을 보내 태뢰(太牢)로써 둑(纛)에 제사 지내게 했다. 둑이란 군사를 표상하는 둑기를 뜻하고, 태뢰란 소를 통째로 잡아 제물로 바쳐 전승을 기원하는 제사다. 이때 정도전은 물론 제사에 참여한 장사들이 모두 철갑 차림으로 제사에 임했다.

정도전은 같은 해 4월 22일, 이성계에게 매일 아침 장상(將相)들을 불러 군국(軍國)의 일을 함께 의논하자고 청했고, 이성계는 이를 받아들였다.

이성계와 정도전은 군신 관계를 뛰어넘는 사이였다. 태조 4년(1395) 3월 4일, 이성계는 정도전과 과주(果州: 과천)로 거둥했다. 이성계의 수

릉(壽陵: 미리 준비하는 무덤)을 살펴보기 위해서였다. 귀경길에 도평의사사에서 두모포 선상(船上)에 술상을 차리고 잔치를 베풀었다. 여러 신하들이 차례로 술잔을 올렸는데, 정도전이 술잔을 올리면서 흐느끼며 말했다.

"하늘이 성덕을 도와서 나라를 세웠습니다. 신들이 후한 은총을 입었으니 늘 전하께서 천만세 동안 사시기를 바라고 있는데, 지금 능 자리를 보니 신은 슬픔을 이길 수 없습니다."

"평안한 날에 미리 정해두는 것뿐인데 왜 우는가?"

이성계는 정도전을 존경했고, 정도전도 이성계를 존경했다. 정도전은 《조선경국전》〈조회(朝會)〉에서 이성계의 모습을 이렇게 그렸다.

우리 주상이 정전에 단정히 앉아 있으면, 그 모습은 바라보기에 황황(皇皇: 아름답고 성대함)스럽다. …그 모습이 엄숙하면서도 태연하고, 온화하면서 장중하고 울연(蔚然: 크게 성함)하고 찬연(粲然: 산뜻하고 조촐함)하여 숭상하고 경하할 만하니, 마땅히 한 시대의 법전으로 만들어서 후세에 길이 밝게 보여주는 것이 마땅하다.

이성계는 자기 인내가 강한 사람이었다. 임금이 된 후에는 가슴속의 무인 기질을 감추고 임금의 의절(儀節)에 맞춰 자신을 제어했다. 그런데 이날 행차가 왕심촌 노상에 이르렀을 때 갑자기 노루 한 마리가 나타났다. 이성계는 자신도 모르게 말을 달려 노루를 쏘려고 했지만 마부 박부금(朴夫金)이 한사코 재갈을 잡고 놓지 않자 그만두었다. 예순을 넘긴 나이였지만 그의 가슴속 무인의 피는 여전히 뜨거웠다.

이성계는 공신들과 개국의 공훈을 길게 누리고 싶었다. 그래서 공신들을 불러 함께 술을 마시는 것을 즐겼다. 재위 4년(1395) 10월 10일에도 판삼사사 정도전과 여러 훈신들을 불러 술을 마시고 풍악을 즐겼다. 주연이 한창 무르익자 이성계가 정도전에게 말했다.

"과인이 여기까지 오르게 된 것은 경 등의 힘이다. 서로 공경하고 삼가서 자손만대까지 이르기를 기약하자."

주원장이 자신의 동네 친구였던 공신 중의 공신 서달을 포함해 수천 명의 공신들을 죽여버린 것과 달리 이성계는 공신들과 함께 나라를 다스리기를 원했다. 자신은 임금으로서 큰 틀만 잡고, 나머지는 재상들과 다른 벼슬아치들이 나누어 통치하는 것이 옳다고 생각한 것이다. 이성계의 말을 받아 정도전이 답했다.

"제나라 환공(桓公)이 포숙(鮑叔)에게 '어떻게 나라를 다스려야 하는가?'라고 묻자 포숙이, '원컨대 공께서는 거(莒) 땅에 계셨을 때를 잊지 마시고, 원컨대 중부(仲父)께서는 함거(檻車)에 있을 때를 잊지 마소서'라고 답했습니다. 신이 원하기는 전하께서 말 위에서 떨어지셨을 때를 잊지 마시고, 신도 역시 항쇄(項鎖) 당했을 때를 잊지 않으면, 자손만대를 기약할 수 있을 것입니다."

제나라 환공은 즉위하기 전 이름이 공자 소백(小白)인데, 거나라로 망명해서 온갖 어려움을 겪었다. 나중에 환공이 귀국해서 즉위한 후 축하연이 벌어졌을 때 포숙아가 술잔을 올리면서 "거 땅에 있을 때를 잊지 마소서"라고 축원한 고사를 정도전이 인용한 것이다. 중부는 관중을 뜻하는데, 관중은 자신이 섬기는 규(糾)를 즉위시키기 위해서 소백을 활로 쏜 인물이다. 나중에 소백이 즉위해 제 환공이 되자 스스로 함거에 갇히기를 자청해서 제나라로 왔다. 환공이 관중을 죽이려고 하자 포숙아가 제나라만 다스리려면 자신으로 충분하지만 천하를 평정하려면 관중을 정승으로 삼아야 한다며 만류했다. 이에 제 환공은 관중을 정승으로 삼아 천하를 재패했다. 정도전은 이 고사에 이성계가 말에서 떨어진 일과 공양왕 때 자신이 옥에 갇혀 죽음을 기다리던 일을 엮어서 어려운 때를 잊지 말아야 한다고 충고한 것이다.

이성계는 역사에 해박한 인물이었다. 그래서 정도전의 말을 옳게 여기고 악사에게 〈문덕곡(文德曲)〉을 연주하고 노래하게 했다. 〈문덕곡〉은 정도전이 지은 악장이다. 정도전은 이성계의 문덕을 찬양해서 〈문덕곡〉을 짓고, 무공을 찬양해서 〈무공곡(武功曲: 납씨가·정동방곡)〉을 지었다. 〈문덕곡〉이 연주되자 이성계는 정도전에게 눈을 껌벅이면서 말했다.

"이 곡은 경이 지어 올렸으니 경이 일어나서 춤을 추라."

정도전이 즉시 일어나 춤을 추자 이성계는 상의를 벗고 춤을 추라고 허락했다. 이성계와 정도전은 군신의 분의보다는 서로 깊게 신뢰하는 동지로서 밤새도록 즐기다가 파했다. 한 해가 거의 저물어가는 태조 4년(1395) 12월 25일, 이성계는 궁중에서 잔치를 베풀었는데 정도전뿐만 아니라 한산백 이색도 이 자리에 참석했다.

이성계는 왕씨들은 많이 제거했지만 이색 등은 우대했다. 이색은 이성계의 즉위를 저지하기 위해 끝까지 노력했지만, 이미 현실의 승자는 결정된 터였다. 이성계가 즉위한 직후, 유사(有司: 법관)에서 이색, 우현보, 설장수 등 56명을 새 왕조 개창을 저지한 인물들로 지목하면서 사형시켜야 한다고 상언했지만 직첩을 회수하고 서인으로 삼아 종

이색 신도비와 사당. ©권태균

충남 서천 문헌서원에 있는 이색 신도비와 사당. 이성계는 이
색이 끝까지 조선 개국에 저항했는데도 계속 그를 우대했다.

신토록 서용(敍用)되지 못하게 하는 데 그쳤다. 또한 세 사람에게 형벌
도 가하지 못하게 하고, 이색의 유배지를 섬에서 내륙인 장흥으로 옮
겨주었다. 재위 2년(1393) 1월 초하루에는 이색, 우현보, 설장수 등 30
명을 용서하면서 살고 싶은 곳에 가서 살라는 종편부처를 허용했다.

　이색은 이성계에게 사은한 후 강원도 오대산으로 들어가 은거했다.
이성계는 오대산으로 들어간 이색을 한산군으로 삼고 미두(米豆) 100
석을 보냈으나 받지 않았다. 이색은 여전히 고려 사람이었다. 재위 4
년(1395) 11월 24일, 이성계가 오대산으로 사람을 보내 부르자 이색이

할 수 없이 왔는데, 이성계는 군신의 예가 아니라 친구의 예로 접대하고 조용하게 담화하고 나갈 때는 중문까지 배웅했다. 이 뿐만 아니라 이색에게 과전 120결과 쌀과 콩 100곡(斛)과 소금 5곡을 내려주었다. 조선 개국 1등공신이 과전 150~220결을, 2등공신이 100결을 받았는데, 조선 개창을 끝까지 저지한 이색에게 1등공신과 2등공신에 준하는 대우를 해준 셈이다. 고려를 끝까지 섬긴 충신들의 마음을 잡기 위한 것이었지만 이색에 대한 이성계의 존경심이 없었으면 불가능한 일이었다. 이색은 고려가 망한 후 불가에 귀의해 술과 고기를 끊었는데, 이성계는 쌀과 콩, 술과 고기를 내려주면서 말했다.

"경은 이미 늙었으니 술과 고기를 먹고 건강을 유지하라."

이성계는 이색을 한산백(韓山伯)으로 봉하고 의성고(義成庫), 덕천고(德泉庫) 등 오고도제조(伍庫都提調)로 삼았다. 국가 창고 다섯 곳의 도제조로 삼은 것은 풍족한 생활을 하라는 뜻이었다. 그러니 12월 25일 잔치에 참석하지 않을 수 없었다. 이 잔치에서는 〈문덕곡〉과 〈무공곡〉도 연주했는데, 〈무공곡〉은 이성계가 원나라 나하추를 격퇴한 무공을 찬양한 〈납씨가(納氏歌)〉와 위화도 회군을 칭송한 〈정동방곡(靖東方曲)〉을 뜻한다. 〈문덕곡〉과 〈무공곡〉을 들은 이성계가 말했다.

"노래로 나의 공덕을 칭송하니 실로 마음에 지나치다. 이 곡을 들을 때마다 내가 심히 부끄럽다."

정도전이 화답했다.

"전하께서 이런 마음이 계시기에 노래를 지은 것입니다."

이색은 이 잔치에 참여한 뒤 여주 신륵사로 들어가 이듬해(1396) 5월 7일 세상을 떠났다. 이성계는 수많은 왕씨를 죽였지만 이색만큼은 손대지 않았다. 정몽주와 이색은 고려 왕실을 지탱하던 두 기둥이었다. 이성계 일파의 자리에서 이색은 정몽주보다 더 큰 장애물이자 정적이었다. 정몽주가 위화도 회군에 찬성한 데 비해 이색은 위화도 회군부터 반대했다. 조민수와 손잡고 우왕의 아들 창왕을 즉위시킨 인물도 이색이고, 공양왕과 손잡고 이성계 세력을 쓰러뜨리려 한 것도 이색이었다. 그러나 고려인 정몽주가 선죽교에서 비참한 최후를 맞이한 것과 달리, 같은 고려인 이색은 고종명(考終命: 제 명대로 다 살다가 편안히 죽음)했다. 이성계가 끝까지 우대했기 때문이다. 무장 이성계의 눈에 문신 이색의 저항이 비장해 보였는지 가소로워 보였는지는 알 수 없지만 이성계는 이색을 후대했다. 이색의 고종명은 고려 왕실의 부활이 불가능하다는 사실을 널리 일깨웠다.

태조 5년(1396) 정월 초하루. 이성계는 백관들에게 새해 첫날 잔치를 베풀었는데, 광양부원군(光陽府院君) 이무방(李茂方)이 일어나 춤을 추었다. 판삼사사 정도전은 잔을 받들고 축수했다.,

"정월 초하루는 한 해의 으뜸이며, 시조는 일국의 으뜸입니다. 으뜸이란 좋은 것 중에서도 가장 좋은 것이니 나라의 시조는 삼가지 않을 수 없습니다."

이성계가 답했다.

"옳다."

이렇게 태조 5년의 초하루는 정도전이 시조 이성계에게 삼가야 한다고 경계하는 것으로 시작됐다. 그러나 문제는 정작 정도전 자신에게 닥쳐오고 있었다. 조선이 요동을 공격할 것으로 의심한 주원장이 태조 5년(1396) 2월 '표전문 사건'을 일으켰는데, 이번에는 정도전을 직접 겨냥한 것이다. 이해 정월 명나라에 보낸 외교문서인 표문(表文)과 전문(箋文)에 "경박하게 희롱하고 모멸하는 문구가 있어 또 한 번 죄를 범했다"면서 작성자의 송환을 요구했는데, 그 당사자로 정도전을 지목했다.

> 조선이 명절 때마다 사람을 보내 표전(表箋)을 올려 하례하니 예의가 있는 듯하나, 문사(文辭: 글의 표현)에 있어 경박하고 멋대로 능멸하는데 근일에는 인신(印信)과 고명(誥命)을 주청한 장계 안에 주(紂: 은나라 폭군)의 일을 인용했으니 더욱 무례하였다. 혹 국왕의 본의인지, 신하들의 희롱함인지, 아니면 인신(印信)이 없는데도 거리낌 없었으니, 혹 사신이 받들어 가지고 오다가 중도에 바꿔치기 한 것인지도 모두 알 수 없으므로 온 사신을 돌려보내지 않겠다. 만약에 표전을 작성하고 교정한 인원을 전원 다 내보낸다면 사신들을 돌려보내겠다. (《태조실록》, 5년 3월 29일)

이는 명 태조 주원장이 표전문의 문구를 가지고 거듭 문제를 삼은 억지에 불과하다. 문구는 보기에 따라 귀걸이도 되고, 코걸이도 되기 때문이다. 주원장이 요구한 표전문 작성자는 정도전이었다. 주원장이 조선 사신들을 억류하면서까지 정도전의 압송을 요구한 것은 그만큼 정도전에 대한 반감이 크다는 뜻이었다. 주원장은 홍무(洪武) 29년(태조 5년: 1396) 6월 11일 상보사승(尚寶司丞) 우우(牛牛)와 환관 왕예(王禮) · 양첩목아(楊帖木兒) 등을 사신으로 보내 다시 한 번 정도전의 압송을 요구했는데, 이른바 황제의 성지 중에는 엉뚱한 것도 있었다.

너희가 보낸 환관들은 나의 내원(內園: 궁궐) 안을 마음대로 다니면서 모두 보고 있으니 내가 보낸 내시도 왕의 대궐 안을 돌아다니면서 무엇이든 보게 하라. 그래야 다른 날 친가(親家: 사돈 집안)가 될 수 있을 것이다.

조선에서 보내 명나라 환관이 된 고려 출신 사람들과 조선에 온 명나라 사신들은 서로 비교할 수 있는 대상이 아니다. 이는 명나라 사신들에게 조선 궁궐의 모든 정보를 수집하게 허용하라는 뜻이나 다름없었다. 그만큼 주원장은 조선의 동향에 민감했다. 명나라 예부에서는 우우 등 사신 편에 자문(咨文)을 보내왔다.

글을 지은 사람을 보내라고 했더니 단지 전문을 지은 자만 보내고, 그 표문을 지은 정도전과 정탁은 여태껏 보내오지 않았소. …표문을 지은 정도전을 데리고 오라는 성지(聖旨)가 있었소.

주원장은 계속 정도전을 보내라고 요구했다. 이성계는 표문을 지은 정탁과 전문을 지은 김약항(金若恒)은 명나라에 보냈지만 정도전은 보낼 수 없다고 거부했다.

정도전은 그 나이가 55세이고 판삼사사 직에 있는데, 현재 복창(腹脹: 배가 더부룩한 병)과 각기병증(脚氣病證: 다리가 붓는 병)이 있습니다. 또한 정도전은 대사성 정탁이 지은 홍무 29년(1396)의 하정표(賀正表)를 고치거나 교정한 일이 없습니다.

그러나 주원장이 계속 정도전을 공격했다. 이성계는 이해 7월 정도전을 판삼사사에서 봉화백(奉化伯)으로 물러나게 했다. 주원장은 태조 5년(1396) 11월 계품사 하륜과 정작 표문을 지었다면서 금릉으로 갔던 정탁을 돌려보내면서 다시 정도전의 압송을 요구했다. 이때 주원장은 춘추시대 군사력이 약했던 정나라 악공(樂工) 운공종의(鄖公鍾儀)의 사례까지 들면서 정도전을 비난했다. 초나라가 정나라를 침략하자 정나라는 초나라를 역습해서 초나라 출신 운종공의를 잡아 진나라에 바쳤다. 진나라 임금인 진공(晉公)은 운공종의가 비록 악사였지만 군자의 뜻을 가지고 있는 것을 보고 초나라에 돌려주었다. 초나라는 그 답례로 군대를 철수했다는 사례로 《춘추좌씨전(春秋左氏傳)》〈노성공 상〉에 나온다. 주원장은 이 사례를 들면서 정도전을 비난했다.

진공이 운공종의를 돌려보낸 지 얼마 후 초나라에서 사신을 보내 종의가 돌아온 것이 진나라 덕이라면서 군사를 철수시켜 전쟁이 그치고 수십 년 동안 전쟁하는 괴로움이 없었다. 이는 한 사람의 천인(賤人)이 군자의 덕을 품고 난리를 풀어서 백성을 편안하게 한 것이다. 조선의 선비 두어 사람은 초나라의 한 악공만도 못하다. …옛사람의 말에, '도로써 임금을 돕고, 군사로써 천하에 강한 체하지 마라'라고 했다.

이처럼 주원장은 끈질기게 정도전의 압송을 요구했다. 태조 6년 (1397) 4월 17일, 주원장은 사은사 설장수 등의 편에 다시 조선을 협박하는 국서를 보내왔다.

전자에 왕씨가 정사에 게을러 망하고 이씨가 새로 일어났지만 자주 변경에서 분쟁의 단서를 일으켰다. 짐이 두세 번 말했는데도 마침내 그치지 않았다. 오래되면 병화(兵禍: 전쟁의 화)가 생길까 염려하여 서로 혼인을 하여 두 나라 생민을 편안히 하려 했다. 이런 생각을 가진 지 이미 여러 해였다.

주원장이 자신의 딸과 조선의 왕자를 혼인시키려 했다는 것이다. 창왕과 공양왕 등이 여러 차례 입조를 요청한 것을 조선에 적용해 '국혼'이란 미끼를 던진 것이다. 그러나 이성계는 명나라와 국혼을 맺을 생각이 없었고, 주원장의 속마음도 마찬가지였다. 그래서 조선이 보낸 말을 자세히 조사해보니 기구와 짐승에 모두 흠이 있었다면서 이를 빌미로 혼사 문제는 없던 일로 하겠다고 통보했다. 그런데 이때 명나라 예부에서 보낸 자문에서 정도전의 이름을 직접 거론하며 제거하라고 요구했다.

나라를 열어 가업을 계승할 때 소인을 써서는 안 되는데, 조선이 새로 개국해서 등용된 사람의 표전(表箋)을 보니, 이것은 삼한(三韓) 생령(生靈)의 복이 아니요, 삼한의 화수(禍首: 화의 우두머리)다. …정도전이란 자는 왕에게 어떤 도움을 주는가? 왕이 만일 깨닫지 못하면 이 사람이 반드시 화의 근원이 될 것이다.

한 나라의 임금에게 신하의 이름을 거론하며 비판하는 것은 극히 이례적인 일이자 무례한 일이다. 이른바 황제라는 이름에도 걸맞지 않는 행위였다. 그만큼 주원장은 정도전을 두렵게 여겼다. 주원장이 정총, 노인도(盧仁度), 김약항을 억류하고 돌려보내지 않자 두 나라의 긴장은 크게 높아졌다.

정도전 문제로 두 나라 사이에 긴장이 고조되면서 명나라 쪽에 붙는 벼슬아치가 생겨났다. 호조 전서(典書) 양첨식(楊添植)이 바로 그런 인물이었다. 양첨식은 태조 4년(1395) 4월 말 500필을 요동까지 가져가서 전달한 진마사(進馬使)였다. 이때 요동백호(遼東百戶) 하질(夏質)이 양첨식을 호송하는 가운데 명나라로부터 받은 말값으로 소를 사서 돌아왔는데, 압록강을 건너다가 물이 불면서 사건이 발생했다. 소가 놀라 날뛰다가 강물에 빠지면서 하질과 배에 탔던 사람들이 모두 빠져 죽은 것이다. 태조 5년 5월 11일에 명나라 사신 우우, 왕예 등이 남경으로 돌아갈 때 호조 전서 양첨식이 함께 갔는데, 양첨식이 우우 등에게 정도전을 납치해 끌고 가라고 권유했다. 이런 사실이 알려지자 사헌부에서 양첨식을 체포해 신문했는데, 그는 매를 참으면서 끝까지 부인했다. 그래서 가산을 적몰하고 종신토록 벼슬하지 못하는 벌을 내렸다.

명나라의 무리한 요구와 횡포에 가까운 일들이 거듭되면서 이성계는 북벌을 결심했다. 사실 원나라에서 나고 자란 이성계에게는 명나라에 대한 두려움이 없었다. 새 나라를 열기 위해서, 또한 신생 왕국의 안정을 위해서 사대를 선택한 것일 뿐이었다.

정도전의 북벌 구상에 찬성하는 인물로 남은, 심효생 등이 있었다. 정도전은 이들과 함께 이성계를 알현해 드디어 이 문제를 헌의했다.

"군사를 일으켜 국경을 넘어야 합니다."《태조실록》6년 6월 14일)

이성계는 좌정승 조준에게 가서 의논하게 했다. 그러나 조준의 반응은 정도전과 아주 달랐다. 병을 앓고 있던 조준은 가마를 타고 대궐까지 나와 극력 아뢰었다.

"본국은 자고로 사대의 예를 잃지 않았습니다. 또 새로 개국한 나라가 가볍게 명분 없는 군사를 일으키는 것은 심히 불가한 일입니다. 비록 관계로 말해도 천조(天朝: 명나라)가 당당하여 도모할 만한 틈이 없으니, 신은 거사해도 성공하지 못하고 도리어 생각하지 못한 변이 생길까 우려됩니다."

그러나 남은은 태조 이성계에게 상서해 북벌을 주장했다.

"사졸이 이미 훈련되었고 군량이 이미 갖추어졌으니, 동명왕(東明王)의 옛 강토를 회복할 만합니다."

동명왕의 강토란 고구려의 옛 강역을 뜻한다. 《수서(隋書)》〈배구(裵矩)열전〉에는 수 양제가 고구려를 침공하려 할 때, 배구가 글을 올려 고구려의 강역에 대해 이렇게 말했다고 나온다.

"고구려는 본내 고죽국(孤竹國)입니다. 주나라에서 기자를 봉했고, 한나라가 3군으로 삼았습니다."

중국에서는 고죽국의 도읍지를 현재 하북성 노룡현 남쪽과 요서 영지현 근처로 추측한다. 국내에서는 식민사학에 따라 고구려 강역을 지금의 요동반도 일대로 국한하고 있지만 정작 중국 고대 사료는 지금의 하북성 일대까지로 보고 있다. 그러나 정도전의 구상은 지금의 하북성 일대에 제한되어 있지 않았다. 《태종실록》에도 이에 관한 언급이 있다.

정도전이 지나간 옛일에 외이(外夷)가 중원(中原)에서 임금이 된 것을 차례로 들어 논하며 남은의 말을 믿을 만하다고 말하고, 또 도참(圖讖)을 인용하여 그 말에 붙여서 맞추었다. 《태종실록》, 5년 6월 27일)

정도전의 목적은 이성계를 중원의 임금, 곧 천자로 만드는 것이었다. '바깥 민족(外夷)'이 중원의 임금이 된 사례는 한둘이 아니다. 선비족의 위(魏: 북위)를 비롯해서 거란족의 요, 여진족의 금, 몽골족의 원 등 그 수는 많았다. 수·당도 그 계통을 따지면 북방 선비족이 세운 나라다.

조선군이 압록강을 건너 북상한다면 지금의 요동만 차지하고 끝날 전쟁이 아니었다. 1368년 개국한 신생 명나라와 1392년 개국한 신생 조선이 천하의 패권을 두고 맞붙는 것이었다. 당시의 논의가 이에 이르렀으니 그간의 사대는 천하의 패권을 쥐기 위한 위장 전략임이 분명해진다. 14년 전(1383) 함주의 이성계를 찾아가 "훌륭합니다. 이 군대로 무슨 일인들 성공하지 못하겠습니까?"라면서 임금이 되는 길을 제시했던 정도전이 이제는 중원의 황제가 되는 길을 제시한 것이다. 동북면 변방에서 태어나 개국의 위업을 달성한 이성계에게 "동명왕의 옛 강토를 회복"하고 중원의 황제가 되는 것은 새 나라를 건국한 데 이은 생애 다음 사업으로 삼을 만한 일이었다. 비록 환갑이 훨씬 넘은 나이였지만 영원한 청년이었던 이성계에게 나이는 큰 의미가 없었다.

북벌을 위해서는 먼저 전군을 단일 대오로 편재해 군사훈련을 시켜야 했다. 정도전은 《오진도(伍陣圖)》와 《수수도(蒐狩圖)》를 만들어 태조에게 바쳤다. 이성계는 이를 보고 기뻐하며 각 절제사 및 군관들에게 진도를 익히게 하고 지방에도 사람을 보내 이를 가르치게 했다.

그러나 조준의 반대는 집요했다. 남은은 조준이 대륙을 꿈꿀 만한 인물이 못 된다고 비판했다.

"정승(政丞: 조준)은 다만 두승(斗升: 곡식)의 출납만 알 뿐이라, 어찌 기모(奇謀)와 양책(良策)을 낼 수 있겠소?"《태종실록》, 5년 6월 27일)

조준은 토지 개혁 정도에나 능한 인물이지 중원 정벌 같은 대사는 논할 수 없는 인물이란 비판이다. 장막 안에서 천 리 밖의 계책을 결정짓는 군사 일을 논할 깜냥이 안 된다는 비판이었다.

한편 문관들이 포진한 대간에서는 군대의 식량 문제를 지적하고 나섰다. 태조 6년(1397) 10월 간관들은 식량 문제에 대해 특단의 대책을 세워야 한다고 상언했다.

"전하께서 즉위하신 지 6년인데, 가령 군려(軍旅: 전쟁)의 변이 있다면 2년의 저축이 있어서 수십만의 군사를 공급할 수 있겠습니까? 먹는 것이란 삼군(三軍)의 사명(司命: 생명)이니, 군량이 넉넉하지 못하면 용맹한 군사가 백만이 있더라도 쓸 데가 없고, 철옹성이 천 길처럼 길더라도 믿을 만한 것이 못 됩니다."《태조실록》, 6년 10월 13일)

이성계가 우왕 9년(1383) "군대의 생명은 군량에 달려 있습니다"라고 상소한 것의 재현이었다. 그러나 그때와는 상황이 달랐다. 그때는 대부분의 토지가 몇몇 집안의 수중에 있었지만, 지금은 과전법으로 백성들의 생활이 안정되었고 군인들도 군전을 받아 안정된 생활 기반을 갖고 있었다. 그러나 이성계는 만전을 기하기 위해 이 상소에 대해 도평의사사에 대책을 세우게 했다. 도평의사사는 각 궁(宮)이나 아문, 진(津)이나 원(院) 소유의 전토와 공신의 밭을 제외한 공전과 사전의 전조(田租) 모두를 국가에서 받아 군량으로 사용하자고 제안했다. 군량을 비축하자는 것은 결국 북벌에 찬성하는 것이었다. 개국군주 이성계의 강력한 의지를 꺾을 수 없다고 본 것이다.

조선을 세운 개국의 설계사 정도전은 이렇듯 중원을 도모하고자 했다. 정도전은 중원을 차지할 자신이 있었고, 이성계 또한 마찬가지였다. 빈농 탁발승 출신의 주원장보다는 이성계가 모든 면에서 뛰어났다. 중원의 황제가 되지 못할 이유가 없었다. 정도전이 북벌을 추진한다는 소문이 돌면서 정국은 크게 긴장됐다. 정도전 등은 자신만만한 반면 조준 등은 자칫 신생 조선이 망할 수도 있다는 두려움에 휩싸였다. 북벌을 둘러싸고 조정에는 팽팽한 긴장감이 흘렀다.

황제국의 꿈과 좌절

명 태조 주원장, 조선 사신들을 죽이다

태조 6년(1397) 11월 15일, 명나라에 갔던 예조전서 정윤보(鄭允輔)가 남경에서 돌아왔다. 지난 6월 금릉(남경)에 간 지 다섯 달 만이었다. 그가 전한 충격적인 소식은 조정을 경악으로 몰고 갔다.

"억류되었던 정총, 김약항, 노인도가 사형당했습니다."

태조 4년(1395) 11월 금릉에 갔으니 2년 남짓 억류되어 있다가 사형당한 것이다. 이성계는 주원장이 정총 등을 억류하자 그 가족들에게 쌀과 콩을 차등 있게 내려주고, 함께 억류된 일행의 집에도 차등 있게 물품을 하사했다. 억류가 장기화될 조짐을 보이자 이성계는 억류된 사신들의 가족을 금릉으로 보내고, 직급에 따라 모시와 마포를 내렸다. 가족들과 함께 지내다가 주원장의 화가 풀리면 돌아오라는 뜻이었다.

그런데 태조 5년(1396) 8월 13일, 신덕왕후 강씨가 세상을 떠나면서 문제가 발생했다. 강씨가 이득분의 집에서 세상을 떠나자 이성계는 통곡하면서 슬퍼했다. 조정의 조회와 시장을 열흘 동안 닫게 하고, 금주령까지 내렸다. 이 소식이 금릉까지 전해지자 정총 등은 명나라 한림원에 문서를 써서 전했다.

"왕비가 세상을 떠나셨으니 재최복(齊衰: 1년복)을 입겠습니다."

재최는 국모가 세상을 떠나거나 어머니가 세상을 떠났을 때 입는 1년 상복이다. 명나라는 이를 거절했다.

"본국에서 상사(喪事)가 있어도 조정(朝廷: 명나라 조정)에서는 그렇게 할 수 없다."

그러나 정총 등은 명나라의 제지를 무릅쓰고 흰 상복을 입었다. 그래서 화가 난 주원장이 죽였다는 것이다. 사신 정윤보의 말을 들은 가족들이 통곡하면서 발상(發喪: 상주가 머리 풀고 곡하며 초상을 알리는 것)하려 했다. 그러나 이성계가 말렸다.

"황제가 만일 정총 등을 죽였으면 예부에서 반드시 자문이 있을 것이다. 정윤보의 말을 믿을 수 없다."

이성계는 설마 했다. 사신을 죽이는 것은 적국 사이에서도 하지 않는 만행이다. 그런데 정총이 귀국할 수 있었는데도 계속 머물다가 화를 입은 것으로 알려지면서 이성계의 분노는 극에 달했다.

정총이 억류되어 있을 때 권근이 사신으로 가기를 자청했다. 주원장에게 자신도 표문을 짓는 일에 참여했다고 자백한 것이다. 주원장은 사실 표전문 문구 때문이 아니라 북벌에 대한 우려 때문에 표전문 사건을 일으킨 것이었다. 주원장의 과녁은 정도전이지 권근이 아니었다. 그래서 주원장은 권근을 정직하다고 칭찬하고 권근은 물론 정총에게도 문연각(文淵閣)에 나가서 여러 유학자들의 강론을 듣게 했다. 또한 두 사람에게 옷을 내려주면서 사흘 동안 남경을 돌아다니며 구경하면서 시를 짓게 하고는 귀국해도 좋다고 명했다. 그런데 귀국하는 날, 권근은 주원장이 내려준 옷을 입었지만 정총은 흰 상복을 입고 주원장 앞에 나타났다. 주원장이 정총을 꾸짖었다.

"너는 무슨 마음으로 내려준 옷을 입지 않고 흰 옷을 입었는가?"

주원장은 권근만 귀국시키고 정총 등은 금의위에서 국문하게 했다. 정총은 국문을 받던 중 도주하다가 체포되어 사형당했고, 김약항과 노인도도 사형 당했다. 세 사신이 살해된 것이 사실로 드러나자 이성계는 격분했다.

사대의 예를 취했지만 실상은 대등한 독립국가였다. 사신을 구류하는 것 자체가 예에 크게 어긋나는 일인데, 죽이기까지 하다니 있을 수 없는 일이었다. 이성계는 최영이 주원장을 우습게 본 것이 이해가 갔다. 홍건적 출신이나 자행할 수 있는 만행이었다.

한편, 정도전은 권근의 행적을 미심쩍게 봤다. 정총은 사형당했는데 혼자 귀국한 것도 미심쩍고, 당초 주원장이 부르지도 않았는데 먼저 가겠다고 나선 것도 미심쩍었다. 노모가 있는 데다 명 태조가 부르지 않았다는 이유로 가지 말라고 이성계가 말렸는데, 권근이 두 번이나 청해서 간 것도 미심쩍었다. 권근만 무사히 귀국하자 정도전은 권근을 비판했다.

"정총 등은 모두 돌아오지 못했는데, 권근만 황금까지 상으로 받아 왔으니 과연 전에 신이 헤아렸던 것과 같습니다. 국문하소서."

정도전은 권근이 금릉행을 자처했을 때 보내면 안 된다고 반대했던 터였다. 정도전의 국문 요청을 이성계가 거부했지만, 정도전은 여전히 권근의 행태에 문제가 있다고 보았다. 게다가 권근은 귀국 후에도 같이 귀국 허가를 받은 정총이 다시 억류당한 사실을 말하지 않았다.

권근은 태조 6년(1397) 3월 돌아와 주원장의 이른바 〈조서(詔書)〉 및 〈성지(聖旨)〉, 〈어제시〉를 전했다. 주원장은 성지에서 이렇게 말했다.

조선 국왕이여! 나는 아직도 기운이 난다. 홍무 21년(1388) 그대 소국의 군마가 압록강에 이르러 장차 이 중국을 치려 했다. 그때 이(李:이성계)가 한 번에 군사를 돌려 돌아가 지금 고려의 국왕이 되었다가 국호를 조선이라 고쳤으니 자연의 천도(天道)이고, 조선 국왕의 지성인데, 지금 두 나라 사이에서 수재(秀才)가 매양 희롱하면서 곧고 바르지 못하다. 작은 것이 큰 것을 섬기는 것은 일마다 지성을 다해야 하고, 바르고 바르며, 곧고 곧아야 한다. 그러나 농간을 부려 곧지 못하고 바르지 못하였다. 해가 어디에서 떠서 어디로 지는가? 천하에 오직 한 개의 해만 있는 것은 만부득이한 일이다.

조선의 북벌에 대한 주원장의 두려움이 그대로 드러난 성지였다. 그런데 주원장의 어제시에 의미심장한 내용이 있었다.

단군이 가신 지 오래인데, 몇 번이나 경장(更張)하였나.

"몇 번이나 경장하였나"란 말은 '몇 번이나 왕조가 교체되었나' 라는 뜻이다. 주원장은 조선 역사의 시작이 단군부터라는 사실을 알고 있었다. 주원장의 〈어제시〉는 조선의 북벌 움직임에 대한 두려움과 명나라에 대한 허세로 끝을 맺었다.

하늘 끝 땅 끝까지가 중화(中華)의 경계라네. 벼와 기장 밭두둑에 가득해 해마다 거두네.

중국이 크고 넓으니 북벌군을 북상시킬 생각을 하지 말라는 뜻이었다. 이는 역으로 그만큼 조선의 북벌을 두려워하고 있다는 뜻이기도 했다.

정총, 노인도, 김약항 등이 사형당한 사건은 친명 사대주의 세력의 입지를 크게 축소시켰다. 이는 곧 북벌 반대론이 수그러드는 계기가 되었다. 중원 정벌이 신생 조선의 새로운 과제가 된 것이다. 그렇게 조선은 북벌을 향해 내달렸다.

북벌 준비에 박차를 가하다

태조 이성계가 북벌의 대임을 맡긴 두 인물은 정도전과 이지란이었다. 정도전은 이성계의 왕사(王師)고, 이지란은 여진족 출신이자 이성계의 의형제였다. 이성계가 보기에 정도전과 이지란의 결합은 환상적이었다. 정도전은 전략은 잘 알지만 학자 출신이어서 군사 실무에 밝지 못했다. 반면 이지란은 명나라에 대한 두려움이 없을 뿐만 아니라 이성계와 함께 평생을 싸움터에서 보낸 용장이었다.

이성계는 재위 6년(1397) 12월 22일 정도전을 동북면도선무순찰사(東北面都宣撫巡察使)로 삼고, 24일 이지란을 도병마사로 삼아 정도전의 부행(副行)으로 따라가게 했다. 표면적인 명분은 목조 이안사의 덕릉과 부인 이씨의 묘를 봉안하라는 것이었다. 그러나 실제 명령은 원릉(園陵) 봉안 이외에 "성보(城堡)를 수축하고, 참호(站戶)를 설치하고, 주군의 경계를 구획하고, 군관의 자질을 갖추어 아뢰는 것" 등 모두 전쟁 준비에 관한 것이었다. 명나라를 의식해 덕릉과 안릉을 명분 삼았을 뿐이다.

정도전과 이지란은 태조 6년(1397) 한 해가 끝나가는 한겨울, 북방으로 향했다. 북벌 준비는 두 방향으로 진행됐다. 하나는 압록강 건너 북진하기 위한 군사 체제를 갖추는 것이고, 다른 하나는 변방에 성을 쌓아 만약의 경우에 대비하는 것이었다.

이성계는 먼 북방에 나가 있는 정도전에게 서신과 옷을 내려 위로하고 싶었다. 그러나 왕사로 대접하는 정도전에게 임금이라는 호칭을 쓰고 싶지 않아서 좌승지 이문화(李文和)에게 물었다.

"내가 들으니 전조(前朝: 고려)의 충숙왕이 거사(居士)라고 일컬어 예천군(醴川君) 권한공(權漢功)에게 글을 보냈다고 한다. 나도 봉화백(奉化伯: 정도전)에게 거사라고 일컬으며 글을 보내려고 하는데, 무엇이라고 호를 정하는 것이 좋겠는가?"

개국군주라는 자리

"전하의 잠룡(潛龍: 즉위하기 전의 임금) 때 헌호(軒號: 당호의 존칭)가 어떠하십니까?"

즉위하기 전 이성계의 호는 송헌(松軒)이다. 이성계는 자신을 가리켜 송헌거사(松軒居士)라고 쓴 편지를 중추원 부사(副使) 신극공(辛克恭)을 통해 정도전에게 보냈다.

서로 작별한 지가 여러 날 되니 생각하는 바가 매우 깊다. …저고리 한 벌로써 바람과 이슬을 막게 하는 것이니 영납(領納: 받아들이다)하면 다행이겠다. …나머지는 신중추의 구전(口傳)에 있다. 춘한(春寒) 때 잘 적응해 스스로 보전해서 변방의 공(功)을 마치라. 갖추지 못한다. 송헌거사(松軒居士)는 쓴다. (《태조실록》, 7년 2월 5일)

송헌거사는 이성계가 정도전에게 편지를 보낼 때만 쓰는 당호였다. 군신관계를 뛰어넘는 스승이자 동지라는 뜻이었다. 변방의 공이란 물론 북벌 준비를 의미했다. 태조 7년(1398) 3월 20일, 정도전과 이지란 등이 돌아오자 이성계는 연회를 베풀어주면서 고려시대 윤관이 9성을 쌓은 것보다 더 위대한 업적이라고 칭찬했다.

"경의 공이 윤관보다 낫다. 윤관은 다만 9성을 쌓고 비를 세운 것뿐이지만 경은 주군(州郡)과 참로(站路)를 구획하고 관리의 명분까지 제도를 정하지 않은 것이 없어서 삭방도(朔方道)를 다른 도와 다를 바 없이 했으니 공이 작지 않다."

이성계가 정도전의 공을 윤관보다 크다고 한 것은 정도전이 기틀을 잡은 삭방도가 두만강 북쪽이기 때문일 것이다. 이성계는 잔치에 참석한 신하들에게 거리낌 없이 말하라고 권했다.

"충성된 말이 귀에는 거슬리나 행실에는 이로우니, 경들은 마땅히 말하여 숨기지 마라."

남은이 진언했다.

"상감께서 잠저에 계실 때 군사를 장악하고 계시지 않았던들 어떻게 오늘이 있었겠습니까? 신 같은 자 또한 보전할 수 없었을 것입니다. 처음 개국했을 때는 여러 공신들이 군사를 맡은 것이 옳았지만, 지금은 즉위하신 지 이미 오래이니 마땅히 여러 절제사를 혁파하고 병사를 합하여 관군으로 만들면 만전(萬全)할 것입니다."

이성계가 말했다.

"누가 남은을 무실하다고 하는가? 이 말은 진실로 시종(始終)의 경계다."

이 말은 본격적인 사병 개혁의 신호탄이었다. 요동 정벌에는 명나라에 당한 수치를 씻는다는 외교적 이유와 고토 회복이라는 역사적 이유뿐만 아니라 사병 혁파라는 정치적 목적도 들어 있었다. 정도전과 남은은 요동 정벌이란 대의명분으로 군제를 단일화함으로써 여러 왕자들과 공신들이 갖고 있던 사병을 관군으로 편재하려 한 것이다.

이성계는 재위 7년(1398) 윤 5월 26일, 정도전과 남은을 궁궐 내의 내루(內樓)로 불러 술자리를 가졌다. 이성계는 정도전과 남은에게 자신이 건국한 일에 대한 소회를 토로했다. 조선 건국이 중원 정벌로 이어지는 순간이니 소회가 남다르지 않을 수 없었다.

그러나 사병 혁파는 쉽지 않았다. 왕자와 공신들이 격렬하게 반발했다. 이들은 사병을 진법 훈련에 내보내지 않는 것으로 저항했다. 이성계는 강경하게 대응했다. 태조 7년(1398) 8월 4일 사헌부는 태조의 교지를 받들어 진도 훈련에 불참한 삼군절도사(三軍節度使)와 상장군, 대장군, 군관 등 292명을 탄핵했다. 이성계가 진두지휘하는 한, 왕자들도 진도 훈련에 참가하지 않을 수 없었다.

그런데 이틀 후 변수가 발생했다. 태조가 병에 걸려 누운 것이다. 이성계는 그전에도 몇 번 누웠다가 곧 털고 일어난 적이 있었다. 예순다섯의 고령이었으므로 가끔 몸이 허해질 때가 있었지만 타고난 강골이기 때문에 그때마다 털고 일어났다. 이 와병이 자신의 마지막 과업을 좌절시키게 되리라고는 꿈에도 생각지 못했다. 이성계는 동명왕의 옛 강토를 회복하는 일을 자신에게 주어진 마지막 과제라고 생각했다. 그래서 병석에서도 군사들에게 진도를 익히라고 당부했다. 파란만장했던 인생의 대미를 중원 정벌로 장식하려 한 것이다.

태조 7년(1398) 8월 7일, 여러 도의 군관들을 대상으로 진도를 얼마나 익혔는지 시험을 치렀다. 부진한 군관들은 곤장 100대를 치고 우수한 군관 다섯 명을 뽑아서 각 도에 나누어 보내 진도를 가르치게 했다. 8월 9일에는 대사헌 성석용(成石瑢) 등이 진법 훈련에 적극적이지 않은 절제사 등의 처벌을 요청하는 상언을 올렸다. 이성계는 즉각 남은, 이지란, 장사길 등의 개국공신들과 이천우, 이화 등 친족들과 방간, 방의, 방번, 방과, 방원 등 왕자들과 유만수, 정신의(鄭臣義) 등 원종공신들을 처벌하라고 명했다. 다만 이들은 개국공신이거나 왕실의 지친이거나 원종공신들이기 때문에 그 휘하 장수들에게 대신 태형 50대씩 내렸다. 맞은 것은 부하 장수지만 왕자와 공신 본인이 맞은 것이나 마찬가지였다. 왕자들은 물론 남은 등 북벌론자들까지 처벌한 것은 진도 훈련에 조금이라도 소홀하면 예외가 없다는 것을 분명히 보여주기 위함이었다. 그래서 수도에서 시위(侍衛)하는 군관 중에는 진도를 익히지 않은 사람이 없게 되었다. 모든 군관이 진도를 익힘으로써 북벌 준비는 끝난 셈이었다.

왕자의 난, 역사의 물줄기를 바꾸다

태조 7년(1398) 8월 9일, 공신과 종친, 왕자들의 휘하 장수들을 처벌한 태조 이성계는 흥천사(興天寺)에 거둥했다. 공신 등에 대한 처벌로 북벌에 대한 강력한 의지를 과시하기 위해 찾은 장소였다. 승려들이 낭랑한 목소리로 경전을 독송했다. 이태 전 세상을 떠난 신덕왕후 강씨의 명복을 비는 천회(薦會)였다. 이달 들어 이성계는 병치레가 잦았다. 8월 3일에도 병환이 나서 정사를 못 보다가 다시 일어났는데, 6일에 또 몸이 좋지 않았다. 다행히 털고 일어나 진도를 익히지 않은 왕자, 공신의 휘하 장수 및 여러 진의 절제사들에게 곤장을 치고 흥천사를 찾은 것이다.

신덕왕후 강씨의 죽음은 이성계에게 큰 충격이었다. 이성계는 강씨를 정릉(貞陵: 서울시 중구 정동)에 안장하고, 그 동쪽에 흥천사를 창건해 명복을 빌었다. 독실한 불교신자였던 이성계는 흥천사를 짓는데 물력을 아끼지 않아서 1년이 채 못 되어 완공시켰다. 대문과 불전(佛殿), 승

흥천사. 문화재청.
신덕왕후 강씨의 명복과 조선 왕조의 안녕을 빌기 위해 태조 6년(1397) 조계종 본사로 창건한 사찰. 태종
즉위 이후 억불정책이 강화되는 분위기 속에서도 흥천사는 꾸준히 왕실의 지원을 받으며 법통을 이어
갔다. 서울 성북구 돈암동에 위치해 있다.

방, 행랑, 욕실 등이 속속 들어섰는데, 드높은 서까래와 들보는 금으로
채색해 밝게 번쩍였다. 기둥으로 계산하면 모두 170여 칸의 큰 사찰
이다.

　이성계는 단지 신덕왕후 강씨의 명복을 빌기 위해 흥천사를 창건한
것이 아니었다. 이성계는 흥천사를 조계종의 본사로 삼고, 전지 1000
결을 하사해 강씨의 명복과 왕조의 안녕을 빌었다. 조선의 국시는 유
교였지만 이성계는 불교를 배척할 생각이 전혀 없었다. 유학이 이 세

상을 다스리는 이념이라면 불교는 집안과 왕조의 복을 빌고 또 저세
상의 영원한 안식을 위한 종교였다.

홍천사가 완공되자 이성계는 유학자 권근에게 〈홍천사 조성기(興天
寺造成記)〉를 써서 바치라고 명했다.

"내가 잠저에 있을 때나 수도와 지방에서 일할 때는 물론 화가위국
하는 날에도 신덕왕후가 내조한 바가 실로 많았다. 여러 가지 정무를
힘껏 도왔는데, 이제 뜻밖에 세상을 떠나서 더 이상 경계하는 말을 들
을 수 없으니 어진 정승을 잃은 것 같아 매우 슬프다. 저승길에 복이
있기를 바라면서 이 절을 창건했는데, 또 그 은택이 나라를 복되게 하
고 만물을 이롭게 해서 영원히 다함이 없게 하려 한다. 이 뜻을 밝혀
서 후세에 전하려 하니 네가 글을 지으라."

권근은 태조의 명에 따라 〈정릉 원당 조계종 본사 홍천사 조성기(貞
陵願堂曹溪宗本社興天寺造成記)〉를 지어 바쳤다.

이성계는 승려들과 함께 불공을 드리면서 조선 건국을 도운 신덕왕
후 강씨가 명나라 정벌도 도와주기를 빌었다. 이성계는 직접 중원 정
벌에 대한 시를 짓기도 했다.

쑥 더위 잡고 푸른 산 올라
암자 하나 높이 하얀 구름 가운데 누웠네
눈에 보이는 것을 모두 내 땅으로 한다면
초나라 월나라 강남인들 어찌 사양하랴

초나라, 월나라, 강남은 모두 중국 양자강 남쪽 지역이다. 중원 정벌

을 왜 사양하겠느냐는 내용의 호방한 시다. 이성계는 이 꿈이 이루어지도록 신덕왕후와 석가에게 빌었다.

흥천사에 거둥한 지 나흘 후인 8월 13일은 신덕왕후 강씨의 대상(大祥), 즉 세상을 떠난 지 두 돌 만에 지내는 제삿날이었다. 공교롭게도 그날 금성과 화성이 헌원성에 들어가는, 별자리의 변괴가 발생했다. 화성이 헌원성에 들어가면 점사가 "여주(女主)가 망하리라"는 것이다. 뿐만 아니라 태백성(太白星: 금성)이 낮에 나타났다. 태백성이 낮에 나타나면 점사는 '병란의 조짐', 즉 군사들의 난리가 일어난다는 것이다. 망한다는 여주가 신덕왕후를 뜻하는 것 같은 생각에 꺼림칙해진 이성계는 봉산에서 해괴제(解怪祭)를 지내게 했다. 별의 변괴를 누르기 위한 제사였다. 또한 금경소재도량(金經消災道場)도 행했다. 불력으로 변괴를 막기 위한 행사였다. 이성계는 흥천사에서 대상재(大祥齋)를 베풀고, 도당은 흥복사(興福寺)에서 따로 대상재를 지내게 했다. 흥복사는 지금 13층 석탑이 있는 원각사다.

제사를 마친 후 세자 방석이 비로소 길복(吉服: 평상복)으로 갈아입었다. 3년 상이 끝났으므로 길복으로 갈아입은 것이다.

그런데 그 다음 날 이성계가 다시 몸져누웠다. 왕비 강씨의 대상재에 너무 심신을 쏟아부은 탓이었다. 또다시 별자리의 변괴가 발생했다. 8월 20일 금성과 목성이 서로 범한 것이다. 이에 대한 점사는 "병사들이 일어나리라"는 것이다. 그런데 이에 대한 점사에는 나쁜 것만 있지 않았다. "풍년이 들 것이다"라는 좋은 점사도 있었다.

21일 좌정승 조준은 하늘과 별에 기도하는 소격전(昭格殿)에서 초례(醮禮)를 베풀었다. 소격전은 도교에서 별에 제사를 지내는 초제(醮祭)

를 주관하는 도관(道觀)인데, 별에 기도하는 우리 전통 신앙과도 관련 있는 기구다. 유학자가 소격전에서 태조의 목숨을 빌 정도로 이성계의 예후는 좋지 않았다.

23일에는 천둥과 번개가 치고 우박이 내렸는데, 무지개가 곤방(坤方)에 나타났고, 또한 화성이 헌원성의 왼쪽 모퉁이를 범했다. 이에 대한 점사는 "여주(女主)가 망하리라"라는 13일의 점사와 연결된다. "황후의 종족에게 우환이 생기리라." 황후의 종족, 왕자나 공주들에게 우환이 생긴다는 점사였다. 이성계가 병석에 누워 있는 상황에서 왕실에 불길한 점사가 이어졌다. 이날 이성계의 살아 있는 자식 중에서 장남인 방과(정종) 역시 소격전에서 부친의 목숨을 비는 초례를 올렸다.

25일에는 유성이 항성에서 나와 남두(南斗)로 들어갔는데, 다른 별이나 유성이 남두로 들어가는 것은 좋은 현상이 아니다. 달이 남두를 침범하면 점사가 "대신이 주살되리라. 병란이 일어나리라"라는 것이다. 또 유성이 하고(河鼓)에서 나와 남두로 들어가면 점사가 "백성이 임금을 바꾸리라. 곡식이 가격이 등귀하리라. 백성들이 고달프리라"라는 것이다. 달이 화성과 함께 남두 괴중(魁中) 자리에 들어가면 점사가 "대신이 자리를 잃으리라. 태자에게 재앙이 생기리라. 궁중에 적도(賊徒)가 나타나리라"라는 것이다. 이렇듯 남두가 침범당하면 점사가 모두 임금이 쫓겨나거나 태자에게 재앙이 생기거나 대신이 자리를 잃는 변괴가 발생한다고 했다.

왕자들과 개국공신들이 이성계의 쾌유를 비는 가운데 운명의 날인 8월 26일이 다가왔다. 이날 여러 왕자들은 방과를 필두로 모두 대궐에 나와 부왕의 쾌유를 비는 기도를 올렸다. 그런데 이날 신시(申時: 오후 3~5시)에 방원의 처남 민무질(閔無疾)이 정안군(이방원)의 사저를 방문했다. 방원은 서른두 살, 남편보다 두 살 위인 민씨는 서른네 살이었다. 방원의 부인 민씨는 동생과 한참 이야기하다가 급히 종 김소근(金小斤)을 불렀다.

"빨리 대궐에 나아가서 공에게 오시라고 청하라."

"여러 군들이 모두 한 청(廳)에 모여 있는데, 제가 장차 무슨 말로써 아뢰겠습니까?"

"내가 갑자기 가슴과 배가 아파서 달려와 아뢴다고 하면 공께서 마땅히 빨리 오실 것이다."

김소근이 대궐로 달려가 방원에게 민씨의 말을 아뢰자 의안군(義安君) 이화가 방원에게 청심환과 소합환을 주면서 말했다.

"빨리 가서 병을 치료하게."

급히 사저로 돌아온 방원에게 부인 민씨는 오늘을 놓치면 안 된다고 당부했다. 운명의 날이라는 뜻이었다. 잠시 후 민무질이 다시 찾아와 방원을 만났다. 역시 이날을 놓치면 다시는 기회가 오지 않을 것이라며 거사를 당부했다.

이성계는 와병과 쾌유를 반복했다. 이성계가 세상을 떠나도, 아니면 회복되어도 방원에게는 더 이상 기회가 없었다. 이성계가 승하하면 정도전, 남은 등이 방석을 즉위시키고 계속 중원 정벌을 추진할 것이었다. 이날이 마지막 기회였다.

방원은 부인 민씨, 처남 무질과 한참 이야기를 나누고 다시 궁궐로 돌아갔다. 그사이 부인 민씨는 숨겨두었던 병장기를 꺼내 집안의 종들과 불러 모은 장수들에게 나누어주었다. 방원의 사병을 이미 의흥삼군부에 반납하고 군기(軍器)를 불태워버렸지만 아직도 방원을 따르는 장수들이 적지 않았다.

정도전, 남은 등은 방심하고 있었다. 감히 태조에게 칼을 들이댈 아들은 없으리라고 낙관한 것이다. 군사권을 장악했기 때문에 설혹 변이 발생하더라도 진압할 자신이 있었다. 방원이라고 해서 이런 상황을 모르는 것은 아니었다. 그래서 그는 기습전을 계획했다. 기습적으로 정도전 등을 제거한 후 정국을 장악할 계획이었다. 방원은 사람을 풀어서 정도전, 남은 등이 어디 있는지 찾았다. 둘이 송현 경복궁 부근 소동에 있는 남은의 첩 집에서 술잔을 기울이고 있다는 정보가 수집되었다. 이미 밤이 깊어서 시각은 2경(二更: 밤 9~11시)에 이르렀다. 정도전과 남은의 소재를 알아낸 방원의 측근 이숙번(李叔蕃)이 말을 달려와 방원을 소동으로 안내했다.

"이곳이 소동이니, 곧 남은의 첩 집입니다."

방원은 말을 멈추고 먼저 보졸과 김소근 등 10여 명에게 집을 포위하게 했다. 안장을 갖춘 말 두서너 필이 문 밖에 있고, 노복은 모두 잠들었는데, 정도전과 남은이 등불을 밝히고 이야기를 나누고 있었다. 김소근 등이 지게문에서 엿보고 있는데, 갑자기 화살 세 대가 잇달아 지붕 기와에 떨어져서 와지끈 소리가 났다. 김소근 등이 다시 동구로 나와 화살이 어디서 날아왔는지 탐색했다. 이숙번이 답했다.

"내가 쏜 화살이다."

이숙번은 김소근 등에게 다시 들어가 남은의 첩 집을 포위하고 이웃집 세 곳에 불을 지르게 했다. 그제야 변고가 생긴 것을 안 정도전 등은 도망해서 숨었다.

중요한 것은 궁궐을 숙위하던 금군들의 동향이었다. 최정예 부대인 금군들이 정도전을 도와 출동한다면 세자 방석과 정도전 등의 승리로 귀결될 것이 분명했다. 이날 밤 궁궐에서 숙위하던 장수는 조온, 조영무, 이무(李茂) 등이었다. 조온의 부친 조인벽은 이성계의 부친 이자춘의 사위로, 이성계의 자부(姊夫)였다. 조영무는 일개 군졸에서 이성계가 장군까지 승진시킨 인물이고, 이무는 이성계를 따라 개국 원종공신이 된 인물이다. 특히 이무는 정도전, 남은 등과 가까운 사이였다.

이방원의 정변 소식이 들렸을 때, 이 세 장수의 동향에 따라 전세가 좌우될 것이 분명했다. 이성계가 건강했다면 이들은 모두 이성계를 따랐을 것이다. 그러나 이성계는 와병 중이고 궐 밖에 있는 정도전은 보이지 않았다. 게다가 방석은 우왕좌왕했다. 부왕의 명을 빌려 장수들을 움직일 생각조차 하지 못했다.

그사이 한씨 소생 왕자들이 방원에게 붙었다. 드디어 조온도 군사를 거느리고 방원 측에 가담했고, 조영무도 궁궐 안에서 호응했다. 사태는 방원에게 유리하게 흘러갔다. 어느 측이 유리한지 관망하던 이무도 왕자들과 조온, 조영무가 기운 것을 보고 방원 측에 가세했다. 숙직 장수들 대다수가 방원에게 붙은 것이다.

승기를 잡은 방원 측은 대대적인 살육전을 벌였다. 심효생, 이근, 장지화 등은 모두 살해당하고, 미륵원(彌勒院) 포막(圃幕)에 숨은 남은도 방원의 사병들에게 죽임을 당했다. 정도전은 이웃에 사는 전 판사 민부(閔富)의 집으로 도주했다. 민부 역시 전세가 기운 것을 알고 방원에게 정보를 제공했다.

"배가 불룩한 사람이 내 집에 들어왔습니다."

방원이 김소근 등 네 사람을 시켜 침실 안에 숨어 있는 정도전을 체포했다. 정도전은 칼을 갖고 있었으나 김소근 등이 포위하자 칼을 버렸다. 이미 사태를 돌이킬 수 없다는 사실을 깨달은 것이다. 방원은 정도전의 목을 베게 했다.

태조 7년(1398) 8월 26일, 유배지에서 쌓은 혁명 사상을 새 왕조 개창의 이념으로 전환시킨 풍운아 정도전의 운명은 쉰일곱 나이로 끝났다. 그의 인생은 크게 두 사건으로 요약할 수 있다. 하나는 조선의 개국이고, 다른 하나는 북벌이다. 정도전은 토지 개혁을 명분 삼아 새 나라 개창을 꿈꿨다. 이를 위해 고려의 요동 정벌군의 발길을 돌리게 했다. 그리고 조선을 개창하는 데 성공했다. 그 후 다시 요동 정벌을 꿈꿨다. 조선의 임금을 천자로 만들려 한 것이다. 그러나 그가 사대를 명분으로 고려 정벌군의 발길을 돌린 것처럼 또 다른 사대주의자들이 그의 목을 쳤다. 조선을 천자국으로 만들려던 원대한 꿈은 이렇게 좌절되었다.

정도전의 죽음은 비단 한 사대부의 죽음이 아니었다. 천자의 제국 고구려를 재건하려던 민족의 꿈도 함께 죽은 것이었다. 위화도 회군으로 요동 정벌을 막은 데 대한 업보인지도 몰랐다. 정도전의 죽음으로 조선을 다시 사대주의 국가로 전락했다. 그렇게 천자국의 꿈은 정도전의 죽음과 함께 역사 속으로 사라졌다.

정도전은 《조선경국전》에서 백성과 통치자의 관계에 대해 이렇게 말했다.

통치자가 법을 가지고 그들을 다스려서 다투는 자와 싸우는 자를 평화롭

정도전 사당. 경기도의회.
정도전의 위패와 영정을 모시는 정도전 사당. 경기도 평택에 위치해 있다. 1차 왕자의 난 때 살해되어 시
신이 버려졌기에 묘도 만들어지지 않았다. 정도전은 조선 왕조 내내 신원이 회복되지 못하다가, 고종 때
경복궁 중건에 나선 흥선대원군에 의해 비로소 신원이 회복됐다.

게 해주어야만 민생이 편안해진다. 그러나 그 일은 농사를 지으면서 병행

할 수 없는 것이므로 백성은 10분의 1을 세로 바쳐서 통치자를 봉양하는

것이다. 통치자가 백성으로부터 수취하는 것이 큰 만큼, 자기를 봉양해주

는 백성에 대한 보답 역시 중한 것이다. 후세 사람은 부세법(賦稅法: 세금을

걷는 법)을 만든 의의가 이러한 것을 모르고, "백성들이 나를 공양하는 것

은 직분상 당연한 것이다"라고 말한다. 그리하여 가렴주구를 자행하면서

도 오히려 부족하다고 걱정하는데, 백성들이 또한 이를 본받아서 서로 일

어나 다투고 싸우니 화란이 일어나게 되었다.

18세기 유럽의 계몽 사상가들이 주장한 사회계약설의 핵심 내용을 이미 300여 년 전에 설파한 정치사상가의 죽음이기도 했다.

제 후 국 의 길

방원의 전광석화 같은 기습전에 정도전과 남은은 속수무책으로 당했다. 창검을 든 군사들이 왔다 갔다 하는 것을 본 세자 방석은 어찌할 줄 몰랐다. 이제 겨우 열일곱 살의 세자가 달려갈 곳은 부왕 곁밖에 없었다. 그러나 병석의 이성계는 움직일 줄 몰랐다. 다행히 어린 아들의 간절한 심정이 전해졌는지 다음 날 아침 의식을 찾았다. 그러나 계속 헛구역질이 나왔다.

"목구멍 사이에 무엇인가 걸려 내려가지 않는다."

방원 측에서 세자 방석을 내보내달라고 요청했다. 지방으로 보내서 살게 하겠다는 것이었다.

"나가도 무엇이 해롭겠는가?"

이성계는 방석을 내보냈다. 방석의 부인 현빈(賢嬪) 유씨가 방석의 옷자락을 잡아당기며 통곡했다. 방석은 유씨의 손길을 뿌리치고 궁성 서문 밖으로 나갔다. 그러나 방석은 목적지에 도착하지 못할 운명이었다. 이성계의 사돈인 이거이(李居易), 이백경(李伯卿) 부자와 방원과 동서인 조박 등이 중도에 사람을 시켜 죽여버렸기 때문이다.

형 방번의 운명도 마찬가지였다. 방번은 강화도 부근 통진으로 유배 가는 줄 알았지만 양화도를 건너 도승관(渡丞館)에 유숙할 때 방간과 이백경 등이 보낸 사람에게 죽고 말았다. 뿐만 아니라 신덕왕후의 외동딸인 경순공주의 남편이자 개국 1등공신 이제까지 죽였다.

"여주가 망하리라." "태자에게 재앙이 생기리라." "대신이 주살되리라." "황후의 종족에게 우환이 생기리라." 여러 점사들이 현실로 나타났다. 그리고 "백성이 임금을 바꾸리라"라는 점사가 곧 실현될 것처럼 보였다. 바로 제1차 왕자의 난이었다.

태조 이성계는 경악하고 분노했다. 방과가 소격전에서 밤새워 자신의 완쾌를 비는 기도를 드리고 있을 때 동기들에게 칼을 휘두른 방원을 용서할 수 없었다. 저승에 가서 신덕왕후 강씨를 볼 면목이 없었다.

이성계는 분노했지만 실권은 이미 방원이 장악한 상태였다. 방원은 자신을 따라다니면서 군권을 잡는 자가 승자가 된다는 사실을 체득한 아들이었다. 모든 권력은 칼에서 나온다는 사실을 방원은 정확하게 알고 있었다. 그 칼이 방원의 손에 쥐어져 있었다. 내전에서 숙직하던 조온, 조영무, 이무는 이미 방원의 사람이 되어 있었다. 자신은 하룻밤 사이에 옛 권력으로 전락하고 방원이 새로운 권력이 된 것이다. 하룻밤 사이에 세상이 바뀐 것이다.

이성계는 자신이 종이호랑이로 전락했다는 사실을 받아들일 수 없었다. 그나마 방석의 세자 자리를 방원이 아니라 방과(정종)가 차지한 것이 이성계의 분노를 조금 누그러뜨렸다. 방과는 왕자의 난에 가담하지 않았기 때문이다. 다음 달 5일 이성계는 왕위에서 물러났다.

"세자에게 왕위를 물려준 뒤 마음을 편안히 먹고 병을 치료하고자 한다."

형식은 양위였지만 내용은 찬탈당한 것이었다.

자식을 잃고 왕위에서 쫓겨난 이성계는 마음 둘 곳이 없었다. 태조는 개경 백운사(白雲寺)의 노승 신강(信剛)에게 이렇게 한탄했다.

"방번, 방석이 다 죽었다. 아무리 잊으려 해도 잊을 수가 없다."(《정종실록》, 1년 3월 13일)

빼앗긴 왕위도 왕위이지만 비명횡사한 어린 아들들이 불쌍해서 견딜 수 없었다. 눈에 넣어도 아프지 않던 늦둥이들에 대한 늙은 아비의 마음이자 먼저 떠나보낸 젊은 아내에 대한 그리움이 중첩된 미안함이었다.

경순공주의 남편 이제까지 죽였다. 방석과 방번은 살아 있으면 위협이 될 수도 있지만 부마는 그런 인물이 될 리 없었다. 남편을 비명에 잃은 경순공주에게 이성계가 해줄 수 있는 것은 아무것도 없었다. 정종 1년(1399) 9월 10일, 허울뿐인 상왕(上王) 이성계는 경순공주에게 여승이 되라고 권할 수밖에 없었다. 하루 사이에 두 친동기와 남편까지 잃은 경순공주는 머리를 깎으며 이슬 같은 눈물을 흘렸는데, 이 소식은 이성계의 마음을 더욱 아프게 했다.

이성계는 그제야 화가위국이 비극의 길이라는 사실을 깨달았다. 왕씨에게만 비극의 길이 아니라 이씨에게도 비극의 길이었다. 그것이 왕가의 길이고, 권력의 길이었다. 인간으로서 하늘의 일을 대신한 업보였다.

한양에서 아들들을 잃은 이성계는 개경으로 되돌아가 시중 윤환(尹桓)의 집에 거주했다. 이성계는 윤환에게 이렇게 말했다.

"내가 한양에 천도했다가 아내와 아들을 잃고 오늘 환도했으니 실로 도성 사람들에게 부끄럽다. 날이 밝지 않았을 때만 출입해서 사람들이 보지 못하게 해야겠다."

이성계는 특히 고려의 왕족, 귀족들의 낯을 볼 자신이 없었다. 화가 위국의 과정에서 자신이 죽인 수많은 왕씨들과 고려 귀족들이 비웃고 저주하는 소리가 들리는 듯했다.

이것이 끝이 아니었다. 정종 2년(1400) 1월 28일에는 2차 왕자의 난이 발생했다. 1차 왕자의 난이 이복 형제들 사이의 피어린 혈투라면 2차 왕자의 난은 동복 형제들 사이의 골육상쟁이었다. 방과를 꺾은 방원이 세자가 되어 인사하러 오자 이성계는 힐난했다.

"삼한에 귀가(貴家) 대족(大族)이 많은데, 반드시 모두 비웃을 것이다. 나도 부끄럽게 여긴다."《정종실록》, 2년 2월 4일)

6년 전인 공양왕 4년(1392) 7월 17일, 백관의 추대 속에 오른 왕위가 이런 식으로 끝나리라고는 상상도 하지 못했다. 그때만 해도 자신은 물론 모든 자식들의 앞길에 행복과 영광이 혁혁할 것으로 믿어 의심치 않았다. 그러나 행복과 영광은커녕 형제들끼리 피가 난무하는 아수라장으로 변했다. 동기는 물론 아비도 없는 아비규환의 일가로 변했다.

이성계는 이 모든 잘못을 바로잡고 싶었다. 그러나 자신은 이미 그럴 힘을 빼앗겼다. 예순넷이라는 나이 때문만이 아니라 군권을 빼앗겼기 때문이었다. 이성계의 가장 큰 모순은 자신이 세운 왕조를 자신이 무너뜨릴 수 없다는 데 있었다.

　이는 집안을 왕가, 즉 국가로 만든 화가위국의 운명이기도 했다. 수나라를 개창한 문제가 아들에게 쫓겨나 죽고, 당나라를 창업한 고조도 아들 태종에게 쫓겨났듯이, 화가위국은 비극으로 가는 지름길이기도 했다. 화가위국해서 왕가가 된 집안은 아버지의 자애와 자식들의 효도로 움직여지는 집안이 아니다. 부친에게 칼을 대고, 자식에게 죽음을 내리는 비정으로 움직여지는 집안이다. 이성계는 비로소 자신이 서 있는 자리가 한없이 외로운 자리임을 깨달았다.

　이성계는 정종 2년(1400) 8월 21일 정종과 세자 방원이 헌수하는 연회에 참석했다. 정종과 방원, 의안공(義安公) 이화, 좌정승 성석린, 청천백(淸川伯) 이거인(李居仁), 판승녕부사(判承寧府事) 우인열 등 개국 · 정사공신들이 참석해서 번갈아 헌수하면서 술잔을 올렸다. 잇단 술잔에 이성계는 술에 취해서 연구(聯句)를 지었다.

밝은 달이 발(簾)에 가득한데 나는 홀로 서 있도다.

　이성계는 홀몸이었다. 어느 누구도 자신의 자식이 아니고, 자신의 신하가 아니었다. 이성계는 다시 한 구를 지었다.

산하는 의구한데 인걸은 어디 있느뇨.

　이성계는 좌우를 돌아보며 말했다.
　"이 시 구절에는 깊은 뜻이 있다."

이성계가 덧붙이지 않아도 그 자리의 모두가 그 의미를 알고 있었다. 비명횡사한 정도전, 남은 같은 개국 동지들을 회고하는 시구였다. 이성계는 그 어느 문사 못지않게 빼어난 시구를 지을 수 있었다. 또한 그 자리의 그 누구 못지않게 과거 역사에 밝았다. 그러나 이성계를 태조로 만든 것은 칼이지 붓이 아니라는 사실을 차치하더라도 이성계는 왕가의 비극을 남의 일로 여기는 우를 범했다. 그런 비극 속에서도 산하는 의구했다.

정종 2년(1400) 10월 11일, 이성계의 예순여섯 번째 탄일에 방원은 이성계에게 큰 선물을 주었다. 정도전과 남은의 당여(黨與), 즉 추종자들을 용서해준 것이다. 나흘 후 이성계는 신암사(神嚴寺)에서 방석과 이제 등의 명복을 비는 큰 불사를 지냈다. 정종의 왕비 덕비(德妃)와 방원의 부인 정빈(貞嬪)도 이 자리에 참석했다. 덕비와 정빈이 늙은 시아버지와 함께 이미 저세상으로 간 방간, 방석과 이제의 명복을 비는 것으로 살아남은 사람들 사이의 원한은 풀려가는 듯했다.

그러나 상황은 또다시 악화되었다. 그해 11월 11일, 방원이 정종의 왕위를 물려받았기 때문이다. 정종이 좌승지 이원(李原)을 보내 양위 사실을 보고하자 이성계는 싸늘하게 답변했다.

"하라고도 할 수 없고 하지 말라고도 할 수 없다. 이제 이미 선위했으니 다시 무슨 말을 하겠는가!"

방원에 대한 이성계의 진정한 분노는 어린 동생과 처남을 죽였다는 데 있지 않았다. 형의 왕위를 빼앗았다는 것도 아니었다. 이성계의 진정한 분노는 자신의 마지막 과업을 무산시켰다는 데 있었다. 그것은 중원의 황제가 되는 길이었다. 정도전이 죽던 해(1398: 조선 태조 7년)

4월, 명나라 신하들이 주원장에게 조선 정벌을 청했다. 주원장은 이를 묵살했다. 조선 정벌은 월남 정벌 등과는 다른 길이었다. 동이족은 원래 군사에 능한 데다 만주의 혹독한 추위를 견뎌야 했다. 게다가 이성계는 역전의 맹장이었다. 주원장의 나이 또한 이미 일흔을 넘은 때였다. 새로운 전쟁에 나설 만한 상황이 아니었다. 그 직후 주원장은 병석에 누웠다.

드디어 다음 달인 윤 5월 10일 주원장은 병세가 심해지더니 서궁(西宮)에서 세상을 떠나고 말았다. "성현의 면모와 허걸의 기풍, 도적의 성품"을 동시에 가졌다고 후인들이 평가한 주원장의 사망으로 명나라는 위기에 처하게 되었다. 황실 내부가 분열된 것이다.

주원장의 손자 주윤문(朱允炆: 1377~?: 혜종)이 스물둘의 나이로 제위에 올랐지만 그를 황제로 인정하지 않는 장성한 숙부들이 사방에 건재했다. 그중에서도 가장 강력한 인물은 주원장의 넷째 아들인 연왕(燕王) 주체(朱棣: 1360~1424, 성조 영락제)였다. 이듬해(1399) 7월, 연왕 주체가 드디어 조카 혜종의 타도를 선언하고 군사를 일으키면서 북경 일대는 물론 남방까지 내전에 휩싸였다.

고구려의 구강 회복을 꿈꾸던 조선으로선 천재일우의 기회였다. 정도전이 살아 있어서 조선군을 북상시켰다면 고구려의 구강 회복이 손쉽게 이루어질 수 있는 상황이었다. 제위를 놓고 죽고 죽이는 내전을 벌이던 명나라로선 요동을 돌아볼 수 있는 상황이 아니었다. 연산산맥을 넘어 북경까지 점령하는 것도 어려운 일이 아니었다.

더구나 조선군은 여진·몽골족과 연합 부대였다. 몽골족이 천하를 지배한 것은 물론 여진족의 금나라가 중원을 차지한 것이 그리 오래

전 일도 아니었다. 방원의 반역으로 이 같은 과업이 무산된 데 이성계는 진정한 분노를 느꼈다.

1차 왕자의 난 이후 명나라 사신들의 태도는 지극히 공손해졌다. 태조 7년(1398) 윤 5월 10일, 명 태조 주원장이 세상을 떠났다. 그해 12월 12일, 명 사신 진강(陳綱)과 진예(陳禮) 등이 압록강 서쪽에 이르러 예부의 자문과 이듬해의 달력을 전했다. 그런데 이들은 예조의 자문만 전하고 곧바로 돌아가려 했다. 의주만호 이귀철(李龜鐵)이 청해서 억지로 이틀 밤을 유숙하고 돌아갔다. 그전의 당당하던 태도는 찾아볼 수 없었다.

정종 1년(1399) 3월, 요동의 동녕위에 소속되어 있던 조선 사람이 도망쳐서 연왕 주체가 군사를 일으켰다고 보고했다. 이듬해(1400) 5월 15일에는 경연에서 이 문제가 거론됐다. 동지경연사(同知經筵事) 전백영(全伯英)이 정종에게 물었다.

"지금 연왕이 군사를 일으켜 중국에서 난리가 났는데, 혹시 정료위(定遼衛)에서 우리에게 항복하겠다고 요청하면 허락하시겠습니까, 허락하지 않으시겠습니까?"

정료위는 명나라에서 만주 일대를 다스리기 위해 설치한 관서다. 명나라가 내전에 휩싸이면 정료위가 조선에 항복할 가능성이 있다는 뜻이었다. 1차 왕자의 난만 일어나지 않았더라면 싸우지 않고도 요동을 차지할 수 있는 상황이었다. 정종은 이에 대해 "항복을 받지 않는 것이 낫다"고 말했다. 지경연사 권근이 동조했다.

"만일 연왕이 난을 평정하고 천하를 차지하면 반드시 우리의 죄를 물을 것이니 그때는 어떻게 대답하겠습니까? 성상의 말씀이 의리에 합당합니다."

군사를 일으켜 요동을 정벌하려던 계획이 불과 2년 사이에 요동에서 스스로 항복해도 거부하는 것으로 바뀐 것이다. 제1차 왕자의 난 이후 조선의 상무 정신은 그만큼 타락했다. 이성계의 비애는 자신이 세운 왕조를 스스로 부인할 수 없다는 데 있었다. 태종 1년(1401) 2월, 명나라 사신을 위해 덕수궁에서 잔치를 베풀어주고, 또 직접 태평관까지 가서 잔치를 베풀어주었다. 후사는 증오하지만 자신이 세운 왕조 자체는 부인할 수 없었던 개국시조의 비애였다.

태종은 부왕의 마음을 달래기 위해서 계속 노력했다. 황해도 평주 온천까지 직접 가서 이성계를 문안하기도 하고, 이성계의 탄일에 죄수를 석방하는 등 갖은 노력을 기울였으나 이성계의 마음은 풀리지 않았다. 그것은 동기들을 죽여버린 패륜에 대한 응어리이기도 했지만 생전 처음 당한 패배에 대한 분노이기도 했다. 처음 당한 패배가 자식에 의한 것이며, 돌이킬 수 없다는 사실을 받아들일 수 없었던 것이다.

그래서 이성계는 태종을 제거하는 데 직접 나서기로 했다. 태종 2년(1402) 12월, 신덕왕후 강씨의 친척인 안변부사 조사의(趙思義)가 태종을 제거하겠다고 공언하면서 난을 일으켰을 때 측근들을 데리고 직접 가담한 것이다. 그만큼 태종에 대한 증오가 뼛속 깊이 박혀 있었다.

그러나 이성계가 아무리 노력해도 태종의 왕권은 확고했다. 이성계도 이런 현실을 인정하지 않을 수 없었다. 게다가 태종의 모든 군사 지식은 자신에게 배운 것이었다. 태종이 재위 6년(1406) 8월 30일 전위 소동을 벌이자 이성계는 태종을 꾸짖었다.

"나라를 전하는 것은 국가 대사인데 내게 고하지 않는 것이 옳겠는가? 내가 죽기 전에는 다시 이런 말을 듣고 싶지 않다."

이성계가 태종의 전위를 꾸짖은 것은 방원에게 큰 선물이었다. 자신을 임금으로 인정한 것이기 때문이었다. 방원은 이성계에게 달려갔다. 이성계가 큰 잔에 술을 부어 벌잔을 내리자 방원이 아뢰었다.

"신(臣: 태종)이 혼자 들어와 곁에 모시고 있으니, 부왕의 말씀을 누가 알 수 있겠습니까?"

태종은 이성계가 자신을 왕으로 인정했다는 사실을 모든 신하들에게 알리고 싶었다.

"그렇다."

이성계는 지신사 황희(黃喜)를 불러 앞에 했던 말을 다시 했다. 그리고 황희에게 명했다.

"너의 큰 잔으로 너의 주상에게 술을 가득 부어 권하라."

그러나 방원은 여전히 '너의 주상'이었다. 태종은 자리를 피해서 부복하고 황희에게 먼저 태조에게 술잔을 드리게 했다.

이성계가 말했다.

"비록 너의 벌주 잔이지만 내가 먼저 마실 것이다."

이날 태종은 크게 취해서 환궁했다. 부왕이 자신을 국왕으로 인정한 것이 기쁘고도 기뻤기 때문이다.

태종 8년(1408) 1월 20일, 태조는 갑자기 풍질(風疾)에 걸렸다. 태종은 죄수를 방면하고 산천에 사신을 보내 쾌유를 비는 제사를 지냈으나 태조는 회복될 기미가 보이지 않았다.

5월 24일, 비가 거세게 오는 날이었다. 태조의 병이 급하다는 소식을 들은 태종이 한걸음에 달려왔다. 청심원을 드렸지만 이성계는 삼키지 못하고 눈을 들어 두 번 쳐다보고는 저세상으로 떠났다. 일흔넷의 파란만장한 생애가 드디어 끝난 것이다.

상왕 정종은 별전(別殿)으로 달려오는 도중, 태종이 울부짖는 소리를 들었다. 별전에 들어서자 가슴을 두드리고 몸부림치면서 울부짖는 동생 방원의 모습이 보였다. 부왕을 안고 저승길로 떠나보낸 아들도 방원이었다. 이것이 이 부자의 운명이었다. 태종은 26일 창덕궁 동남쪽 모퉁이에 있는 왕자들이 책을 읽는 작은 처소를 여막(廬幕)으로 정하고 여막살이에 들어갔다. 조선 왕실 최초의 여막살이도 태종의 몫이었다.

태조 건원릉. ©권태균
태조 이성계가 안장되어 있는 왕릉. 경기도 구리시 동구릉에 있는 아홉 묘 중 하나다. 태조는 신덕왕후 강씨와 합장되길 바랐으나 태종이 따르지 않았다고 전해진다. 봉분에 잔디가 아닌 억새가 심어져 있는 것이 특징이다.

태조 이성계는 마지막 과업을 완성함으로써 황제 국가를 물려주고 싶어 했지만 그 꿈을 이루지 못한 채 세상을 떠났다. 사대를 명분으로 말 머리를 돌린 위화도 회군의 덫에서 끝내 벗어나지 못했다.

그렇게 태조의 시대가 저물어가고 있었다. 혁명적 토지 개혁을 단행해 인간으로서 누릴 수 있는 최고의 사랑과 고려를 멸망시킴으로써 인간으로서 짊어질 수 있는 극도의 증오를 동시에 받으면서 이 세상을 떠났다. 그가 가는 저승에는 함께 이 왕국을 만들었으나 먼저 왕국을 떠난 많은 사람이 기다리고 있었다. 그리고 미래는 언제나 그랬듯 살아남은 사람들의 몫이었다.

건국의 대업을 이룬 탁월한 리더, 태조

일개 변방의 무장이 어떻게 천명을 받을 수 있었을까

이성계가 아버지 이자춘을 따라서 고려왕실에 귀순했을 때, 이미 고려는 많은 문제를 안고 있었다. 한때 세계를 지배했던 원나라가 점점 쇠락하면서 이자춘처럼 다시 고려에 귀순하는 이들이 늘어났지만, 그렇다고 고려가 가진 문제점들이 저절로 해결되는 것은 아니었다. 가장 큰 문제는 민생의 파탄이었다. 고려는 본래 문무백관은 물론 백성에게도 토지를 나눠주고, 그 대가로 병역이나 부역의 의무를 수행하게 했다. 그런데 이때가 되면 소수 귀족과 원나라의 위세를 업은 부원배(附元輩)가 백성의 땅을 마구 빼앗아 대농장을 만들어 경영하기 시작한다.

사회의 기반인 토지제도가 무너지자 당연히 군사제도도 함께 무너졌다. 홍건적이나 왜구가 쳐들어와도 물리칠 군사가 없었다. 백성들은 안으로는 귀족과 부원배, 밖으로는 외적의 침탈에 고통받아야 했다. 고려 왕실은 늦게라도 이러한 문제를 해결하고, 태조 왕건이 만들었던 토지제도로 되돌아감으로써 민생을 되살렸어야 했다. 그것이 무너져가는 왕조를 다시 재건할 수 있는 유일한 길이라는 사실을 깨달았어야 했다.

고려 말, 개혁을 꿈꿨던 고려의 마지막 중흥군주 공민왕은 승려 출신의 개혁가 신돈을 중용해 이 문제를 해결하려 했지만 결국 실패했다. 우왕은 이 문제에 대해서 부왕인 공민왕만큼의 절박감도 없었다. 고려에 대한 백성들의 원망은 높아만 갔고, 결국 중앙정치에서 소외되어 변방에 있던 두 인물이 기회를 얻게 된다. 바로 원나라에서 나고 자란 상승(常勝)의 무장 이성계와 《맹자》를 가슴속에 품고 "민심이 천심"이라는 말을 곱씹은 개혁정치가 정도전이 그들이다.

이성계는 원나라 사람으로 나고 자랐다. 이것이 고려에서 나고 자란 최영과의 가장 큰 차이였다. 외적들을 물리치며 백성들의 영웅이 되었던 두 무장이, 결국 고려의 몰락이라는 위기 앞에서는 태도가 크게 달랐던 것도, 결국 서로 다른 인생을 걸게 되었던 것도 모두 그 차이 때문이다. 고려의 위기 앞에서, 최영은 몸과 마음을 바쳐 왕조를 지키고 일으켜 세우리라 맹세한 반면, 이성계는 새로운 왕조를 세워 새로운 사회를 만들겠다고 생각한 것이다.

자신을 낮추는 섬김의 리더십

위기와 변화의 시기를 겪고 있던 고려 말, 중국 역시 원나라가 쇠망하고 명나라가 들어서는 격변기를 겪고 있었다. 홍건적 출신 주원장이 세운 명나라는 점점 세력을 넓혀 나가다 마침내 원나라를 멀리 북쪽으로 쫓아내고 중원을 차지하게 된다. 이들이 압록강 북쪽, 지금의 심양 남쪽 진상둔진에 철령위를 설치하겠다고 고려에 통보했을 때, 우왕이 격분한 것은 당연했다. 그곳은 조상 대대로 전해온 고려의 강역이었기 때문이다. 우왕이 박의중을 사신으로 보내 명나라에 항의하고, 북벌군을 북상시킨 것은 왕이 해야 할 당연한 일이었다.

그러나 문제는 고려 내부에 있었다. 우왕은 왕가의 상징이라는, 자기 왼쪽 어깨 위에 있는 '용의 비늘'이 나타내는 천명을 믿었다. 하지만 한 나라가 유지되거나 몰락하게 되는 것은 결국 백성의 실제 삶과 관련이 있다. 백성의 삶을 한 왕조가, 한 임금이 보장해주지 못한다면 단순히 '용의 비늘' 따위가 상징하는 정당성은 아무 의미가 없어진다.

소수 구가세족들이 농민의 토지를 빼앗아 공동체가 뿌리부터 붕괴되고 있을 때, 이성계는 자신보다 일곱 살이나 어린 떠돌이 지식인 정도전을 스승으로 삼았다. 이성계는 그 떠돌이 지식인의 머릿속에 500년 고려 왕업을 목동들의 피리소리 속에 실어 보낼 만한 구상이 있음을 알았다. 바로 토지 개혁이다. 이성계는 정도전과 함께 직접 저잣거리와 농촌을 다니면서 백성의 삶을 직접 체험했고, 마침내 사전(私田) 혁파를 자신의 임무로 여겨 실천에 옮겼다. 그렇게 이성계는 들판 백성의 지지를 받았고, 이는 곧 왕씨에서 이씨로 천명이 돌아섰음을 의

미했다.

만백성의 존경을 받던 상승의 무장임에도 나이 어린 떠돌이 지식인을 스승으로 모실 수 있는 자세, 이것이 이성계를 개국시조로 만든 가장 큰 자산이었다. 그는 늘 자신을 낮추는 섬김의 리더십으로 주변의 인망을 얻었다. 그 결과 전선에서는 부하들이 앞다투어 최전방에 나서게끔 했고, 백관들 또한 앞다투어 그를 임금으로 추대했다. 그는 리더가 자신을 낮출수록 오히려 그 리더의 권위가 높아진다는 사실을 잘 알고 있었다. 이런 지혜는 누구 못지않게 수많은 역사서를 섭렵한 데서 나온 지식의 산물이었다. 과거사인 역사 공부를 통해 현재사인 시대를 통찰하는 지혜를 얻은 것이다. 태조 이성계는 바로 이런 섬김의 리더십과 시대를 읽는 지혜로 창업이라는 대업을 이루어냈다.

창업자의 숙명

모든 리더에게는 책임이 따르지만, 특히 그중에서도 창업을 맡은 리더가 지게 되는 책임의 무게는 남다르다. 이성계 역시 마찬가지다. 그는 냉정한 창업군주였다. 한때 자신이 군주로 섬겼던 우·창왕은 물론 조금이라도 새 왕조에 부담이 될 여러 왕씨들을 대부분 죽여버린 데서도 그의 냉정한 권력욕을 잘 알 수 있다. 그는 공존할 수 없는 상반된 가치를 동시에 추구하는, 불가능한 이상을 좇는 인물이 아니다. 하늘에 두 해가 공존할 수 없듯이, 이씨의 왕조국가에서 왕씨 왕족들이 함께 살 수는 없다고 생각했다. 새 왕조의 안정과 번영을 위해서도 위협이 되는 왕씨 왕족들은 제거되어야 했다. 그래야 사가(私家)를 왕가(王家)로 만든 화가위국이 오래갈 수 있다고 생각했다.

그러나 고려의 비극이 내부 문제를 해결하지 못했던 데서 비롯된 것처럼, 태조 이성계의 비극도 자기 집안 내부 문제를 해결하지 못한 데서 시작되었다. 그는 집안을 왕가로 만들었지만 끝내 가(家)의 개념을 탈피하지 못했다. 왕가는 사가와 다르다. 왕가는 천하에 책임을 지는 공가(公家)다. 그러나 그는 어린 방석을 후사로 삼아, 창업에도 큰 공을 세운 장성한 다른 왕자들의 불만을 샀다. 결국 그 잘못된 선택으로 인해 이성계는 자식들에게 배신당하고 자신이 만든 왕좌에서 쫓겨나는 불운을 맞았다. 그의 만년은 창업을 후회할 정도로 불우하고 고통스러웠다. 화가위국을 하지 않았으면 맛보지 않았을 불운이요 고통이었다.

이성계는 자신이 만든 나라에서 7년간(1392~1398) 왕좌를 지켰고, 왕좌에서 쫓겨난 이후 10년을 더 살았다. 태조 이성계는 오늘날까지 전해지는 '함흥차사' 고사에서 알 수 있듯 자신을 왕좌에서 쫓아내고 자신이 아끼던 공신과 자식을 죽인, 아들 태종 이방원을 극도로 증오했다. 하지만 그 모든 것은 또한 창업군주가 지어야 할 운명이었다. 역설적이게도 창업군주이자 아버지인 자신에게 칼을 들이댄 것도, 동시에 임종을 지킨 것도 모두 태종 이방원이었다. 그가 만든 나라는 이제 원하든 원하지 않든 아들 태종 이방원에 의해 계승되었고, 개국 초의 어려움을 딛고 반석 위에 오를 준비를 하고 있었다.

태조 연표

1335 ~ 1408년

1335	이성계 태어나다.
1351	공민왕 즉위하다.
	중국, 백련교도를 중심으로 홍건군이 봉기하다.
1352	공민왕, 몽골식 변발을 금지하고 정방을 폐지하다.
1354	최영, 원나라 요청으로 홍건군 장사성을 토벌하기 위해 출병하다.
1355	이자춘이 고려에 귀부하자, 공민왕이 지극히 환대하다.
1356	공민왕, 친원파의 핵심 기철을 주살하고 정동행성을 무력화하다.
	원나라 연호 사용을 중지하다.
	이자춘과 이성계, 동북면 병마사 유인우의 쌍성총관부 탈환 전쟁에서 공을 세우다.
1359	홍건군의 1차 침입.
1361	이자춘, 동북면 병마사에 임명되지만 급서하다.
	10만에 달하는 홍건군이 2차 침입을 감행해 개경까지 점령되다. 공민왕은 피란을 가다.
1362	이성계, 사병을 이끌고 개경 수복 전투에 가담해 공을 세우다.
	동북면에 침범한 북원의 나하추를 패퇴시키다.

1365	노국대장공주 사망하다.
	공민왕, 신돈을 중용해 개혁을 맡기다.
1366	신돈, 전민변정도감을 설치해 토지와 노비 개혁에 나서다.
1368	중국의 주원장, 명을 건국하고 원을 몰아내다.
1371	신돈, 역모 혐의를 받고 실각하여 처형되다.
1374	공민왕 사망. 이인임 등이 우왕을 즉위시키다.
1375	정도전, 이인임의 친원정책에 반대해 유배를 당하다.
1378	이성계, 최영과 함께 개경으로 쳐들어온 왜적을 물리치다.
1380	이성계, 황산대첩으로 왜적을 크게 무찌르다.
1383	정도전, 함주로 가서 이성계를 만나다.
	이성계, 변방을 안정시킬 대책 상소를 올리다.
1387	명, 고려에 철령위 설치를 통보하다.
1388	이성계, 최영과 함께 이인임을 숙청하다.
	우왕과 최영, 요동 정벌을 결심하다.
	이성계, 조민수와 위화도 회군을 단행하다.
1389	우왕이 폐위되고 창왕이 즉위하다.
	조준, 토지 개혁 상소문을 올리다.
	이성계, 정몽주, 조준 등이 '폐가입진'의 논리로 창왕을 폐위하고 공양왕을 즉위시키다.
	우왕과 창왕을 죽이고, 최영을 참수하다. 조민수, 이숭인 등을 유배 보내다.
1390	유배지에 있던 조민수를 사형에 처하다.

1391	과전법이 반포되다.
	신의왕후 한씨 사망하다.
1392	이성계, 사냥을 나갔다가 낙마하다.
	정몽주, 이성계 일파인 조준, 남은 등을 탄핵하여 유배 보내다.
	방원 등이 선죽교에서 정몽주를 살해하다.
	공양왕 폐위되고, 이성계가 왕위를 이어받다. 새 왕조가 개창되다.
1393	새 왕조의 국호를 조선으로 바꾸다.
1394	정도전, 《조선경국전》을 편찬하다.
	명, 왕자의 입조를 요구하다. 방원이 사신으로 나서다.
	방원, 사신으로 가던 길에 북평(북경) 연왕부에서 연왕 주체를 만나다.
	한양으로 천도하다.
1396	이색 사망하다.
	표전문 사건 발생. 명, 정도전 등의 압송을 요구하다.
	신덕왕후 강씨 사망하다.
1397	표전문 사건으로 억류된 정총 등이 처벌되다.
	태조가 정도전, 남은 등과 북벌 계획을 세우다.
1398	명, 홍무제 주원장이 사망하다.
	1차 왕자의 난 발생. 정도전, 남은 등이 피살되고 방원이 실권을 잡다.
	태조 이성계, 세자 방과에게 선위하여 정종 즉위하다.
1399	개경으로 환도하다.
	명, 연왕 주체가 혜종에 맞서 거병하다.

1400	2차 왕자의 난 발생. 정종, 방원을 세자로 삼다.
	정종이 세자에게 양위하고, 태종이 즉위하다.
1402	이성계, 양주 회암사에서 고향인 동북면으로 이동하다.
	조사의의 난 발생.
	명, 연왕 주체가 내전에서 승리해 3대 황제로 즉위하다(성조 영락제).
1403	명의 영락제로부터 고명과 인장을 받다.
1404	양녕대군 이제, 세자로 책봉되다.
	태종, 이거이와 네 아들을 처벌하다.
1405	한양으로 재천도하다.
1408	태조 이성계 사망하다.

조선왕조실록 1 | 태조

혁명의 대업을 이루다

초판 1쇄 발행 2018년 7월 3일
초판 6쇄 발행 2022년 7월 8일

지은이 이덕일
펴낸이 김선식

경영총괄 김은영
책임편집 윤성훈 **디자인** 황정민 **책임마케터** 최혜령, 김민수
콘텐츠개발4팀장 윤성훈 **콘텐츠개발4팀** 황정민, 임경진, 김대한, 임소연
마케팅본부 이주화, 정명찬, 최혜령, 이고은, 김은지, 유미정, 배시영, 기명리, 김민수
전략기획팀 김상윤
저작권팀 최하나, 추숙영
경영관리팀 허대우, 권송이, 윤이경, 임해랑, 김재경, 한유현, 손영은
외주스태프 교정교열허지혜 **표지사진** 국립고궁박물관, 셔터스톡

펴낸곳 다산북스 **출판등록** 2005년 12월 23일 제313-2005-00277호
주소 경기도 파주시 회동길 357, 3층
전화 02-702-1724(기획편집) 02-6217-1726(마케팅) 02-704-1724(경영지원)
팩스 02-703-2219 **이메일** dasanbooks@dasanbooks.com
홈페이지 www.dasanbooks.com **블로그** blog.naver.com/dasan_books
종이 (주)한솔피앤에스 **출력·인쇄** 갑우문화사

ⓒ이덕일, 2018

ISBN 979-11-306-1758-9 (04910)

• 책값은 뒤표지에 있습니다.
• 파본은 구입하신 서점에서 교환해드립니다.
• 이 책은 저작권법에 의하여 보호를 받는 저작물이므로 무단 전재와 복제를 금합니다.
• 이 도서의 국립중앙도서관 출판시도서목록(CIP)은 서지정보유통지원시스템 홈페이지(http://seoji.nl.go.kr)와
  국가자료공동목록시스템(http://www.nl.go.kr/kolisnet)에서 이용하실 수 있습니다. (CIP제어번호 : CIP2018019594)

다산북스(DASANBOOKS)는 독자 여러분의 책에 관한 아이디어와 원고 투고를 기쁜 마음으로 기다리고 있습니다.
책 출간을 원하는 아이디어가 있으신 분은 이메일 dasanbooks@dasanbooks.com 또는 다산북스 홈페이지 '투고원고'란으로
간단한 개요와 취지, 연락처 등을 보내주세요. 머뭇거리지 말고 문을 두드리세요.